新潟が生んだ 七人の思想家たち

小松隆一
KOMATSU Ryuji

論創社

はしがき

新潟県の生んだ先駆者たち、特に思想家については、以前から興味をもっていた。ただ、それを一冊の著書にまとめてみようと考えたのは、ごく最近のことである。

以前、山形県庄内地方の大学に関係していたときに、『公益の種を蒔いた人びと――「公益の故郷・庄内」の偉人たち――』（東北出版企画、二〇〇七年）を上梓したことがあった。山形県のすすめと、庄内を離れる置きみやげのような気持とからごく短い期間で書き上げた著書であった。

その際、いずれ機会があったら、新潟県の生んだ先駆者・思想家のことも書いてみたい、と思ったりもした。その後、勤務先の白梅学園の機関誌『地域と教育』に保育園の先駆者・赤澤鍾美《あつとみ》の小伝、五泉市の地域紙『五泉市民新聞』に、五泉市とその周辺出身の人物として式場隆三郎と吉田東伍の小伝を書いたことはあった。その後、多忙さの中に、この課題については棚上げになり、筆を執ることはなくなった。

しかるに、たまたま昨年の夏以降多少時間的余裕ができた時に、私自身の年齢を考えると、この機会を逃すと次の時間的ゆとりがいつやって来るか分からないので、未処理の課題を一つずつ処理することにした。その限られた時間で、最初に取り組み、書きあげたのが今回の七人の生涯と思想である。

よく知られた人は避けて、優れた業績があるのに、一般には周知されていない人や正確に理解されていない人に絞った。よく知られた人も含まれているが、その場合は専門家の間にも未解明の点の目立つ人に限った。この点は上述の庄内地方の人物を取り上げた時も同様の姿勢であった。

今回取り上げた七人にある程度共通することは、新潟の幼少年時代に郷里とのつながりを強く意識させられていること、またその時代に自分の将来に向けて夢なり目的意識なりを持ち始めたことである。新潟といっても、地域によって環境も状況も一つではないが、七人はいずれも北方の雪国という厳しい条件を共通に背負って育った。そして、そのような郷里との絆を意識しつつ、将来に向けて作家、歌人などの夢・大志を抱くようになったのである。

それだけに、七人とも雪国の新潟時代を抜きにはそれぞれの生涯も、また思想形成も、語ることができない人たちである。それに、多くが若くして結果・成果を出すなど早熟であったことも、印象深く心に焼き付いている。

今回、その七人の他に執筆対象として念頭に去来した人たちには、先の赤澤、式場、吉田の他には、稲村隆一・順三、内山愚童、江部鴨村、大倉喜八郎、大関松三郎、西脇順三郎、前島密、牧口常三郎たちがいる。ただ今回は七人で予定の紙数を優に超えてしまったので、諦めざるをえなかった。次の機会があれば、女性も是非取り上げたいと思ってはいるが、残念ながら適任者が容易には浮かばなかった。

いつものことながら、執筆する以上、従来不十分だった点、未解明であった点、誤って理解されてきた点等にも力点を置くので、やや専門的に過ぎる部分も出ているのではないかと心配している。

また、一章ごとに独立してまとめているので、相馬御風、小川未明、大杉栄らのように、横のつながりの強かった人たちに関しては、同じ話題・同じ議論を取り上げる必要も出てくる。その際は、若干の相違を際だたせる程度で、重複を厭わずくり返し同じ説明を行ったところがある。

このような小著でも、完成するまでには多くの人たちや図書館・資料館・古書店のお世話になった。いちいち名前は記さないが、そのような多くの人たちの御教示・御支援なしには、本書の上梓はかなわなかった。お世話になった皆様には心から感謝を申し上げる次第である。

これまで、編者を務めた著書を含めると、私は一〇冊以上の著書・編著を論創社のお世話になってきた。今回もまた同社のお世話になることになった。特に今回は内容や文章全体にわたって丁重なご教示を頂いた。同社社長の森下紀夫さんのご厚情に心から御礼と感謝を申し上げたい。

私は自分では新潟県の出身と思っているが、新潟のことに関しては狭く浅い知識・情報しか持ち合わせていない。むしろ知らないことの方が多い。それだけに、新潟の研究に専門的に打ち込んでいる人、新潟に長く住んでいる人からみたら、誤っていること、不十分なこと、あるいは偏っていることも少なくないと思う。それらについてはご教示・ご指導を頂ければ幸いと願っている。

二〇一六年四月

小松　隆二

新潟が生んだ七人の思想家たち　目次

はしがき　i

相馬御風――早稲田大学校歌の作詞者で地方から俯瞰・発信した思想家

市島謙吉（春城）——「随筆王」「早稲田大学四尊」と評価される大学人

大杉　栄――人間尊重の永遠の革命家

本間俊平――「左手に聖書・右手にハンマー」を持つ採石場経営者

新潟が生んだ七人の思想家たち

相馬御風

——早稲田大学校歌の作詞者で地方から俯瞰・発信した思想家

はじめに――地方生活者として文化・文学を発信し続けた人

新潟県の生んだ社会思想家の中では、相馬御風《そうまぎょふう》（一八八三～一九五〇）は、地方を拠点とする独特の生き方をし、また一三〇余の著作をはじめ、他に劣らぬ秀でた足跡・業績をいくつも残した思想家として忘れられない。

御風といえば、早稲田大学校歌「都の西北」、「カチューシャの唄」（島村抱月との合作）、童謡「春よ来い」等の作詞者として、また良寛の研究者として、さらに地方に拠点を置き、地方生活を享受しつつ、地方から俯瞰・発信を続けた人としても知られている。それも、大都会や中央に生活したまま地方の側に立つのではなく、また、たまたま以前から地方に生活していたので地方の側に立つのでもなく、意識して東京を捨てて郷里・地方に戻り、その地を生活拠点、終の棲家に定めなおしての地方からの俯瞰・発信であった。その点が特に留意されてよい。

御風のことで一般には余り知られていないことで、留意すべきことに、アナキスト・評論家・思想家で、同県人の大杉栄との論争がある。御風が東京を捨てる直前に展開されたもので、外見ではその実相が分かりにくかった。御風が東京を捨てたのは大杉の厳しい批判のせいであるなどといった、これまで考えられてきたほど、実は、二人の論争は、後味の悪い形で終わったのではない。むしろ正々堂々と渡り合い、最後は認め合い、譲り合って幕引きとなっている。議論の推移や内容も、また結末も、従来言われてきたこととは異なり、ある意味では思想史・運動史にも記録すべきさわやかな展開で終ったのである。

御風は、同郷の童話作家・小川未明とは同世代で、高田中学校でも、早稲田大学でも、同時期に学び、交流も、信頼関係も篤かった。お互いに相手抜きには、それぞれの活動や思想も語れないほどである。

二人は早熟で、早期に才能の一端を開花させ、注目されたもの同士でもあった。若い時から良きライバルであり、またエールを送り合う良き支援者同士でもあった。本書で取り上げた同じ早稲田大学関係者の一人である市島謙吉は、大先輩として御風らにもよく目をかけてくれた。

御風の早熟の例として、まず彼の最初の著書の出版が二二歳の時であったことがあげられる。そして早稲田大学校歌の作詞を大学卒業の年に依頼され、発表されるのがその年の秋、二四歳の時であったことにも驚かされる。校歌の歌詞にみられる理想の高さと現実への厳しい眼、思想の円熟ぶり、全体のスケールの大きさなどは、二〇代前半の青年が創り出した詩とはとても思えないほどである。

実際に、「都の西北」は、その雄大なスケールの詩と曲によって、卒業生のみか、多くの人たちによって愛唱され続けている。この詩一つだけでも、永く名の残る人である。

御風は、活躍しているさ中に、外見的には突然、捨てるように東京を離れ、郷里・糸魚川に「還元」した。以後、生涯をその地で過ごす。帰郷と共に発表した『還元録』（春陽堂、一九一六年）にみられる東京およびそこでの自らの処し方に対する厳しい自己批判の姿勢とは異なり、糸魚川に戻ってからは肩肘をはることなく、自然に地方生活にとけ込んでいく。

それだけに、「還元」後の郷里・地方での生活は、御風には決してマイナスには作用していない。むしろ、激しい競争社会の東京に居つづけたら、第一線で働き続けるために、余分のエネルギーが必要で、多くの童謡・童話など児童文学の作品群、またゆとり・自分を超える思いやり・節倹を特色とする良寛や一茶などの人物への傾倒・研究、また自然に親しむ生活とそこからの情感や発信等は、それほどみられなかった可能性がある。

というのは、東京に居たら、仕事が忙しく、議論や批判に忙殺されたり、また自身や家族に関わることで内なる苦悩・懊悩に見舞われたりして、自分のペース・安寧の維持が難しくなるからである。特に御風は、人には気をつかうほど穏やかに対応する性格であっただけに、才能がむしろ圧殺されてしまう危険性・可能性もあったのである。

それでも、一〇年ちょっとであれ、東京で生活を経験できたことは、御風にとってはかけがえのない歳月であった。坪内逍遙、島村抱月の指導を受けることができたこと、若くして多くの著書を刊行する機会や早稲田大学の周年事業において歴史に残る校歌の作詞の機会にも恵まれたこと、あるいは短期間であれ、人間・個の自由・自立を強く訴える大杉栄らと触れ合い、議論できたことは、その後の御風の生き方・思想に影響するところ大であった。

そのような十年余の歳月を東京で過した上での地方・郷里での生活であったのである

1　新潟・糸魚川での誕生、成長、そして上京

(1) 糸魚川での成育、そして東京へ

相馬御風は、生涯の活動や実績をみれば、詩人、歌人、作家、児童文学者、評論家、研究者、翻訳家、あるいは本人に明快な自覚はなかったにしろ、地方・地域活動家として、多様な領域にわたる活動や仕事に顕著な足跡や業績を残した人でもある。

彼は一八八三(明治一六)年七月一〇日、新潟県頸城郡糸魚川町(西頸城郡糸魚川町を経て、現・糸魚川市)に生まれた。父・徳治郎、母・チヨの長男(一人息子)であった。本名は昌治。家業・家系は古くから寺社建築に携わる宮大工の旧家で、代々、町の名望家的地位にあった。父も町長を務めたことがあった。新しい世紀(二〇世紀)が始まる頃に、町会議員や助役を経験した後に第四代目の町長として町政にあたっている。

御風の実家は、一九一一年および一九二八年の二度も大火にもあい、御風誕生の頃の歴史の重みを感じさせるものではなくなっている。旧市街(大町五二、現・大町二丁目)でもあり、間口は狭い。しかし、土蔵が二つもあり、奥行きも長く、裏は浜辺の通りまで相馬家の地所であった。その辺に旧家の風格・面影がしのばれる。

糸魚川は新潟県でも辺境の地に位置している。富山と長野の県境に近く、新潟市からはもちろん、

長岡市からみても、県のはずれにある遠い田舎町の印象を与えていた。しかし、かつては石灰、現在は日本一の生産量を誇るヒスイ、観光の拠点となる日本初のジオパーク、さらにまた北陸新幹線の開通（二〇一五年）で、活気を取り戻しつつある。

その糸魚川は、日本海に面し、背後には山々が迫っている。中でも信仰の山ともなっている黒姫山、雨飾山、あるいは高浪の池を麓にいただく明星山等には、子どもの頃から誰もが親しんで育っている。ちょっと足を延ばせば、そう遠くないところに小さな山々や丘がある。御風の子どもの頃には、町中にも寺社の木立や屋敷の森が多くあり、普段の生活からして誰もが自然に親しめる環境であった。

北方を望むと、一面に日本海が広がっている。日本海は夏を中心に穏やかな日和が続くのに、冬は一変する。雪の舞い降りない日でも、空には灰色の雲が低くたれこめ、海には黒ずん高波が荒れ狂う。日本海に生活する者にとっては、この暗くどんよりした冬空の下で荒れ狂う高波が脳裏に叩き込まれる。御風が「未明君の芸術の背景には……北国の自然と云ふ大きな恐ろしい力がある。……未明君の芸術は此の北国人の苦しい訴へを、代表的に表白した点に、何よりも鮮かな特色が認められる」（相馬御風『黎明期の文学』一三三頁、新潮社、一九一二年）と、未明論で展開する「北国の自然」とはまさにこのような情景であり、実は御風自身の背後にもしっかり位置している情景であった。

御風は、一〇年余の東京生活を除く五〇年以上の歳月をこの糸魚川で生活し、活動した。田舎の生活者にしか味わえぬ自然や野の生き物と心を通わす子どもの頃の体験、例えば冬になり雪が積もってくると、雀たちがエサの入手に困るだろうと、軒端や木にエサ箱をつるして米などを置いてやる生き物への思いやりの体験なども（相馬御風『郷土に語る』二一七頁、春秋社、一九三一年）、田舎で暮らすものにしか味わえないものである。

また季節ごとの体験・風味も田舎ならではのものが多い。春に限っても、雪解けが始まると、「あのみづみづしい浅緑色の蕗の薹が、かわいらしい頭をならべてゐる」。「野蕗の味噌汁は、春の食べものの中でも、とりわけ私に春の風味をよろこばせる」（相馬御風「ふき」『月明』第六巻七号、一九四三年八月）。そうかと思うと、「春さく花のうちで山蘭の花ほどつつましやかなのはない。私は少年の頃よくこの花を摘みに山にやらされた。蘭の花はおほく谷間のやうなところにさいてゐた」（相馬御風前掲『郷土に語る』七六頁）といった素晴らしい自然との触れ合いも、地方・田舎生活者の心にしか刻まれることのない体験・記憶である。

これらの貴重な体験が御風の心身を豊かにし、歌心・詩心・創作意欲と結びついて、彼の詩歌の、また文学の素養・基盤をしっかり育てていく。

御風は、多くの作品、研究、著作を著わす三二歳以降は、再びこの地に拠点を移し直し、その地方の小さなまちから中央、そして全国を俯瞰し、発信し続けるのである。

(2) 高田中学から早稲田大学へ

御風は、この郷里の糸魚川で尋常小学校、高等小学校を終え、一八九六（明治二九）年、同じ上越地方でもちょっと離れた高田（現・上越市）の中頸城郡尋常中学校（現在の県立高田高等学校）に学ぶ。

高等小学校時代から、俳句や短歌に興味を示し、中学時代には、佐々木信綱の竹柏会に参加する。早くもこの段階で御風と号すほど短歌に深く引きつけられていた。しかも、地元の『高田新聞』では短歌の選者にもなっている。

この中学時代の友人に高田出身の小川未明がいた。未明は、御風より一年先に高田中学校に入学するが、その後、数学が苦手で二度、三度と落第をくり返すので、御風が卒業する時に、同時に中退する。二人は、この中学時代から交流を始めている。

御風はこの頃を思い出し、「歌をよむこと、歌を味ふことをおぼえさせて貰つたことを、私は自分ながら時々ありがたく思ふ」（相馬御風前掲『郷土に語る』四頁）と回想している。子どもの頃、昔なら読み・書き・ソロバン、今ならピアノや学習の塾通いはよくあるが、子どもの頃短歌を学ばせる親は一般にはみられない。せいぜい旧武家など上流階級にみられた程度である。両親がその歌を詠む能力・才能を発見し、伸ばしてくれたことが、御風にとってやがて文学全般の創作や研究に大いに活かされていくのである。

このような才能・関心を活かすか、父の宮大工の道に進むか、悩んだ末、結局父の希望も受け入れ、第三高等学校を受験することにした。

御風は、新世紀を迎えた一九〇一年、高田中学校を卒業すると、京都に向かい、三高を受験する。しかし失敗し、いったん帰郷する。高田中学時代から、すでに糸魚川や高田を超えて活動をしており、田舎の狭い空間の中で才能をもてあますほどであったが、この間を利用し、京都や東京で、真下飛泉、そして佐佐木信綱の下で短歌と詩の研鑽を積む。

三高受験の失敗で、自分の持っている才能・関心を文学で挑戦して大きく伸ばしたい、という目標・意欲が自然に湧いてきた。東京に出て、東京専門学校に進むことにした。

一九〇二年、御風は東京専門学校高等予科に入学する。この年の九月から東京専門学校は早稲田大学に改革・改称されるので、同大文学科に属することになった。

早稲田大学では、英文学を学ぶ。同じ頃、新潟関係者では、先輩や同年代に小川未明、会津八一がいた。他に野尻抱影、生方敏郎、片上伸らがいた。未明とは在学中、そして卒業後も交流を続け、未明の小説の評論も展開する。八一とも晩年まで交流を続ける。

早稲田大学への入学から卒業までの間、早稲田のまちが静かな農業・田園地帯から、どんどん開発されるのをみながら、御風は短歌、詩、童話等を発表する。短歌は与謝野鉄幹・晶子の下で、『明星』中心に活動する。

また一九〇三年、岩野泡鳴、前田林外らと東京純文社を組織し、機関誌『白百合』を発行する。与謝野鉄幹が中心となる『明星』に限界を感じ、新たな結社に踏み出したもので、『白百合』は「ロマンチックの気分に充ちた詩歌の雑誌」（相馬御風前掲『黎明期の文学』三〇六頁）であった。

一九〇五年には、最初の著作として歌集『睡蓮』（純文社）を世に送りだした。ただし自費出版であった。まだ卒業前の二二歳の時である。子どもの頃からの学習で、短歌には自信もあり、最初の著作は歌集にしたが、それにしてもまだ若い学生時代の刊行であった。

（3）早稲田大学卒業と文芸への道

一九〇六年、早稲田大学文学部英文科を卒業する。二三歳になっていたが、ほぼ順調に進んできたといってよい。すでにその頃には、創作や評論で自分の才能を発揮する機会・場を与えられていた。もっとも、後の『還元録』の時代にいたると、「私の学生時代の生活の大部分は、機械的な模倣的な空虚なうはついたものであつた」（相馬御風前掲『還元録』五頁）と反省、述懐する。

卒業すると、「私は直にその当時わが思想界文学界に最も重きをなして居た一文学雑誌の記者として傭はれる事になつた。そのやうな大雑誌の記者となる事は、その当時の私自身にとりては全く意外な栄誉であつた」（相馬御風前掲『還元録』一九～二〇頁）ということになる。この大雑誌とは島村抱月によって再刊された第二次『早稲田文学』である。御風は、同誌で抱月の下に編集にも参加する。小説などの創作、評論はじめ、諸雑誌・諸団体・運動の動向等の紹介も行った。同じ頃、未明も『早稲田文学』に小説等を発表しており、同誌には百号記念号はじめ、同じ号に二人揃って執筆することも時々あった。いい意味でのライバルとして励み合う時代が始まっていたのである。

翌一九〇七年、御風は日本女子大学英文科在学中の藤田テル（照子）と結婚する。時に御風は二四歳、テルは一九歳であった。彼女は藤田茂吉の次女で、仲人は小石川警察署署長というから（相馬文子『相馬御風とその妻』一一〇頁、青蛙房、一九八六年）、それから五、六年後の御風が社会主義者による『近代思想』に関わる時代なら、署長の仲人は考えられなかったであろう。

女子大に学ぶテルは、当時の女性としては最高のエリートであった。その妻とは、御風も時間の経過と共に最良の伴侶とお互いに納得・感謝し合うが、若い時にはその若さ故に、随分妻に冷たくあたること、厳しい対応をすることもあり、家庭内に不仲や対立を持ち込んでいた。彼は回想する。

「こんな具合で私の結婚生活が始まつた。けれども私は依然として浅薄なる懐疑的人生観の表白者としての自分を、さまざまな雑誌や新聞の上に見出した。而も自分の周囲の所謂新らしい人々から何とか批難されはしまいかと云ふ危惧から、家庭に於ける自分を強ひても不快な者に見せかけやうとした。他人に向つては無論結婚の喜びを語るよりは、むしろそのつまらなさを語つた。かくして私達の結婚生活の初期は自らを欺く為めの冷淡、不規律、不愉快を以て過された。……私達の家庭は物質的にも精神的にも、殆んど救ひ難いと思はれるほどの状態に陥つた。」（相馬御風前掲『還元録』五一～五三頁）。

この結婚した年、生活のためもあって、御風は私立成美女学校で一年ほど教壇に立った。また、彼は野口雨情、三木露風、人見東明らと早稲田詩社を結成、詩の創作や評論に取り組んだ。当時の詩壇を厳しく批判し、自我の解放・自立に基づく口語自由詩を提唱した。一九〇八年、二五歳で『御風詩集』（新潮社）を刊行する。

同時に、アンデルセン原作『花と鳥』（久遠堂書店、一九〇八年）のような翻訳童話も発表、また自然主義の立場に立つ文芸運動にも参加、発言した。その頃、『早稲田文学』等には創作（「仙人の話」他）や評論、また『文章世界』『新潮』などにも評論、研究成果等を発表した（相馬御風「『古事記』を通じて見たる吾々が祖先の生活」『文章世界』第五号第一四号、一九一〇年一一月、他）。

一九一〇年、長男昌徳が生れる。しかし翌年、その長男が夭折する。しかも、糸魚川の実家が大火に巻き込まれ、焼失する危難にも遭遇する。御風は帰郷し、善後策を講じるが、すぐには名案も浮かばない。結局父親を東京に引き取ることになる。その間に二男昌允が誕生する。

一九一二年には、『早稲田文学』を中心に、『新潮』『文章世界』『三田文学』などに発表された正宗白鳥、小川未明、樋口一葉、北村透谷、永井荷風らの作家論・文芸論を含む文芸評論集『黎明期の文学』（新潮社）を世に問うた。同書は「此の一巻を恩師島村抱月先生に献ず」と扉に記されているように、抱月に捧げられたものである。この頃には、二〇代最後のまだ若さあふれる時であったが、抱月の芸術座にも出入りするなど、すでに一家をなす貫禄を感じさせた。

2　早稲田大学校歌の作詞

この間、一九〇六（明治三九）年、早稲田大学は、翌一九〇七年の創立二五周年に向けて坪内逍遙と島村抱月が中心になって校歌の制作に乗り出していた。詩を学生から公募するも優秀作がなく、関係者は苦慮していた。

そこで、まだ卒業したばかりであったが、すでに詩作に実績のある御風に作詞の特命が下された。それだけ御風は学生時代から年齢を超えて評価されていたということである。御風にとっても指名は光栄であり、全身全霊を捧げるつもりで詩の創作に打ち込んだ。完成まで一〇日程かけた。その結果生み出されたのが「都の西北」であった。逍遙も御風の詩を絶賛し、ワセダワセダの最後のリフレーンを付加して作曲に回すことになった。

この時、御風は二四歳。二四歳といえば、当時も今も、全てがこれからという大学を卒業したばかりの年齢であり、歴史に残る仕事を成し遂げることなど考えられもしない。しかるに、御風の創った校歌の詩は、その完成度の高さから言っても、若者の作とは思えないほどである。その遠大・高邁な理想、現実・足下の厳しい状況・課題に対する生き方、考え方、これらが高らかに歌い上げられている。御風はその後二〇〇近い校歌を作詞するが、校歌として最初に取り組んだ作品がこの「都の西北」であった。若き日の挑戦・創作が校歌の歴史では傑出した秀作となって生き続けることになるのであった。

作曲は東儀鉄笛である。彼は、東京専門学校に学んでいるが（中退）、御風より一五歳ほど年上であった。宮内庁の奏楽を担当する家系の生まれで、音楽家であった。御風と共に新劇にも関係していた。彼は作曲を依頼されると、世界各国の学生歌を調査した上、アメリカ・エール大学の学生歌「Old Yale」をもとに校歌を作曲した。御風の詩に合う曲として、よくこのエール大学の学生歌に行き当ったものである。

この校歌は一九〇七年一〇月二一日の創立二五周年式典で披露された。早稲田大学は二五周年をめざして、改革も行なっていた。総長・学長制が採用されたのもこの時で、政界を退いていた大隈重信が初代総長に就任した。その大隈の初代銅像も、この日除幕・披露された。

その式典で、大隈の講演などの後、校歌が構内に集まった全学生によって合唱、披露された。その大合唱が広い構内の隅々にまで響き渡った時、そこに居合わせた御風は、感極まり、涙が止まらなかったという（「早稲田大学校歌誕生の時」『早稲田ウィークリー』二〇一三年四月一日号）。

御風の自筆による校歌の草稿は、早稲田大学図書館に所蔵されているが、東京・新宿区にある早稲田大学キャンパスの正門近くの植え込みに、その自筆の稿が刻まれた石碑が建立されている。その同じ植え込みの正面には「学問の独立」「学問の活用」など早稲田大学の建学の精神をまとめた「教旨」の巨大な石碑が大隈講堂と向き合うように建っている。その植え込みの背後に、御風自筆の校歌を刻んだ黒御影の石碑が巨大な自然石にはめ込まれている。その植え込みを越えた隣には、同じ新潟出身の会津八一の記念博物館が位置している。

以来、この校歌は、膨大な数の卒業生や学生によって在学中、さらには卒業後も、愛唱され続けてきた。稲門会のような同窓生の集まりなどで歌うたびに、あるいは卒業生なら何年何十年経ってどこで歌おうとも涙があふれるほど感動する。

曲は、原曲がエール大学の学生歌ということもあり、時には津川主一ら〈盗作〉の批判を寄せる人たちもいたが、今は、「原曲は『Old Yale』」と断ることで、特に問題はなくなっている。その曲は御風の詩とぴったり合い、校歌の詩と曲がこれ以外の組み合わせはありえないと思わせるほど一つになった傑作である。その点で、東儀鉄笛がよくこの原曲を見つけてくれたものとむしろ評価したくなるほどである。

ともあれ、早稲田大学校歌の作詞一つ取り上げても、秀作で御風の名は後世に永遠に残るものといってよい。

3　評論・思想の世界へ

(1) 大杉栄との交流・論争──『近代思想』への接近

相馬御風と大杉栄との交流・論争は、御風の生涯においても、また大杉の生涯においても、極めて意味のあるものであった。論争は、大杉が御風に噛みつかんばかりの切れ味で批判を投げかけるところから始まった。後に、それに加えて御風と同窓の安成貞雄らも御風批判を展開する。

その点で、先行きがどうなるのか、野次馬的関心も集めたが、御風が紳士的に丁寧に対応することで、大杉と御風の論争は、最後はほぼ問題の残らない形で自然に終結する。両者とも正々堂々と渡り合い、途中からは、外からは見えにくくなるが、むしろお互いにエールを送り合う形で、爽やかな印象さえ与えあう結末となったのである。

この論争では、御風が最初から最後まで御風らしく多少論点をずらしながらも、穏やかに対応し、最後は優れた大杉論を展開したことで、大杉もかみついたものの、珍しく捨て台詞も投げかけず、相手を認め、むしろ相互に感謝の気持を表する形で論争を自然に終えることになった。それだけ、御風は大杉に他にない鋭さ・可能性を認め、また大杉も大杉で御風の大きさを評価するに至ったということである。

特に一方で御風の冷静で紳士的な対応、他方で時間の経過と共に穏やかに、大きくなった大杉の対応が、論争を紳士的に渡り合うかたちで終わらせたといってよい。大杉は社会主義運動の実践に絡む問題を、あの時代にさらに議論を重ねても、深まらないという限界を読みとり、言うだけ言うと、むしろ御風の力量・役割を認めるかのように、鉾を収めた。少なくとも、御風と栄の二人は、殊更わだかまり、こだわりもなく、自然に終わったという気持になれる結びであった。

相馬御風が創作や評論に取り組みだした明治末期は、社会思想・社会主義運動の冬の時代であった。勃興、成長しつつあった社会主義運動が赤旗事件（一九〇八年）、ついで大逆事件（一九一〇年）と厳しい弾圧に遭った直後であった。その闇を抜けて再挑戦への船出を最初に試みたのが大杉栄と荒畑寒村の『近代思想』であった。一九一二（大正元）年の一〇月のことである。

御風にとっては、その大杉らの挑戦・活動は自分にないもので、新鮮に思えた。大杉らは政治や社会主義に関わる発言は、できるだけ控えたものの、社会性・思想性の伴う発言を随所にのぞかせていた。その点で『近代思想』は、デザイン・外見はシンプルであったが、大正初期には他にない個性の強い独特の雑誌という評価を得ることになった。

その大杉らの活動に、御風は少しずつ接近し、執筆にも、またメイゾン鴻乃巣における集会などにも顔を出し始めた。平出修の永訣式では、式後、御風は、土岐哀果らを含め、大杉と一緒に食事もとっている（大杉栄「大久保より」『近代思想』第二巻七号、一九一四年四月号）。大杉が御風の自宅を訪ね、さらに未明の自宅にまわり、三人で話し合うようなこともあった（大杉栄「大久保より」『近代思想』第一巻一二号、一九一三年九月。小川未明「童話を作って五十年」上笙一郎編・小川未明『児童文学論』日本青少年文化センター、一九七三年）。

当時は大杉や『近代思想』に接近すれば、警察・当局ににらまれる時代である。それを承知しながら、接近したのだから、御風の純粋さ・社会的関心のほどがうかがえる。

御風からみて、大杉らのアナキズム的発想や理想にはひかれるものがあった。特に人間・個の尊重、その自由・自立を強く訴える大杉の主張には、あるところまでは共感・共鳴し、接近もしてみた。大杉らからみれば、ほぼ同年代ながら、御風の方がすでに著書も多く、社会的にはよく知られた存在であった。当然御風には注目し、上に立てるほどの扱いもしている。近代思想社小集には、島村抱月と共に、御風を特別に招待もしている。

(2) 大杉・御風論争の開始と展開——歴史に残る紳士的結末

御風は、一九一四（大正三）年頃、『読売新聞』や『早稲田文学』で小川未明の小説類をよく取り上げている。一方で力強い自我の存在、社会組織への批判、底辺生活者の内面の理解、人間性のための闘い・近代的社会生活への反抗などの認識を高く評価しつつ、他方で「理性の複雑がない」（相馬御風「二人の世界——小川、中村両氏の芸術——」『早稲田文学』第一〇七号、一九一四年一〇月）とか、「孤独な、盲目的な自我」の克服とか、「絶望的に否定し去った社会」を絶望のままではなく、そこに新しいものを注入する必要などを指摘し、批評する。

そのうち『読売新聞』における未明への批評をきっかけに、大杉栄が御風に「時が来たのだ——相馬御風君に与ふ」（『近代思想』第二巻四号、一九一四年一月）を発表、ついで御風が「大杉君に答ふ」（『近代思想』第二巻五号、一九一四年二月）で応えるが、同時に大杉が「再び相馬君に与ふ」（『近代思想』第二巻五号、一九一四年二月）等を発表、応酬し合った。

大杉は、社会革命や「時が来た」といった「恐ろしい言葉や文句が、一向平気な様子で文壇に喋々せられてゐるのを驚いた」（大杉栄前掲「再び相馬君に与ふ」『近代思想』）という多少皮肉を込めた受けとめから始める。御風が大杉らの陣営に第一歩を踏み出したのなら、さらに第五歩も六歩も踏み出すことも要求する。また社会的矛盾の拠ってくる要因にしても、大杉は「社会組織そのものの誤謬」と個人の自立の後れに求めるのに対し、御風は社会組織の革新を要求しつつも、社会制度以上に「吾々の生活の不満の原因を探らしめるとすれば、……僕等自身の生活そのものに求めるより外に道がない」（相馬御風前掲「大杉君に答ふ」『近代思想』）とする。その社会組織や社会革命に対する認識の曖昧さも、大杉は批判する。

たしかに、御風は「時が来た」と大杉らと同一線列に近づきかけるが、それ以上の前進はしなかった。大杉らの現状批判には共感を示すが、現場の実践運動・前線にまでは出てこない。そのあり方にも大杉は批判を寄せる。

このように、大杉は、御風に真正面から向き合い、大杉らしく言いたい放題、思うまま批判するが、その後の対応を見ても、御風に関してはぞんざいに扱う軽い姿勢はとっていない。現に、御風の「大杉君に答ふ」の扱いにしても、『近代思想』のトップの扱いで活字も大きくしている。それに対し、大杉自身の御風批判は活字も小さく目立たないところに掲載している。それだけ御風には一歩譲るほどの気持ちも抱いていたし、期待もしていたのであった。

御風の方は、前掲「大杉栄君に答ふ」（『近代思想』）を発表、大杉らとは異なる個人主義を主張する。しかも、彼はその後も『近代思想』に関係はするし、大杉との交流もつづける。しかし、間もなく『近代思想』は廃刊となる。

同じ頃、大杉は土岐善麿らにも厳しい批判を行なっている。そのうち『生活と芸術』に発表された土岐に対する大杉の批評「籐椅子の上にて」を、御風は時評（相馬御風「五月号の諸雑誌の中から」『文章世界』第一二四号、一九一四年六月）で取り上げ、大杉にエールを送るように「興味深い」批評で「多くの興味を寄せた」と紹介している（御風は「籐椅子の上にて」については強い感銘をうけたようで、以下の『早稲田文学』に発表した「注目すべき準備」でも取り上げている）。

それと同じ頃、『早稲田文学』で、御風は『近代思想』に続く労働者を相手にする『平民新聞』の計画について、大杉らに声援を送っている。それも、次のように極めて強い表現で声援を送る。「『真の友人』たる労働者のうちに行かうとする中等社会出のアナーキスツの新らしい準備が今や暗黙の間に着々と歩を進めつつある」（G生［相馬御風］「注目すべき準備―最近思潮―」『早稲田文学』第一〇三号、一九一四年六月）。さらに「日本に於ける尊敬すべき中等社会出の革命家の新らしい本当の事業が今や準備されつつあるのだ!!」（同上）と、自分はそこまでは出来ないが、それをやろうとする大杉らは真の革命家であり、せめて大きな拍手を送ろうと言わんばかりに、紹介を超えた声援を送るのである。

それに対し、大杉はその御風の好意・声援を読んで深い「感謝の気持」を伝えた（大杉栄「銅貨や銀貨で」〔目次では「銅貨と銀貨とで」〕『近代思想』第二巻一〇号、一九一四年七月）。

それに対して、この御風の声援直後の一九一四年一〇月には、大杉は、御風批判論文も収録した、彼にとっては最初の論集『生の闘争』（新潮社）を刊行する。その序文を、彼は堺利彦らと共に御風にも依頼する。それにみられるように、彼は論争と共に御風を突き放したわけではなかった。依然として敬意を表するほどの扱いをしている。彼は同書「自序」（『生の闘争』新潮社）で「僕は、殊に僕の思想に就いて、僕と所見を異にする人々の真実なる批評を求める。僕が僕自身とは多少立場を異にする馬場孤蝶、生田長江、相馬御風、堺利彦の四氏に、本書の序文を求めたのも、此の意味からであつた。」というが、「自序」を求めたのは、大杉がいずれも一歩譲る人たちである。御風もその四人の中に入れて、実は礼を尽くしているのである。

御風もそれに応えて、「序」（目次では「自序」であるが、本文では「序」）としては比較的長く、内容の濃い大杉論を寄せている。大正初期の大杉に関する人物評としては、大杉の本質をついた良質のものであり、大杉としても感ずるところのある内容であった。

御風は、その「序」で大杉について「強い自我主義の上に立つた本当のリアリストである」としつつ、「僕は此の最も積極的な人間主義を君のうちに見出した事を、何よりも愉快に思ふ」などと位置付ける。その他にもいくつか注意をひかれる主張がみられる。

その一つに「手段と目的とを区別したり、決論と過程とを別にして考へたりするやうな旧式な社会改良家でない点に、君の本当の強みがある」（大杉栄前掲『生の闘争』一六―一七頁）と、大杉の特徴である目的と手段の一致を明快にいいあてている点がある。この点への着目は御風の鋭さを教えてくれる。

もう一つには、後の軍部による大杉の虐殺を予感するように、独仏でK・リープクネヒトとJ・L・ジョーレスが殺されたことを人間屠殺と批判し、そのことで、仲間たちとの「談論の間に僕等は幾度となく君を連想しないでは居られなかつた」と言っている点がある。軍部等官憲の手段を選ばない残虐な姿勢・怖さというもの、そしてその標的になる大杉の危険な位置を見通していたかのようである。

このように大杉が御風に「序」を書くよう申し出、機会を提供したこと、それに対して御風も逃げずに応え、内容のある大杉論で応えたこと、しかも大杉は御風のその「序」を同時に第一次『近代思想』廃刊号でも、堺利彦の論文の次という目立つところに「人間主義」として掲載し、敬意を表していること、このような展開で大杉と御風の論争は、激しくなることも、また決裂することもなく、対等に渡り合ったまま自然に紳士的に終わるということになった。

論争相手の批判論文も収録する自著に、その相手に「序」を書かせるという、大杉にしかできない芸当を演じ、その芸当に御風も乗ったのである。

あわせて御風は、その一九一四年の最後に、『早稲田文学』第一〇九号（一二月号）の「大正三年文芸界の事業、作品、人」で、年間を通して「印象の鮮やかな人々」の中に、未明らと共に大杉の名も挙げている。

しかも、大杉は、その後も、御風が編集責任者に近い位置にいる『早稲田文学』に寄稿し、御風はそれを受けとめている。御風はその後も『早稲田文学』にはほぼ毎号何かを執筆するので、大杉と御風の名が同じ号の目次に並んでいることもある（大杉が「近代個人主義の諸相」を寄せた第一二〇号［一九一四年一一月］など）。

そのような推移で、厳しい対立に発展するかに見えた論争が、言いたいことを言い合った後は、当事者同士がお互いにエールを送り合うことで、相互に認め合い、論争の方は自然消滅という珍しい展開で終わるのである。

(3) 大杉・御風論争の意味

大杉が仕掛けた論争はかくして最後は静かに終わった。その終わり方は、御風にとっては周りの者が考えるほど、決して後味の悪いものではなかった。切れ味鋭く切りかかってきた大杉に対し、御風は多少遠慮がちに、しかし真正面から受け止め、対応し続けたことで、世間的にはどう議論が展開するのか、興味を呼んだ。

それなのに、鋭く切り込んだ大杉が、そのまま批判を突きつけ続けるのではなく、言いたいことを言ってしまうと、御風に自由に主張を述べる機会を提供し、あわせて自分たちの運動に対する御風の声援には感謝の気持を返すという穏やかな対応をみせた。お蔭で、最後はエールを送り合うという、この二人以外にはできない興味深い結末になって、論争が自然に終わる。

この大杉の御風批判に始まる論争には、当初は大杉の若さもうかがえた。同じ社会主義者でも堺利彦なら、批判の刃で切り込むよりも、むしろ最初から御風らを巻き込み、シンパとしてでもつながりを維持する形で対応したのではと思われる。若き大杉、安成貞雄らは、御風を追い込む形で議論を始めた。ところが、大杉も実は見えにくいところで、すぐに御風に敬意と感謝の気持を送り、堺とは異なる方法で、御風とのつながりを断ち切ることをしなかったのである。

御風の方も、その後も大杉には対応を続けるし、『近代思想』にも第一次の廃刊まで付き合う。また『早稲田文学』での二人の付き合いも続く。しかも御風は『近代思想』との付き合い以上に、編輯長格の『早稲田文学』や新劇の方に多忙な仕事を持ち続けていた。

そのような二人の対応・展開に、意外にも御風と共に、大杉にも、人間の大きさというものが感じ取れるほどであった。

しかし、ほどなく御風は東京を離れ、糸魚川に移り住むことになる。大杉は大杉で労働者・労働運動に接近していく。それによって、御風と大杉らのつながりは断たれ、いろいろの憶測を呼ぶことになってしまう。しかるに、大杉の批判は、以上のように御風にとってはダメージとなるほどのものではなく、御風は終始冷静に渡り合っていた。むしろ、御風の東京からの離脱、帰郷は、東京での生活・家庭、研究・執筆、思想・活動などが全体として作用し合った結果であった。いずれにしろ、時間の経過は、大杉の方が惜しい同志・論客を失うことになるのではあった。

それにしても、いろいろの思い・悩み・苦悩が合して大きくなっていたとしても、それを「還元」「帰郷」という形、しかも『還元録』のような自己批判・宣言書まで発表して完全に出直す道を選んだのは、御風にしかできない選択・決断であった。そこに御風の独特の個性・人間性がうかがえる。その展開・決断には、大杉にとってもいろいろの感慨が湧いたはずである。

ただ、御風が社会主義者の中でも大杉に接近したのは、御風の変革や理想社会に対する理念・見方からすれば、決して間違いではなかった。というのは、御風と大杉が、共に変革や革命というのは体制や制度を変えれば済むというのではなく、人間の解放・自由が実現しているかどうかが鍵なのだという点では一致していたからである。

御風が、現状是認者は「現在の社会制度だけが真に人間生活を幸福にするものと思ひ込んで居る。随て制度を見て、人間を見ない。……制度が人間生活の凡てではない。むしろ人間の心がその制度を運用してこそ、始めて制度そのものの意義が完いのだ。……現代は、制度と制度との闘争の為めに、日一日と豊かなる人間性そのものが虐げられて行く」（相馬御風前掲『還元録』六五―六七頁、）と言っているとおりである。

それに、独裁や権力の奪取・集中の否定にみられる目的と手段の一致という点でも、御風と大杉は意見を一つにしていた。アナキストとして大杉が後のアナ・ボル論争でも、マルクス主義者等に譲らなかった重要な論点であるが、御風はこの点もよくみていた。

しかし、社会運動の主体としてどこまで運動・実践に関われるかという点では、二人には距離・相違があった。大杉は、この御風との議論の後、どんどん実践に深く関わっていくのに、御風はトルストイに深く傾倒した後、大杉の活躍する東京・中央から、そして社会思想・社会運動の現場・実践から離れていくのである。

（4）「カチューシャの唄」の大ヒットと抱月の死

御風は、大杉との論争に巻き込まれた頃、他にも多くの仕事や人間関係に追われて、多忙であった。引き続きいくつかの著書の刊行、あるいは刊行の準備もしていた。多くはまだ二〇代後半に発表した論稿をまとめたものである。

一九一三年というと、御風が三〇歳になる時であるが、その三月に『峠』（春陽堂）、一九一四年一〇月に『毒薬の壺』（早稲田文学社）、ついで一九一五年四月に『個人主義思潮』（天弦堂書房）と、矢継ぎ早に成果を世に問う。一九一一年頃から、早稲田大学講師も務めていた御風は、早稲田文学社の文学普及会講話に講師として参加、その講座に手を加えて本間久雄と共著の形で研究書も刊行した（相馬御風述『欧州近代文学思潮』・本間久雄述『欧州近代批評講話』早稲田文学社文学普及会講話叢書、文学普及会、一九一四年)。

なお『毒薬の壺』は「最近約一年間に於ける僕自身の生活の最も端的な最も率直な表白」(同書の「はしがき」)であると説明されているが、『創造』に連載した加藤介春の詩集『獄中哀歌』の批評はじめ、文芸評論から、家庭内のことに対する「自己表白」などを収めたものである。この著作を御風は未明に献呈している。扉に「此の書を小川未明君に献ず」と記し、同郷・同窓の友に敬意を表している。もっとも、その直前の九月に、未明から『底の社会へ』(岡村書店)に「序」を依頼され、御風は八頁に及ぶ「序」を献じていた。『還元録』以後も、住まいは遠く離れ合うが、未明との交流は晩年まで続く。

一九一四年に、三男皓、翌一九一五年には四男元雄が誕生する。

これらの活動や著作を並べてみると、何でそれほどに急ぐのかと心配になるほどのスピードで、御風は著作・著書の執筆・出版に打ち込んだ。それほど若さと才能を持て余していたともいえるが、論文、著書の視点や論理、内容や文章は、年齢が若いからといって、決して軽薄なもの、ぞんざいなものではなかった。むしろ遠慮がちに執筆するような面もうかがえるくらいであった。

また御風は、島村抱月らの文芸協会、次いで抱月が松井須磨子との恋愛事件を機に結成する芸術座に東儀鉄笛らと参加する。抱月は、一回り年長で、本来御風の師であったが、御風とは親密に意見を交わし、共に行動し、相互に信頼関係を維持していた。

一九一四年、芸術座の第三回公演としてトルストイの『復活』が上演されるが、その主題歌として

「カチューシャの唄」がヒットする。カチューシャ役の松井須磨子が劇中歌として歌ったものである。この歌は、御風と抱月の合作であるが、抱月が一番の詞、御風が二番以降の詞を書いた。作曲は抱月の書生をしたこともある中山晋平であった。その歌は「日本人の作詞作曲による流行小唄で、洋風のメロデイを用いた」最初で（絲屋寿雄『流行歌』一八二頁、三一書房、一九五七年）、歌の下手な須磨子が歌ったにもかかわらず、大ヒットしたのであった。

これを機に、トルストイ『生ける屍』の「さすらいの唄」、ツルゲネフ『その前夜』の「ゴンドラの唄」などの劇中歌が流行し、ヒット作も多く出ることになる。

その後、御風は、後述するように糸魚川に引っ込んでしまうため、師である抱月と会う機会もなくなっていく。師の顔を仰ぐのは、一九一八年、父の逝去後ほどなく、抱月の突然の訃報を聞いて、糸魚川に退いてから初めて上京した時であった。

抱月が悪性感冒で急逝する事態に到ったのは、一九一八年一一月のことであった。御風は、『還元録』後というもの、東京に出向くなどということは全く考えてもいなかった。にもかかわらず、師であり、また年齢の差を超えて敬愛しあっていた抱月の死を知ったこの時だけは急ぎ上京する。すでにお棺の中に収められた抱月の尊顔を拝みたいと遺族に無理を頼んで、死に顔に対面させてもらった。葬儀では、御風は弔辞も読んだ（相馬文子前掲『相馬御風とその妻』一四二―一四三頁）。ただしごく短いものであった。

この時が、『還元録』以後、東京に出かける最初で最後となり、御風は二度と東京の土を踏むことはなかった。この僅か三日ほどの在京の間は、御風は抱月の死による衝撃で、正常心を失う程の精神状態になっていた。死の恩師との対面後は、ただ一日も早く帰郷し、ごったがえす大勢の中ではなく、一人で師・抱月を偲びたいという気持ちであった。葬儀の弔辞が短かったのも、その気持の現れであった。また、自分が抱月のもとに居なかったことが、抱月の生き方を迷わせたり、死を早めさせたりする結果になったのではないかという後悔の念もあった。実際に、抱月は御風を頼りにするところがあり、御風が東京を去ったことで、須磨子との関係、芸術座の処理等で適切な対応ができなかった面がなしとは言えなかった。

御風は郷里で抱月のことを思い続けるが、すでに触れたように抱月には存命中の一九一二年に文芸評論集『黎明期の文学』(新潮社)を捧げている。

この年、四男元雄を疫痢で失うが、その悲しみから、好きだった釣魚を断つ決意をする(相馬文子「相馬御風年譜」『相馬御風著作集』別巻二、三七一頁、名著刊行会、一九八一年)。

(5) トルストイへの傾倒

日本では、トルストイ熱は明治からみられたが、さらに高揚するのは、大正デモクラシー運動が本格化する時期以降である。ところが、御風はその直前の一九一三年頃から、トルストイに憑かれたように、矢継ぎ早に翻訳を世に送り出す。

一九一三年に、御風はまず『アンナ・カレニナ』上下(早稲田大学出版部)、一九一四年に、『トルストイ伯の戦争と平和』（敬文館）、トルストイの『人生論』（新潮社）、一九一五年には『性慾論』（新潮社）、『復活』（相馬泰三との共訳、三星社出版部）、『我が懺悔』（新潮社）を翻訳・刊行している。この頃、小川未明もトルストイに惹かれており、御風の影響が考えられる。

その後も、トルストイへの傾倒は続き、一九一六年には、トルストイの『論文集（第一）芸術論』、『論文集（第二）宗教論』（早稲田大学出版部）、一九一七年には『ハヂ・ムラート』（新潮社）、パウル・ビルコフ『トルストイ伝』（新潮社）を相次いで翻訳している。驚くべき精力とスピードでの仕事であり、出版である。それだけ、トルストイに傾倒していたということである。「還元」にいたる生き方の激変にも、その一端にトルストイ的生き方が導きになっていたともいえる。

トルストイの研究者・ファンを糾合したトルストイ会によるトルストイ専門研究誌『トルストイ研究』（新潮社）の創刊は一九一六年九月、最初のトルストイ全集（春秋社）の刊行は一九二〇年以降のことであったので、御風によるトルストイの著作の翻訳・刊行はそれに先行するものであった。『トルストイ研究』の創刊時には、御風はすでに東京を離れていたが、創刊号には「おぼえがき」を寄稿している。近しい新潮社との関係もあったが、三〇歳になったばかりの御風がすでにトルストイ研究者やトルストイアンとしては、一定の評価を得ていた証左といってよいであろう。

この「おぼえがき」は、短かい文章であるが、トルストイ受容のあり方と共に、糸魚川に帰郷した直後の気持・状況を知る上でも興味深い。彼は言う「何よりも私は私みづからの為めに彼（トルストイ：筆者注）を求めなければならないのである。罪多き私みづからの為めに、偽り多き私みづからの為めに、私は何よりも彼からの鞭を求めなければならない」。次の節で紹介する『還元録』（春陽堂、一九一六年）と同様の意識・精神状況がうかがえよう。

このように、トルストイへの取り組みでは、御風は昇曙夢、米川正夫、抱月、内田魯庵、加藤一夫、生田長江、原久一郎らと共に先駆者の一人といってよかった。御風らの活躍で、トルストイ全集の刊行は新潮社が一番乗りするのではないかと思われていたが、その御風は東京を去り、神田豊穂、植村宗一（直木三十五）、加藤一夫、古館清太郎らの春秋社が先駆けることになる。

ちょうどその頃、新潮社が文庫で「代表的名作選集」を刊行する。漱石、独歩、藤村、樗牛、鏡花、白鳥ら当時活躍中の作家や詩人のものを網羅するが、その編集委員に島村抱月らと共に御風も名を連ねている。文芸界では、御風の地位はそこまで高くなっていたということである。

そんな多忙の中で、御風は社会組織や社会変革にも興味を示したり、東京と訣別することまで考えたり、苦悩していたのである。

4　東京を捨てて故郷・地方へ

(1) 活躍でき、好きでもあった東京からの離脱

一九一六年三月、突然、御風は一家で東京を離れ、郷里の糸魚川に向かう。御風と議論し合った大杉栄らが、弾圧にめげず労働者街に住み、文化・文芸活動から、転じて本格的に労働運動・社会運動

に突き進む直前の時であった。
この時の糸魚川行きはたんなる帰省ではなかった。東京と訣別し、永住を覚悟の帰郷であった。御風自身は、帰郷が『還元録』執筆の前年四月であったことを、同書でくり返している。その説明によれば、まず一九一五年四月に帰郷し、その後に『還元録』を執筆し、翌一九一六年二月に公刊するという流れになる。家族への説明からみても、その方が理屈にも合うが、一般的には御風と家族の帰郷は一九一六年三月とされている。長女の相馬文子の「年譜」でも、一九一六年「二月退任に先立って心境の告白ともいうべき『還元録』を春陽堂より出版する。三月一家を挙げて糸魚川に退任、上野駅出発に際しては、文壇の知己友人多数の見送りを受けた」(相馬文子前掲「相馬御風年譜」『相馬御風著作集』別巻二、名著刊行会)となっている。
それに対して、御風は、次のようにも言う。

「けれども時が来た。……私は怪しみ迷ふ家族を無理にも納得させて、断然東京を去つた。私の一家は突如として越後の郷里に移された。それは昨年の四月の事である。」(相馬御風前掲『還元録』一〇一頁)。

『還元録』は回想の記であり、また告白・自己批判の書でもある。そこに、帰郷に至る自らの心の内、苦悩・煩悶を告白する。「其の忌はしい過去の私を、私みづから鞭打つ為めに書いた」(相馬御風前掲『還元録』自序二四頁）というものであった。ここまで心の内を打ち明けることもないのではとも思えるが、御風は告白・懺悔なしに新しい生活に入るのを潔しとしなかったのである。

そのうえで、「此の告白を境界として沈黙と忍従とを主にした宗教的自修の生活に入るべく努力したいと思ひます。そして凡化した一個の人間として、自然に対し、世界に対して念々感謝と敬虔との生涯を送りたいと思ひます」（相馬御風「緒言」前掲『還元録』）という考えを示したのである。

御風が『還元録』を書いたのは、自分の忌まわしい東京時代を自分の手で葬るので、もう誰にも言及も批判もされたくないという気持からとも取れる。ところが、むしろ御風の普通ではない対応が和辻哲郎はじめ、多くの人の関心・批判を呼び（金子善八郎『相馬御風ノート――「還元録」の位相――』新潟日報事業社、一九七七年）、『還元録』も、そこに込められた御風の気持も、ずたずたにされた感がある。

自己批判をしながら、「還元」・帰郷を実行しなかったのなら、批判を受けて当たり前であるが、ともかく「還元」を実行したのだから、その間の言行・論理の不一致・矛盾・欠陥については、御風のその後の生活を見るまで、指弾や批判を待ってもよさそうなものであるが、そうではなく、多くの批判がすぐに浴びせられた。

どうあれ、それらもはねのけて、あるいは無視して、御風は、郷里・糸魚川で新しい生活を始めるのである。

思えば、地方・新潟に生まれた御風は、憧れの東京に出て、順調に成長、詩歌や小説の創作、評論の活動、翻訳など文学中心に活動・発表の場も与えられていた。『早稲田文学』の編集の仕事に就いたり、母校早大の講師になったりと、研究・教育面でも活動していた。研究なしに大学の教壇などに立つことはできないからである。

それらの活動をみても、外からみる限り、御風にとって東京時代は良いことが多かった。一九一三年、一四年頃には、第二次『早稲田文学』の編集陣の中心におり、自らもほぼ毎号何かを書いていた。『早稲田文学』と同年に出発した『文章世界』などにもいつでも執筆できる立場にあった。それらの活動をもとに、何冊もの著作を刊行した。実は、大杉らを相手に議論する時間的ゆとりもないほど多くの仕事を抱え、著述に追われるほど外見的には順調に推移しているようにみえた。

現に、御風の歯切れのよい簡潔な文章、明快な論理は、深く鋭く切り込むタイプではなかったが、当時の論壇でも決して評判は悪くはなかった。新潮社、天弦堂書房など御風の著書を引きうける出版社はいくらでもあった。東京を離れる直前の一九一五年四月に刊行した『個人主義思潮』(天弦堂書房)にしても、「はしがき」の冒頭にいきなり「文明は解放である」、あらゆる既成のもの、現に存在するものからの解放である、と訴えるなど、自信が伝わってくるほどで、改革、変革、解放を考える若者にも、刺激を与える筆力・表現力を持っていた。

しかも、そんな活動のできる東京を、御風は好きでもあった。たまたま『文章世界』の一九一四年八月号(第九巻第九号)の編集部による「趣味と好尚」に関するアンケートに、好きな花(芙蓉、朝顔、向日葵)、好きな樹木(ポプラ、ケヤキ)などの回答と共に、「世界で住みたいと思ふ所は?」の問いに、彼は「日本の首都東京」と明快に応えている。

こう応えたのは、大杉栄との論争の直後で、かつ東京を棄て、郷里に戻る時期からそれほど前ではなかった。その住み続けたいはずの東京を離れることになるのである。

(2) 東京と訣別し糸魚川へ

その住みたいまちであったはずの東京に、御風は訣別し、突然郷里・地方に一家で引き上げることにした。しかし御風の心のうちでは、突然のことではなかった。彼が言うには、『近代思想』と関わっていた頃にあたる三年前から悩み、懊悩し、反省をくりかえしていた。とりわけ「最近一年半ほどの私の努力は、此の自分の過去の最も明白なる過謬からの解脱へと向けられたのである」(相馬御風前掲『還元録』九一頁)ということであった。

それにしても、表面的には、また外から見たら、突然のことであった。しかも、静かに東京を離れ、普通に転居の報告・通知をするのではなく、糸魚川に住みつくのとほぼ同時に、仕事や自分に対する評価をめぐる自己の内なる懊悩・葛藤、神経的にまいっている状況、社会的に知名度が上がったといっても、孤独で緊張の続く文筆の生活、郷里の実家の火災による消失、父親の引き取り、家族内の問題などで飽和状態・パンク状態であったこと、あわせて東京・大都会を忌避し、徹底的に批判をする気持になっていたことを『還元録』を通して告白する。本人にとっては、内なる大改造・大転換の決断が必要になっていた。過去を切り捨てて、ゼロから再出発したい気持になっていたのであった。

彼は、東京時代を「外部への当てなき道を辿ることの不安に堪へられなくなつた」（相馬御風前掲『還元録』一五九頁）、「永い思想的放浪生活」（同上、一七〇頁）などと位置付けている。その上で、「自分の求めつつあるものが最も内的なる精神的安立であることを自覚した此の私」（同上、一五九頁）は、東京を離れる決意をする。それによってようやく「私みづからの心の故郷へ帰つて行く」（同前、一七〇頁）という心境になれたのであった。そして「今の私にとりては、外的な世界をどうするかと云ふことよりも、人間そのもの即ち私みづからを眞の善良な生活に導くことが最も切なる願ひです」（同上、自序一九頁）と、北方の厳しい土地にであれ、帰郷することが最も相応しい選択・決断であることを自らに納得させようとした。

その際、御風は、知識あるインテリゲンチャとしてよりも、凡人主義、「眞の人間主義」（相馬恩風前掲『還元録』一一八頁）の根底に立つ一市井人として郷里に立ち帰ろうとした。その頃には、御風が初めて上京した時にはまだなかった北陸線の糸魚川駅も建設されていた。

かくして永住の地・終の棲家となる糸魚川での生活が始まる。

この御風の東京離脱と帰郷に対して、大杉や『近代思想』グループの批判が御風の東京離反の引き金になったのではないか、という噂がたった（正宗白鳥『文壇五十年』河出書房、一九五四年）。しかし、論争後の大杉と御風のやり取り、御風の活動の全体像を見れば、それは必ずしも当たっているとはいえない。後に、荒畑寒村も当時の噂を否定している。「これはいささか穿ち過ぎた観察で、『近代思想』がそれほど大きな影響力をもっていたとは、いかにひいき目に見ても考えられない」（荒畑寒村「『近代思想』と文壇―『近代思想』昔ばなし（二）」『近代思想』地六社復刻版 解説Ⅱ、一九六一年）、と大杉や自分たちには御風を帰郷に追いやるほどの力はなかったと回想している。

たしかに、そのとおりで、論争が二人の間にはそれほどのしこりもなく終わったことも、上述のとおりである。もし大杉らの批判が御風に手痛いものであったとしても、『早稲田文学』はじめ、多くの活動領域を持っていた御風としては、まだ小グループにすぎなかった大杉や『近代思想』の輪を離れるだけでよかったはずである。

当時も今も、若者は大都会に憧れ、機会があれば東京に出ようとチャンスをうかがっていた。そんななかでの帰郷という逆流であった。過剰ともみえる自己内省・自己批判をせざるをえなくなっていた精神的状況、それにともなう東京と自らの東京時代を批判し、拒否する気持が、郷里に引き上げて全てをご破算にし、出なおす決意を固めさせたものであろう。そこに、普通とは異なる御風らしい懊悩と葛藤、そして誤魔化したり、曖昧に終わらせたりしない真摯さと大決断があった。

そのような郷里・地方生活の選択だけに、その後の彼の糸魚川からの発信には特別の意味を読みとれる。

『還元録』の直後に、前から『早稲田文学』に連載していた『凡人浄土』（新潮社、一九一六年）を刊行するが、その際の新聞・雑誌の宣伝文には「御風氏郷里に退き、北海の涛声に瞑想して、ひとへに凡人の浄土を欣求するの傍ら、心象の断片を録して此の一冊を編む。」などと宣伝された。

ちなみに、『樹かげ』（春陽堂、一九一八年）に、「東京から越後へ」という汽車で帰郷する一節が収められているが、その描写は『還元録』の時の帰郷ではない。それ以前の普通の帰省の時のものである。

5　郷里・糸魚川での活動と発信

(1) 地方の良さの再認識

相馬御風は、いったん郷里に落ち着くと、在京時代に劣らぬ筆力で執筆を再開した。以後亡くなるまでの三五年近くを糸魚川で生活し、充実した日々を過ごす。そこで持っている才能をフルに活かすことになる。

御風としても、郷里に足場をすえて、生まれて初めて郷里に落ち着き、真正面から向き合う気持になった。中学時代までの、一〇数年間は、地方生活の貴重な体験とはなったものの、むしろ将来の夢に向けて、郷里の糸魚川を越えて、まず高田へ、ついで東京へと興味・夢を引かれつつ、当面は目先の中学校卒業と進学などへの対応で精一杯であった。日常的に地域や自然に触れる機会は多かったが、ゆっくり郷里・糸魚川に向き合い、その良さ・特徴に親しみ、ゆっくり味わうゆとりはなかった。

糸魚川に落ち着けば、御風は旧家で大卒、しかも著書も多いので、町の最有力者の一人にみられた。足下からの仕事の依頼・相談も増える。付き合いも増える。それをこなすが、さらに童話、小説、評論、詩歌、研究などの執筆や著書の依頼、色紙や短冊への書の依頼、また講演の依頼も絶えることなくやってきた。御風は、帰郷後は定期収入の入る勤務は一度もしていないので、それらが御風一家の収入源・生活源だけに、おろそかにせず、きちんとこなした。

時と共に、御風は郷里・地方にとけ込み、地域と住民と共に思索し、活動を続ける。帰郷後まもない一九一六年六月には、地元の人たちと短歌会「木蔭会」も結成する。また近隣の学校からは校歌の作詞の依頼も相次いで舞い込んだ。かつ自らも積極的に筆をとりだした。

　こころよき　疲れをおぼゆ　草にねて　若葉の梢　仰ぎてあれば

ほどなく、このような自然にとけ込み、平穏な気分に浸ることもできるようになる。あわせて、地元に、また全国に自らの周辺のこと、日頃考えることを発信しだした。また継続的に地方・郷里に関する著作も発表した。前掲『樹かげ』、『対山雑記』（人文社、一九二三年）、『第二の自然』（春秋社、一九二六年）、『郷土に語る』（春秋社、一九三一年）、『糸魚川より』（春陽堂、一九三七年）、『郷土人生読本』『郷土文学読本』（実業之日本社、一九三八年）、『動く田園』（厚生閣、一九三八年）等である。また良寛や生田萬など郷土の人物に関することも著作にまとめた。

第一次世界大戦後、大都市郊外のまちづくり、田園への憧憬とそこでの生活が関心を集めるようになった。具体的には、私鉄の郊外への路線の延伸と開発、西欧式住宅も追求した『住宅』（住宅改良会機関誌）の発行、田園文芸（本間久雄）・田園論に関する雑誌の特集や出版等があいついだ。そんな動向の中で、御風も都市を捨てた地方生活者としてよく執筆・発言を求められた。『中央公論』「都市と田園号」（一九二一年七月）や古屋利之編『現代田園文学新選』（大同館書店、一九二五年）等にも寄稿を求められ、執筆している。

やがて昭和に入ると、個人誌『野を歩む者』を創刊、野を歩む者として日常的に地方の生活、感想を発信する。

地方生活者でないと味わえない良さ、経験、出来事などがしみじみと語られる。前述したように、冬になると雀などのエサに気を配ったり、木々花々を見たり取ったりするために山々や森林を散策・逍遥したり、季節ごとの食べ物、例えば春ならば「春の風味」を最もよく伝える野蕗《のぶき》の味噌汁のおいしさなどが語られる。

あわせて帰郷後目立つのは、地域、自然、そこから湧き出る芸術的情感を享受する生き方である。自然に関しては、「自然には私心はありません。……私達が自分ではどうすることも出来ない悩みを持つてゐる時でも、不思議な愛撫で私達の心を和げてくれるものは自然です」（相馬御風前掲『郷土人生読本』三五頁）と、自然への共感と感謝の気持を示すようになる。

さらに、「歌は自然と自分とがピタリと一つになつた時に生れる。自然と自分の間に少しでもすきがあつては本当の歌は生れない」（相馬御風前掲『郷土に語る』一八頁）というのである。

（2）良寛と児童物への傾倒、そして地方生活への感謝

木枯らしや豪雪、また春や秋の自然の美しさなど、北方の豊かな自然に恵まれた生活環境の下で、帰郷後、御風にあっては、良寛と児童文学への傾倒が目立っていく。

良寛への強い関心と深い傾倒は、その土台や背景となる郷里・地方への帰還・移住と重なっていた。それこそ、『還元録』以前の彷徨える時代に欠けていたものであり、また『還元録』以後の御風の新しい生き方・考え方の拠り所であり、「心の故郷」であった。捨てた大都会の生活と、その時代のさまよえる心の対極にあるのが良寛の生き方であった。帰郷後、地元の人に良寛の素晴らしさを教えられ、すぐに素直に受け入れることができたのである。

御風は、早くも一九一八年に、『良寛和尚詩歌集』（春陽堂）を編纂し、良寛の詩歌への感動の気持を添えて世に送りだす。時間の経過と共に、研究面でも、また啓蒙面でも、良寛にどんどん傾倒・傾斜する。「真に自然の滋味を味ふことの出来る心を持った者にとりては、一茎の小草、一片の木の葉のうちにすらも、限りない味ひがあります」（相馬御風前掲『郷土人生読本』三八―三九頁）。良寛はまさにそのような人として受けとめられていく。

資料的にも、良寛については新しい発掘・発見を行う。良寛のみか、年齢の差を超えて、良寛と敬愛し合った貞心尼の生涯や歌の研究・新資料の発掘にも努めた。また良寛に近い人物、一茶、西行、あるいは千代、蓮月らにも関心を向けた。さらに特に子ども向けにも多くの著作を公刊する。

このように、御風は、大人にも子どもにも、また専門家にも一般の人にも、良寛とその周辺の人たちの研究、紹介、啓蒙を行った。かくも研究書から啓蒙書まで、広く著作を公刊し、良寛に傾倒し、啓蒙した研究者は珍しい。

児童文学には、早稲田大学在学中から興味を示し、童話などを発表していた。翻訳童話を集めた『花と鳥』（久遠堂書店、一九〇八年）なども発表していた。『還元録』後は、この童話、童謡が目立って増えていく。童話集『曇らぬ鏡』（精華書院、一九二一年）、『銀の鈴　童謡集』（春陽堂、一九二三年）、『良寛坊物語』（春秋社、一九二八年）などで、研究を深める良寛と関連する人たちについても、童話形式で子ども向けの著作を増やしていく。

糸魚川にすっかり落ち着いた頃、関東大震災が襲来した。御風の家にも、多くの人たちが避難してきた。その大震災を遠くの地方から観察して、改めて東京を離れたことの適切さ、そして自然のある地方の偉大さ・有難さを教えられた。

ただ、大震災直後、かつての論争相手で、日本で官憲に虐殺されるとしたら、この人であろうと思ったこともある大杉栄が妻の野枝と甥の橘宗一少年と共に実際に軍部・憲兵隊の手で葬りさられた。その報に御風は特別の感慨を抱いたはずである。しかし、大杉への追悼記などは残されていない。あるいはどこかに何かを書き残した可能性はあるが、これまでは分かっていない。

ところが、大震災後も平穏な暮しを享受していたところ、御風一家もとんでもない大災禍に見舞われることになる。一九二八（昭和三）年の夏、四五歳の時であるが、糸魚川で大火が発生し、改築からそう経っていない相馬家も被災する。特に、御風のような学者・文筆家の場合、文献・資料、研究・調査ノート、原稿類が多く、それらは生命に近いくらい大切なものもある。それらを一瞬の内に灰燼に帰すという被害を負う。特に研究途中の資料、メモ、草稿等、また長期的視野で収集に心がけていた郷土資料類は大きな損害を被った。

しかし、大被害・大打撃といってもいつまでもくよくよしているわけにはいかない。糸魚川では、文筆など自身の腕で稼ぐことしかやっていないので、従前のように筆を執り、成果をあげて収入を稼がざるを得なかった。若い時ほどではなかったが、著書の執筆、刊行を再開する。

この年に「木蔭会」を再編した。さらに、個人誌『野を歩む者』（大火から二年後の一九三〇年一〇月創刊）の発行にも取り組む。地方生活をしっかり味わい・かみしめ直そうとする姿勢がうかがえる。

これ以後、郷土関係と良寛関係にさらに重きが置かれるようになる。郷土関係に集中するといっても、御風は地方を強く押し出す地方本位主義・地方主義などのように、もっぱら地方を看板にする姿勢はとらなかった。おのずから地方中心の発想・地方に基づく考えにはなるものの、地方を殊更強く押し出すよりも、地方を大切にして、とけ込み、親しむ姿勢をとっていた。

もっとも、一九三〇年代の進行と共に、時代が逆行し、右傾化・国家主義化が進むと、中央と地方、都会と田舎、都会と田園を意識するようになり、「郷土」を押し出すようにはなる。同時に「非常時」を意識し、「現下の重大時局に際し日本国民としての自覚を更新し深化する」、「豊蘆原の瑞穂の国」、「万世一系の皇室」、「一握報国運動」（相馬御風前掲『郷土人生読本』）などを言い出すようになる。

ただ、思考、考察、執筆は、地方でも地方なりにできるが、発表、出版は大方を中央・東京に依存せざるを得なかった。地方には全国に発信できる研究機関や出版社は育っていなかったのである。実際に、出版社に関しては、新潮社、春陽堂、春秋社、実業之日本社など御風が特に親しかったのは在京の社であった。自分で自由に扱える個人誌『野を歩む者』は維持していたが、成果を発表する雑誌や出版社の大方は東京のものであった。

6　戦時体制の進行、敗戦、そして終焉

昭和の進行と共に、御風は良寛への傾倒をさらに深めていく。一九二五年に刊行した『一茶と良寛と芭蕉』（春秋社）は一九三〇年代に入っても版を重ね、よく読まれた。それに加えて、『良寛百考』（厚生閣、一九三五年）、『良寛と貞心』（六芸社、一九三八年）、『良寛和尚』（厚生閣、一九三八年）、『貞心と千代と蓮月』（春秋社、一九三九年）、『良寛を語る』（博文館、一九四一年）等と続けて出版した。

童話など児童ものでも、良寛と彼につながる人たちを題材に取り上げるものが、その後も増えていく。『良寛坊物語』（春秋社、一九二八年）、『西行さま』（実業之日本社、一九三二年）、『良寛さま』（実業之日本社、一九三〇年）、『一茶さん』（実業之日本社、一九三四年）、『続良寛さま』（実業の日本社、一九三五年）、『子供のための伝記　一茶と良寛』（小学館、一九四一年）などである。いずれもよく読まれ、版を重ねた。

このように、一九三〇年代の半ば頃までは、時代の逆行に関係ないかの如く、良寛、貞心尼、一茶の研究、さらにそれらの童話化に打ち込んでいた。

ところが、一九三二年、妻テルが腎臓炎で病臥する状態が続き、御風は自宅で介護にあたる。しかし七月一〇日、介護の甲斐なく、御風の誕生日に永眠する。まだ四〇代半ばの若さであった。御風も

まだ四九歳であったが、さすがに妻の死はショックが大きく、以後、弱気になり、病がちになる。個人誌『野を歩む者』の発行は、中断しながら継続するが、全体として筆が細り出す。

その後、一九三〇年代の後半に入り、さらに戦争末期になると、戦争協力につながる天皇の神格化などの視点・姿勢が鮮明になる。山本五十六はじめ、多くの軍人とも交流する。国民歌・軍歌・戦争歌も数多く作詞する。

文筆では、すでに一九三〇年代にも『郷土人生読本』にみられるように、軍国体制への共感・協調の姿勢がうかがえたが、一九四〇年代に入ると、国民精神総動員新潟県本部参与に就任する。健康も優れない状態が続き、執筆のスピードは遅くなるが、戦争協力・支援の著作・文章があいつぐ。前掲『一茶と良寛』(小学館、一九四一年)など良寛関係の他、『神国の朝』(童話春秋社、一九四三年)、『土の子海の子』(鶴書房、一九四四年)などが世に送り出される。それらでは、聖戦遂行、天皇の神格化が強く謳いあげられている。子供向けの『土の子海の子』では、

「テンノウヘイカハ　カミサマ　デス。
カミサマハ　イツデモ　ワタシタチノ　スル　コトヲ　ゴランニ　ナッテ　オイデニ　ナルノデス。
ボクハ　テンノウヘイカニ　チュウギナ　人ニナリマス。
ツヨイ　ヨイ　ニッポンノ　コドモデ　アル　コトガ、テンノウヘイカニ　チュウギデ　ア

ル　コトデス。」（相馬御風「エウハイ」前掲『土の子海の子』一三―一四頁）。
のように、子供たちに少国民として天皇を神と崇め、奉るあり方を教えている。

それらを読むと、御風のような人までも、無数の若者が特攻などで無駄な死に追いやられた戦争を支持する立場・姿勢に追いやった、あの太平洋戦争とは何であったのか、また人間同士が殺し合う人間無視の戦争というものが何故必要であったのか、ということを考えさせられる。

一九四五年八月、終戦を迎えた時、御風は、六三歳になっていた。還暦を過ぎて、当時では老境に入った年代であった。嵐のような戦争時代は終わったものの、混乱・混沌状態は続く。新潟の田舎でも、最低限度の暮らしは確保できたものの、食糧や生活必需品の安定的な確保は厳しかった。生活も質素にならざるをえなかった。

御風は、自らも戦争に巻き込まれ、翻弄されたことに、考えるところがあった。しばらくは、主に子ども向けの良寛関係の著書の再刊などに応じていた。

太平洋戦争後も、健康は優れなかった。眼の左が失明状態になり、新たな執筆活動は容易でなくなる。この頃、旧著の再刊が目立つ。『一茶と良寛と芭蕉』（南北書園、一九四七年）、『凡人浄土鈔』（百華苑、一九四八年）などである。『一茶と良寛と芭蕉』の「緒言」に、彼は良寛たちの芸術と生涯に「さまよへる人々にとつて……或意味での『こころのふるさと』が、いつでも保たれてゐる」と記している。つまり、良寛たち古人の芸術や生涯が、自分も含めて、さまよえるものにとって「こころのふるさと」として受けとめられるというのである。

御風としても、太平洋戦争中のような心の迷いも、かつて大正初期の東京における時のような心の迷い・苦悩も、良寛たちの芸術と生涯が「こころのふるさと」として癒してくれるという心境・悟りにたどりつくことができたのである。

戦後の混乱・混沌は容易にはおさまらなかったが、春秋の東京六大学硬式野球リーグの最終戦となる早慶戦は、毎回ラジオで放送された。糸魚川で御風はその放送を聞くのを楽しみにしていた。その度に文学者、歌人・詩人として、また研究者・評論家として出発点となった早稲田大学時代、また若い頃の東京時代を回想した。校歌が流れれば、思わず涙があふれることもあった。

その間、旧知がよく訪ねてくれた。その中には会津八一らがいた。

東京を離れ、糸魚川に住みついてから三〇年を越えて、振り返ってみると、その三〇年余は御風にとって納得できる生活・歳月であったかというと、必ずしも思ったとおりに推移・展開したわけでもなかった。たしかに、良かったこと、納得できることも多かった。地方、糸魚川でしか生み出せなかった創作、随筆、研究も少なくなかった。そのたびに、「地方に移り住んで良かった」と思ったことであろう。

しかし、何もかも東京時代を超えられた訳ではなかった。うまくいかないこと、それほど変わらなかったこと、どうにもむずかしいこともあった。人間のやることであり、また生計もたてなくてはならないことなので、全て自分一個の納得や満足のみで事を処すこともできなかった。そこに不満足さ、不徹底さ、不十分さ、あるいは悩み、苦しみも出てくることになった（相馬御風『侍春記』秀文館、一九四九年。相馬文子前掲『相馬御風とその妻』）。

それに、晩年は健康も優れなかった。動脈硬化、眼疾、腸や胃の不調と病を抱えたところに、最後は脳溢血に襲われ、帰らぬ人となった。そろそろ戦争の惨禍を克服して、これからという一九五〇（昭和二五）年五月八日のことであった。糸魚川でも、彼の好きだったケヤキやポプラはじめ、木々の新緑の葉が目に爽やかに映り出し、田植えも一斉に始まる時節の旅立ちであった。享年六七。波乱万丈といってよいほど、多くの足跡、業績を遺した生涯であった。

7 御風の業績と評価

相馬御風の生涯は、六七年にわたったが、明治一〇年代の生まれとしては寿命といってよかった。しかし、早熟で早くから活躍した彼の活動の歳月は長く、また関心・領域も広く深かった。その成果は濃く、数も多い部類に属する。

御風は、もともと詩歌などオリジナルなものを創り出す才能に秀でており、若い頃から評価も高かった。そこに大正初期の文芸・社会思想運動への関心・共鳴が加わり、社会的状況・動向と対峙する時期も経験する。大杉栄らの『近代思想』に参加する大正初期の時代には、社会的発言・評論にも深く関わるようになる。そのような関心領域の拡大と仕事量の増大が、逆にまた御風に東京を捨てさせる一因にもなっていく。

そのような活動や関心の広さ、また穏やかに人に接する姿勢・生き方にあわせ、人的交流も広かった。著名人だけでも、単なる知り合い程度ではなく、比較的深く付き合った人たちとしては、坪内逍遙、島村抱月、松井須磨子、小川未明、会津八一、市島謙吉、大杉栄、東儀鉄笛、中山晋平、田山花袋、若山牧水、佐々木信綱、窪田空穂、与謝野鉄幹・晶子、竹久夢二、安田靫彦、横山大観、北大路魯山人、尾崎行雄、山本五十六といった名前が挙げられる。これらの人物をみるだけでも、御風の活動や思想の拡がりや傾向の一端を推測しうるであろう。

多様であった御風の業績・成果を改めて整理すると、以下のように六点にまとめることができる。

①詩歌などの創作　　御風の出発は詩歌である。糸魚川・高田の若い時代から詩歌に取り組んでいたという意味でも、また出版という意味でも、詩歌が出発点にあった。最初の出版が歌集『睡蓮』と詩集『御風詩集』であったことに、御風における歌や詩の位置が推測できよう。特に御風の短歌には大袈裟に飾らない品の良い独特の味わいがある。

早稲田大学校歌「都の西北」はじめ、各地の校歌の作詞、童謡や歌謡曲、社歌・団歌の作詞も少なくなかった。校歌では、早稲田大学の他に、日本大学、早稲田実業、新潟中学校、新潟明訓中学校を含め、二〇〇近くを数える。特に糸魚川市内の小学校、中学校、高校など新潟県内の学校が多いのは当然であろう。今なお、御風の作詞した校歌などが全国で歌われているのである。

歌謡曲や童謡では、今日も歌われる「カチューシャの唄」(島村抱月との合作)、「春よ来い」などがある。

これらの作詞は、早稲田大学校歌や「春よ来い」一つとっても、何十万、さらに何百万を超える人々の共感、感動を呼んできた。御風の歌や詩にみられる才能は、彼の文学の創作や評論に、さらに良寛や貞心の研究に役立ったことも忘れてはならない。

また「木蔭会」のように地域で短歌の会をつくり、短歌や歌人を指導することは、たんなる文学的活動を超えて、地域活動の一環となり、地域・地域文化・地域リーダーの養成に寄与する役割も演じることになった。

②児童の文学・文化への貢献　御風の業績の中では一貫して童話・童謡などの児童ものが多く、大きな位置を占めている。

童話では、早い時期から、『花と鳥』(アンデルセン、久遠堂書店、一九〇八年)、『曇らぬ鏡』(精華書院、一九二一年)等があり、アンデルセンの翻訳でも先行した。特に昭和以降、児童ものが増える。昭和に入って、良寛とその関連の人たちの研究が進むと共に、その成果が研究として、さらに子供向けの物語や童話として発表される。

また、童謡などの創作に早くから取り組んだことは、上述の①のとおりである。今日まで弘田龍太郎の作曲によって広く愛唱されてきた「春よ来い」をはじめ、多くの詩歌の記念碑が糸魚川市内はもちろん、各地に建立されている。それぞれが各地域で、まちづくりの一環にも活かされている。

著書・翻訳には、『花と鳥』の他、『人魚の歌』（アンデルセン、博文館、一九一四年）、『小鳥の歌』（共作、アルス、一九二一年）、『銀の鈴』（童謡集、春陽堂、一九二三年）などもある。

その他、御風には子ども向けの随筆、自らの子ども時代の思い出・回想が多くあるが、そこには子どもと地方・自然・文化をめぐって、耳を傾けるべきことが多い。

御風の児童文学に対する貢献は大きいので、見直すべきという上笙一郎の主張以来（上笙一郎「相馬御風の児童文学」前掲『相馬御風著作集』別巻二、名著刊行会）、御風の児童ものは関心を集めているが、本格的な再検討・再評価はなおこれからである。

③評論・エッセーによる主張・発信　若い頃、中央の雑誌に求められる論稿では、文芸作品・作家論等の評論・エッセーが多かった。早くから『早稲田文学』はもちろん、『文章世界』『新潮』『創作』の常連で、文芸時評の連載なども引き受けたほどである。
時期は限定されるが、社会的・政治的主張にも多くの評論を残している。特にその種の発言の時には、普段穏やかな姿勢・表情・表現を崩さない御風が急に激しい言葉を弄することがあった。社会的・政治的発言ができたのは、『早稲田文学』『文章世界』など幾つかの雑誌に彼が何でも自由に執筆できるほどの地位を築いていたことと無関係ではない。

糸魚川に戻ってからは、発表の場は多くを東京に依存するが、地方・田舎にかんする評論・エッセーが増える。その種の著書も増える。この地方・自然を足場にした評論・エッセーが多いことは、他の評論家・随筆家には余りみられない特徴である。また自らが権限を持って評論やエッセーを自由に執筆・発表・発信できる場として個人誌『野を歩む者』（一九三〇年一〇月創刊）も発行し続けた。個人誌を発行・継続できたのも、時間的ゆとりができ、また煩瑣な人間的付き合いが減った地方生活の賜であろう。

④研究成果　若い頃は、早稲田大学の講師もしており、講義の質的向上や論文発表の必要から西洋文学などの研究が不可欠であった。その成果の発表も行っている。糸魚川への帰郷後は、研究では良寛研究が最も際立っていく。それと一体のように、貞心尼、一茶らの研究もすすめた。良寛と貞心尼に関しては、歌や書など広範囲にオリジナルな成果となる発掘・紹介も少なくなかった。また次の⑤で言及するトルストイへの取り組みでも、先駆性、さらに研究成果といえるものが含まれている。これらに、御風における翻訳家を超える研究者としての側面・成果・業績をみることができる。

⑤トルストイ中心の翻訳による業績――トルストイ研究の先駆者の一人　東京を離れる直前の一九一四、一五年に、御風は、『アンナ・カレニナ』『人生論』『性欲論』『復活』『我が懺悔』『トルストイ論文集』『ハヂ・ムラート』『トルストイ伝』などトルストイのもの、あるいはツルゲーネフ『その前夜』『父と子』、アンドレーエフ『七死刑囚物語』、アンデルセン『人魚の歌』などを英語本から

翻訳、出版した。年齢的に三〇代に入ったばかりの頃で、一冊一冊は文庫本で大著といえるほどのものではないが、時間のかかる翻訳をよく続けてこなしたものである。

特にトルストイの翻訳は、日本全体のトルストイの紹介や研究をみても、先行した成果であった。いずれも、雑誌『トルストイ研究』や『トルストイ全集』の発行に先行する業績であり、御風は日本におけるトルストイ研究の先駆者の一人といってよい。

⑥地方での活躍と地方からの発信　御風は、一九一六年に糸魚川に戻ってからは、師・島村抱月の葬儀に列席した際の短期の滞在以外は、二度と大都会での生活は送っていない。彼のような中央で活躍していた人がそこを意識して捨て、生涯地方・郷里で生活し続けたこと自体にも意味があった。

彼の多くの詩歌、論文、評論、随筆等は、地方・糸魚川を拠点に生み出されたものである。地方に関心を向けたもの、地方からの発信を意識した論文、随筆、詩歌も多い。各地方から依頼される講演、校歌などの作詞の依頼、また詩歌の指導なども楽しみながら行った。

御風は「あらゆる快楽のうちで、何といつても『自然』に親しむことによつて得られる快楽ほど健全な快楽はないと思ひます」（相馬御風前掲『郷土人生読本』四一頁）と言っているが、地方に居てこそ、そういうことが言えるのである。お金や奢侈品によって得られる快楽ではなく、自然に触れる喜びを最大の快楽と言える境地は、本章最後の「おわりに」で触れる彼の到達した「善」こそ最上の楽しみという境地に通じるものである。

『田園春秋』（春陽堂、一九一七年）、『樹かげ』（春陽堂、一九一八年）、『郷土に語る』（春秋社、一九三一年）、『郷土人生読本』（実業之日本社、一九三八年）、『郷土文学読本』（実業之日本社、一九三八年）など地方が主題となった著作もかなり多くみられる。特に自然と触れ合い、自然の恵みへの感謝の気持は、一貫していた。また、郷里・地方のこと、郷里の偉人たち、例えば良寛、貞心、生田萬など、郷里・地方の人物を取り上げ、執筆するのは、彼にとっても楽しみで、殊更生き生きした感じ・印象を与えてくれる。

御風は、著名な作家・思想家の中では、このように郷土・地方関係の著作が最も多い一人といってよい。

個人誌『野を歩む者』は、タイトルからして地方および地方生活者の薫りをただよわせており、発行そのものが地方からの発信につながっていた。

おわりに

(1) 御風と糸魚川

遠い将来の時代にまで名の残る成果・業績をあげる人は稀である。亡くなって同時に終わりという人の方が多い。御風は、早稲田大学校歌の作詞一つをとっても、永く残る業績を標した稀な一人である。

彼は人生において何度か大きな転換・転機を経験している。まず最初は穏やかに、しかし強い意思を秘め、東京に憧れて上京、早稲田大学に入学する時である。ついで逆に東京を拒否し、糸魚川に帰郷して同地を永住の地と決めたときである。さらにもう一つは、戦争協力に踏み出すときである。

大学を卒業し、社会に出た時は、すでに在学中から創作、執筆活動等に関わっていたので、従来の延長のような面があった。だから大きな転機の時期とは区分をしにくい。また大杉らの『近代思想』への接近も一つの転換といえなくはない。しかし、当時でも、御風の主たる活動の舞台は、文学、演劇など、『近代思想』以外の方に大きな比重があった。その意味で、大杉らへの接近を一大転換の時期とは言いにくい。

全体では、やはり糸魚川に引き上げ、『還元録』を発表した時が人生最大の転換点であった。それだけ、以後の糸魚川とそこでの生活が大きな意味を持ってくる。ただし仕事、成果、思想がこれを機に激変したわけではない。それでも、目先の議論に走るような仕事は減り、全般に落ち着いたもの、じっくり取り組むものが多くなる。

例えば童話など子ども向けの著作を継続的に発表すること、また良寛とその関連する人たちの研究を深め、それを公刊しつ続けたことである。

御風は、一九一六（大正五）年以降、東京の土は踏んでも、そこで二度と生活をすることはなかった。そこに、彼の意思の強さ、そして「還元」が一時の激情からの勇み足などではなかったことを教えられる。その分、彼は糸魚川に落ち着き、溶け込んでいく。詩歌や童話などの創作、評論、エッセー、研究のどれをとっても、地方にいることによるハンデはなかった。むしろ、御風にあっては、地方や自然に包まれて生み出される創作、著作には魅力がある。ふくよかで温かみのある芸術的情感は、自然との交流・交響から湧き出てくるものといった彼の主張が説得力を持つものとなっている。彼のあれほど多くの詩歌、子ども向けの著作、良寛等の深い研究は、糸魚川における生活・永住なしには考えられないであろう。

その郷里・糸魚川で、過去および現在、御風はどのように迎えられ、処遇されてきたのであろうか。御風は、この地に住み着いて以来、昔も今も地元からは温かく心を込めて迎えられてきた。糸魚川に戻った後、御風が永住する覚悟であることを知ると、町・町民からは地域における最高の名士として相応の処遇を受けていく。ほどなく町史編纂委員長（一九一八年）の委嘱をうけるなど、文化的・学術的な企画・事業には町からはよく相談を受けるようになった。糸魚川はじめ、近隣の小学校や高等学校からは次から次へ校歌の作詞や講演の依頼が来た。また市民からは、短歌会「木蔭会」に師として引き出され、短歌の指導・歌人の育成にあたった。この会は、短歌会での学び、機関誌の発行など文学活動・地域活動を戦時下にいたるまで活発に続けた。

現在も、御風は糸魚川では最高の処遇を受けている。市外の者でも、糸魚川を訪ねてすぐに気付くのは、御風という人がいたるところに息づいていること、そして静かにまちに溶け込んでいることである。

まず駅に降り立てば、駅前に生誕一〇〇周年を記念して建立された御風の「ふるさと碑」に触れることになる。駅から山側に五分ほど歩いて市役所に行けば、「相馬御風記念館」（糸魚川歴史民俗資料館）に誘われ、外観がグレーの御風記念館、その隣の図書館前にそそり建つ「御風像」と碑に引きつけられる。いずれも没後五〇年を記念して建立されたものである。碑には、故郷に「還元」する彼の素直で従順な気持を漂白した『還元録』の一節が刻まれている。

さらに、三キロちょっと離れた郊外の美山に足を伸ばせば、広い美山公園には御風の童謡「春よ来い」の詩が弘田龍太郎の曲と共に刻まれた碑がある。さらに少しだけ上に登ると、町の三方を見渡せ、蛇行しながら遠くまで流れ行く姫川を見下ろす山の端に、御風の巨大な歌碑が建立されている。糸魚川に落ち着いて、『還元録』時の厳しい自省的・自己批判的姿勢を超えることができた時代の穏やかな心境を示す「大そらを静かにしろき雲は行く　しずかにわれも　生くべくありけり」の歌である。どちらも心をなごませてくれるものである。

ともかく市内だけでも一〇を超える御風の歌碑・文学碑などの記念碑が建立されている。それだけでも、御風が糸魚川では超特別な扱いを受けていることを教えられる。それに「御風記念館」にしろ、御風の資料・書簡・書・著作類の蒐集・展示でも、さらには図録、書簡、関連著作・冊子等の整理・公刊でも、他の個人記念館類に比べて、実に行き届いた姿勢・活動が感じられる。

御風の関係者、早稲田大学関係者、あるいは御風研究者や愛好者が糸魚川を訪れれば、まちにおける御風の受け入れ方、位置付け、認識・評価には十分に納得し、安堵感を覚えるはずである。

（2）御風の到達した境地

御風と糸魚川の関わりにおいて、一つ留意したいのは、『還元録』以後の地方生活から得た悟りともいえる御風の境地である。「人間最上の楽しみは善」（相馬御風『如何に楽しむべきか』財団法人日本青年館、一九二四年）といった境地で、上記の彼の業績の一つに加えても良いほどのものである。

彼は言う。心・道徳上の善などは、義務感からでも悲痛感からでもなく、むしろ余裕・楽しむほどの心境で自然に行われるものである。そこに到達できれば、善は最高の娯楽と受け止めるほどになる。御風としても、もし東京に居つづけたり、あるいは東京に戻ることを考えたりするような状況では達しえないゆとり・境地ではなかったかと思う。この点は、先に触れた自然に親しむことこそ最高の健全な楽しみという「自然論」にも通じあうものである。

実は、この悟りの点は、御風が歌に親しんだのも、歌を詠むことは自分のためだけではなく、自分を超えるところにこそ、本来の歌、そしてその喜びがあると理解していたことにも通じている。「私達が歌を詠むのは何よりも先づ自分の為であることはいふまでもない。しかし真実に自分の為の歌を詠むことは同時に万人の為である」（相馬御風前掲『郷土に語る』三五頁）というのである。そこには、「自分のため」を超える公益の境地と同レベルのものがうかがえよう。

若い頃、御風は一時的に社会主義・アナキズムにもひかれた。社会主義も、出発点は自分を超え、社会全体をみる視点から始まる。社会主義グループから離れても、自分を超える社会性・地域性には関心を持ち続けた。自分を超える思いやりを基礎とする善・公益のこと、社会のことが常に心のどこかにあった。良寛、貞心尼、一茶に引かれたことも、自分を超える境地に立てた人たちへの敬意・敬愛の気持とつながっていた。

ともあれ、御風は地方にあって、地方から全国・全体を俯瞰し、発信した人である。意識して東京・大都市を拒否した点でも異色であった。激しい言葉や感情で、東京とそこでの生活を否定・拒否したわりには、その後の地方生活、地方からの発信は穏やかなものであった。もっとも、東京時代にも、具体的に何かの評論を行ったり、他人の作品などを批判したりする場合であっても、御風は、ほとんど激することはなかった。時評などで人物・作品を取り上げコメントする時、あるいは大杉栄から厳しい批判を受け、それに応える時でさえ、いずれも穏やかな姿勢で相手にも配慮しつつ対応や評価・批評を行うのを常としていた。

ただ、若い時から活躍し評価されていたので、東京ではむしろその水準を維持する研究や執筆、それに伴う緊張感や時間に追われていた一面がみられたが、糸魚川に引き上げてからは、それもなくなって、穏やかさが自然になっていく。

その意味で、御風の生涯全体をみれば、早熟・早くからの活躍と共に、外見的には殊更問題もなく活躍できていた東京に見切りをつけた潔さ、その後の意思の堅固さ、さらに地方に落ち着くことで地道に堅実に歩んだ足跡が印象づけられる。さらに深く踏み込めば、考えさせられたり、魅力的な味わいを与えてくれたりする彼の生き方や成果に、いたるところでハッとさせられることがある、例えば、良寛とその周辺の人に傾倒する姿勢にみられる〈自分を超える境地・生き方〉がそれである。それこそ、御風が自らの強い意思で選択した地方生活で身に付けたものであった。

いずれにしろ、御風は、文化・文明の中心である東京で、外見的には若くして何ら問題がないほど活躍し、評価も受けていた。早稲田大学校歌の作詞一つとっても、誰もがそれを超えることができないほどの秀作であった。それなのに、東京とそこでの生活に訣別し、郷里・地方に戻った。

彼は、郷里に移って、地方や自然に親しみつつ、詩歌、文学などの創作、研究、評論、随筆などの文筆を中心とする生き方・姿勢を帰郷後は最後まで貫いた。決して問題や悩みが全て解消されたわけではなかった。しかし、地方生活に動揺はなく、一度として東京の生活に戻ろうと考えることはなかった。

それだけに、御風は、自分のペースを乱さずに、詩歌や童話など創作、研究、評論等の思索・執筆・発表、また詩歌の指導、地域の文化・文学遺産の収集等に打ち込み続け、しかも成果も上げることができた。その中には、今日に活きるものも少なくない。良寛などの研究以外でも、詩歌などの創作、地方論・自然論、善・公益論などは、もっと深く検証し、再評価されてよい。ともあれ、遠い将来にまで、多くの優れた足跡・業績を遺せた御風のような思想家は、もっと広く知られてよい。

〈参考文献〉

相馬御風『睡蓮』東京純文社、一九〇五年
相馬御風『御風詩集』新潮社、一九〇八年

相馬御風『御風小品』隆文館、一九一〇年
相馬御風『黎明期の文学』新潮社、一九一二年。島村抱月に献呈されたもの。
相馬御風『峠』春陽堂、一九一三年
トルストイ・相馬御風訳『アンナ・カレニナ』上下、早稲田大学出版部、一九一三年
相馬御風『第一歩』創造社、一九一四年
相馬御風述『欧洲近代文学思潮』早稲田文学社文学普及会講話叢書第二編、文学普及会、一九一四年
相馬御風『人魚の歌』（アンデルセン原作）博文館、一九一四年
相馬御風『自我生活と文学』新潮社、一九一四年
相馬御風『毒薬の壺』早稲田文学社、一九一四年。小川未明に献呈されたもの。
相馬御風『トルストイ伯の戦争と平和』敬文館、一九一四年
相馬御風『御風論集』新潮社、一九一五年
トルストイ・相馬御風訳『人生論』新潮社、一九一五年
トルストイ・相馬御風訳『性慾論』新潮社、一九一五年
トルストイ、相馬御風・相馬泰三訳『復活』三星社出版部、一九一五年
相馬御風『個人主義思潮』天弦堂書房、一九一五年
相馬御風『ゴーリキイ』実業之日本社、一九一五年
トルストイ・相馬御風訳『我が懺悔』附・廻転期のトルストイ、新潮社、一九一五年

相馬御風編『新描写辞典』新潮社、一九一五年
相馬御風『還元録』春陽堂、一九一六年。日本図書センター、一九九三年
トルストイ・相馬御風訳『論文集（第一）芸術論』早稲田大学出版部、一九一七年
トルストイ・相馬御風訳『論文集（第二）宗教論』早稲田大学出版部、一九一七年
相馬御風『凡人浄土』新潮社、一九一六年
トルストイ・相馬御風訳『ハヂ・ムラート』新潮社、一九一六年
パウル・ビルコフ・相馬御風訳『トルストイ伝』新潮社、一九一六年
相馬御風『田園春秋』春陽堂、一九一七年
相馬御風編『良寛和尚詩歌集』春陽堂、一九一八年
相馬御風編『大愚良寛』春陽堂、一九一八年
相馬御風『樹かげ』春陽堂、一九一八年
相馬御風『曇らぬ鏡』精華書院、一九二一年
相馬御風『銀の鈴　童謡集』竹久夢二装丁、春陽堂、一九二三年
相馬御風『如何に楽しむべきか』財団法人日本青年館、一九二四年
相馬御風『一茶と良寛と芭蕉』春秋社、一九二五年。南北書園、一九四七年
相馬御風『御風歌集』春秋社、一九二六年
相馬御風『良寛坊物語』春秋社、一九二八年

相馬御風『義人生田萬の生涯と詩歌』春秋社、一九二九年
相馬御風『良寛さま』実業之日本社、一九三〇年
相馬御風『良寛と蕩児』実業之日本社、一九三一年
相馬御風『郷土に語る』春秋社、一九三一年
相馬御風『一茶さん』実業之日本社、一九三二年
相馬御風『西行さま』実業之日本社、一九三四年
相馬御風『日のさす方へ』実業之日本社、一九三四年
相馬御風『御風随筆』春陽堂、一九三五年
相馬御風『煩悩人一茶』実業之日本社、一九三六年
相馬御風『相馬御風歌謡集』厚生閣、一九三七年
相馬御風『郷土人生読本』実業之日本社、一九三八年
相馬御風『郷土文学読本』実業之日本社、一九三八年
相馬御風『良寛と貞心』六芸社、一九三八年
相馬御風『動く田園』厚生閣、一九三八年
相馬御風『土に祈る』人文書院、一九三九年
相馬御風『貞心と千代と蓮月』春秋社、一九三九年
相馬御風『先人を語る』日本青年館、一九四〇年

相馬御風『良寛を語る』博文館、一九四一年
相馬御風『神国の朝』童話春秋社、一九四三年
相馬御風『ふるさと随想』輝文堂書房、一九四三年
相馬御風『土の子海の子』鶴書房、一九四四年
相馬御風『雪国の自然』愛育社、一九四七年
相馬御風『待春記』秀文館、一九四九年
『相馬御風随筆全集』全八巻、厚生閣、一九三六年
『相馬御風著作集』全八巻（厚生閣版復刻）・別巻二、名著刊行会、一九八一年
『野を歩む者』第一号～九〇号、全八四冊、一九三〇年一〇月～一九五〇年四月
国崎望久太郎『詩歌と環境』立命館出版部、一九四二年
正宗白鳥『文壇五十年』河出書房、一九五四年
金子善八郎『相馬御風ノート――『還元録』の位相――』新潟日報事業社、一九七七年
加藤僖一『良寛と相馬御風』考古堂書店、一九七九年
相馬文子『相馬御風とその妻』青蛙房、一九八六年
相馬文子・紅野敏郎『相馬御風　人と文学』名著刊行会、一九八二年
早稲田大学図書館編『早稲田と文学の一世紀――「早稲田文学」創刊一〇〇年記念展図録――』早稲田大学図書館、一九九一年

相馬文子『若き日の相馬御風―文学への萌芽―』三月書房、一九九五年
糸魚川市歴史民俗資料館『相馬御風・作詞の世界―校歌・童謡・歌謡― 企画展図録』糸魚川市教育委員会、一九九五年
『相馬御風宛書簡集』Ⅰ～Ⅳ、糸魚川市教育委員会、二〇〇二～二〇一〇年
金子善八郎・蛯子健治・山口真美『劇画！ 相馬御風』相馬御風没後五十年記念事業実行委員会、二〇〇三年
金子善八郎『相馬御風』新潟県人物小伝、新潟日報事業社、二〇一〇年
糸魚川歴史民俗資料館（相馬御風記念館）編『相馬御風こころの旅―雪国讃歌―』糸魚川市教育委員会、二〇一四年
糸魚川歴史民俗資料館（相馬御風記念館）編『相馬御風こころの旅―ふるさと讃歌―』糸魚川市教育委員会、二〇一五年
金子善八郎『ヒスイ産地を発見した相馬御風』私家版、二〇一五年

小川未明——童話を通して子どもと社会に向き合った思想家

はじめに――脳裏に焼きつく木枯らしと荒波の光景

小川未明《おがわみめい》（一八八二～一九六一）は、日本の童話作家としては最も高く評価される一人である。尨大な童話の創作を通して、童話を文学のレベルに引き上げ、童話という文学のジャンルを確立したという意味で、日本における「近代的児童文学の父」といってよい人である。

未明は、子どもたちからは、時代や世代を越えて長く親しまれてきた。ほとんどの子どもは、成長段階のどこかで、未明のものとは承知しない場合を含め、家庭や学校、あるいは先輩や友人を通じて何らかの形で彼の童話に触れる。「金の輪」「赤いろうそくと人魚」「月夜と眼鏡」「木と鳥になった姉妹《きょうだい》」「雪原の少年」「青いランプ」「遠くで鳴る雷」など未明の童話は、どれだけ多くの子どもたちに読まれ、彼らの心に刻みこまれてきたか、想像もできないほどである。未明の童話に触れることによって夢や幻想、抒情や憧れ、喜びや悲しみ、あるいは孤独や悲哀感、時には復讐や憎しみの世界に引き込まれるのである。

未明は、明治、大正、昭和、しかも太平洋戦争の前と後にわたって、長く活動・活躍した。しかも全集、選集、著作集類がくり返し刊行されている。それを考えるだけでも、活動・活躍の長さや量のみでなく、質の面でも評価されてきたことがうかがえる。

未明に触れて気付くのは、彼の生き方や思想、そして作品の土台や背後にしっかり根付いている二つの要素の存在である。一つは未明の生まれ育った新潟県高田・上越の風土、特に厳冬の暗い北方的ないしは日本海的な情景である。もう一つは自由とヒューマニズムの理念である。

まず、高田・上越のまちは、北は日本海に面しているが、背後には高田平野を見下ろすように山々が迫り、豪雪地帯として知られている。それだけに、冬は、雪の日が多く、空にはたえずどんよりと灰色か墨色かの雲が低く垂れこめる。夏は穏やかな海も、冬は荒れ狂う。寒々とした高波があたりを陰鬱な空気に包み込むように、しかもうなりをあげながらまちに向けて繰り返し襲いかかる。

そのように初冬から木枯らしがうなり、荒波の猛る情景が、冬の日本海の、また海と山に挟まれた北方のまちの象徴である。とりわけ雪深い高田・上越には最も相応しい情景である。しかも、未明は、高田の町から離れ、上杉謙信の居城であった春日山城址に住んだ時期もあった。そこは、二〇〇メートルにも達しない小山ではあるが、周囲の山々と肩を並べつつ、高田平野や日本海も見下ろす、高田の中でも北風と豪雪の最も厳しい地域であった。未明は、そこでの生活も体験し、その厳しさを肌身に感じて受けとめていた。

その厳しい情景の下での生活体験が、物事に敏感な芸術家的な人の脳裏には殊更強く焼き付き、筆を走らせれば、筆の先から、その記憶が活字になって甦ってくる。未明自身、「雪のない、明るい、暖い所、これが子供の時分の大きな憧憬であったのです」（小川未明「童話を作って五十年」『児童文学論』一九五頁、日本青少年文化センター、一九七三年）と言っているとおりである。未明と同郷・同窓の畏友・相馬御風の章で、未明の文学の背景には、この高田・上越の冬の情景、つまり「自然と云ふ大きな恐ろしい力、……此の北国人の苦しい訴へ」が位置しているという御風の理解を引用したことが思い出されるであろう（相馬御風『黎明期の文学』一三三頁、新潮社、一九一二年）。

もう一つの自由とヒューマニズムは、本来一体のものである。自由なきヒューマニズムは本来のものではないし、またヒューマニズムなき自由も本物ではない。未明は一貫してこの二つ、特に自由にはこだわり続けた。彼の生き方や著作・作品には、不公平、差別、貧困、不幸、自由の抑制・抑圧など本来あってはならないものが日常化している社会状況に不満や憤りのようなものをぶつける。そのことが、未明が自由とヒューマニズムの擁護者であることを読者に理解させ、共感を呼ぶことにもなっている。

実際に、自由とヒューマニズムは、恵まれないもの・底辺に位置するものへの愛情・共感となって未明の作品の中に反映される。時には権力・権威・御上への反発となって現れる。さらには中央本位の見方、経済中心の見方、個人を抑圧するものへの反発・批判となって現れる。未明自身が、アナキストの大杉栄と知り合うようになってから、ピョトル・クロポトキンを読むが、クロポトキンからはアナキズムというよりも、人道主義に打たれ、学んだと書いていることも思い出される（小川未明前掲「童話を作って五十年」『児童文学論』）。

未明は作家としては早熟であった。作家志望のものでも誰もが早くから成果をあげ、世に認められるわけではない。結果がすぐに出ない作家もいれば、作品が仕上がっても、発表の機会に恵まれない作家、評価を得られない作家もいる。その点で、未明は早くから機会に恵まれ、彼自身もそれに応えることができた。実際に、彼は若くして認められるほどの作品を発表し、作家として世に出ることができたのである。もっとも、後述するように、その蔭には恩師の坪内逍遙の支援、それに相馬御風との相互の友情・信頼が存在していたことも忘れてはならない。

未明は、成長すると共に、文学活動の延長で社会思想・社会運動にも深く関わっていく。特にアナキズム系との関わりが強い。未明の根底にある自由とヒューマニズムへの憧れが、差別や不公平、また貧困や不幸の多い社会を変えたいという世直し的・変革的視点にまで展開するのである。

実際に、戦前の弾圧の厳しい時代にも、未明は社会主義運動に部分的に参加し続けた。間違いなく要視察人として警察ににらまれる社会主義団体や運動にも名を連ねた。その社会思想・社会運動では、マルクス主義は受け入れず、アナキズム系に近い立場に位置し続けた。当時の未明にとっては、人間の尊重・解放、一人一人の自由・自立にこだわるアナキズムが自らの生き方や理想と触れ合うものを多く持っていたということである。

その点では、相馬御風に似ている。御風が参加した大杉栄らの会合には、未明も出席した。また未明の家で、大杉、御風らと会ったこともある。ただ未明がアナキズムに本格的に接近するのは、御風が東京を離れ、新潟の糸魚川に帰郷した後である。だから、中学時代にも、また学生時代にも親交のある二人ではあるが、社会思想や社会運動をめぐっては、作品の評論の一端で言及する程度に終わり、深い交流・意見交換はなさずに終わっている。

いずれにしろ、未明の全体像を理解するには、文学・童話の創作のみでなく、彼の関わった社会思想・社会運動にも注意を向けることが欠かせない。また、その側面が未明研究では最も遅れてきた点でもある。例えば、未明の関わったアナキズム系の機関誌類が、これまで未解明の部分を残したままであったことにも、その点はうかがえよう。本章ではそれらも可能な限り明らかにするが、そうすることが未明の生涯、そして文学・童話をより深く理解することにつながるであろう。

1　小川未明の誕生と成長

(1) 北方の地での誕生、成長、そして上京

小川未明は、一八八二（明治一五）年四月七日、新潟県中頸城郡高城村（のち中頸城郡高田町、高田市を経て、現・上越市）に生まれた。一人っ子であった。ちょうど高田に城頸自由党が結成され、高田事件に発展する自由民権運動が盛んだった頃である。その直後には、本書で取り上げた市島謙吉が『高田新聞』の創刊に際して、主筆として高田に乗り込む。もう一つ面白い偶然は、未明の生涯の友となる相馬御風が高田中学校時代に、この『高田新聞』の短歌の選者になることである。

未明は、父・澄晴、母・千代の長男で、本名は健作といった。父は、元は武家の出であったが、明治維新の頃には、春日山神社を守る神官になっていた。当時は神官に限らず、仏教であれ、キリスト教であれ、神職・聖職に従事するものは経済的には恵まれなかった。未明も、経済的には貧しい状況・環境の中で育った。彼自身、「雪の深い高田の、寒い、貧しい士族屋敷に私は生まれました」（小川未

明前掲「童話を作って五十年」『児童文学論』一九四頁）と認識していた。

　高田・上越は、北は日本海・シベリア、西南は頸城山系に連なる山地で、冬は豪雪が襲来する。日本のスキーの発祥の地に相応しい土地柄である。彼の中学時代からは、両親は春日山に住む。神社の再建のためであった。春日山は高田の町中からも距離があり、冬は通学は無理であったが、不断は彼も春日山で生活した。周りに人家がなく、遥かに見下ろす先に広がる、どんよりと雪に覆われた平野と荒波が猛り狂う海の光景は、彼の気持を暗いものにした。未明が子どもの頃から、どんよりした雲が低くたれこめ、雪が舞い、深々と冷える高田から抜け出したいと思ったのも、理解できるところである。もっとも、未明が雪深い新潟に生れ育ったことには、文学者としてはプラスに活かせる点もあった。

　一つには、その暗い厳寒と豪雪と木枯らしの下での厳しい生活、あるいはいかにも不運や不幸まで運んできそうな冬の光景・環境は、創作や発想の素材・土台になり得たということである。彼は自らの小説の「序」で、「陰気な森や、怖しい疫病や、人の死ぬ前に来る凶兆や、其等のものをも昵と見詰めて、芸術の対象として、この禍の暗い森の中にも、空想の美しき燈火を点したい。而して、幾分たりとも、此の、暗い、怖しい事実を美化して見たい」（小川未明「序」『物言はぬ顔』春陽堂。一九一二年）と記しているところである。こんな発想や活かし方は、北方地域の厳しさをくり返し体験したものでないと分からないものである。

　二つには、彼が「雪のある、暗い、寒い所で暮らしていると、すこしのことにも希望をつないだり、ちょっとしたことが非常に嬉しかったりします」（小川未明前掲「童話を作って五十年」『児童文学論』一九五頁）といっている点である。北方では不断から天候も、環境も、生活も厳しいだけに、僅かな良いことから、あるいは厳しいことの中からも希望をつないだり、喜びを見出そうとしたりする。そのことは、作家には貧困や困難にも堪え、そこから這い上がる気力が必要であったが、そのためにも、また特に多様・多彩な子どもを対象にする童話作家には、有意味な素養・要素となりえた。

また三つには、北方の田舎の生活のお蔭で、自然との触れ合い、季節の移ろいの中にうかがえる味わいなどを直に体験・受容できたことである。冬、縁側に置かれる菜っぱ・大根等への愛着、蕾をつけた梅の枝を折ってきて暖かい家の中で育てたり活けたりする楽しみ、春に味わう野蕗の味噌汁など季節ごとに変わる食卓、こういった都会では味わうことのできない自然との触れ合いを多く体験できた。特に雪国故に、季節の変化でも、春の訪れは子どもでも憧憬の念をもって待ち望む。未明も「いつも早く春になればいいいな、と思いました」（小川未明前掲「童話を作って五十年」『児童文学論』一九五頁）と回想している。

そのような生きる証のように周辺で変化したり、繰り返されたりする自然や季節の恵みや厳しさ、それを克服したり、受けとめたりする暮らしの工夫・心が未明を小説家に、また童話作家に育んでくれたのである。この点は糸魚川育ちの御風も同じであった。

子どもの頃は、未明は地元の岡島小学校に通う。尋常科、高等科を卒業した。母が勉学に厳しく、私塾通いや剣道の修業などを続けるよう導いた。成績は優秀であった。

一八九五（明治二八）年、頸城郡尋常中学校（現・県立高田高等学校）に進む。その頃、高田に新潟第二師範学校が誘致されるが、未明は東京に憧れるようになる。学びたいというよりも、雪や寒さや木枯らしの無いところへの憧れでもあった。

この高田中学時代に、高田町からそう遠くない糸魚川出身で、一歳年下、学年も一年後れの相馬御風がいた。この御風と在学中に知り合うことになるが、二人は、大学もたまたま同じ早稲田大学になり、師も同じ、さらに後には活動の場が同じ場合もあるということで、生涯にわたって長く交流、友情を維持する。

新潟でも辺境に近い地域で、未明と御風の二人が生まれ、出会い、友情を交わし、共に早熟で、周りの予想以上に大きく成長し、世に出て行く様は奇遇、あるいは奇跡といってよいほどである。文化も文明も遅れがちな北方の田舎にありながら、密かに文学で身を立てたいという夢を抱いていた二人、しかもいずれも高く評価されるようになる二人が、同じ地域でほぼ同時期に生まれ、学び、交流し、信頼し合えたことは実に興味深い。特に人と対面すると、雪国に相応しいかのように寡黙に近くなる二人なのに、知り合い、友情をもって通じ合う関係が成り立っていたのである。

ただ未明は、文学的関心が強く、才能も秀でていたのに、数学や理科が苦手で、中学では落第を二度、三度と繰り返した。そこで、新世紀が始まった一九〇一（明治三四）年に、三度めの落第で、高田中学校に見切りをつけ、中退する。順調に卒業を迎えた御風と同時に、中学校を去ることになった。そして高田を逃れるように離れ、思い切り上京する。東京に出れば何とかなるという期待と共に、できれば東京専門学校（早稲田大学）に入学したいという気持・夢も抱いての上京であった。

(2) 早稲田大学入学と文芸活動

一九〇一年、未明の東京生活が始まった。中学は中退の形であったが、間もなく早稲田大学に変わる東京専門学校は、彼に入学の機会を与えてくれた。佳き時代であったのである。

未明が高田中学を去り、上京した時は、中退という不安材料を抱えていた。ただ、事前に高田で東京専門学校卒業の先生にも相談し、先例も調べて、未明としては東京専門学校への入学にはある程度成算はあった。結果として、東京専門学校の高等予科に入学を認められ、さらに次の年の四月には哲学・英文科に入学を認められた。彼もホッとした。

正式に高田中学を卒業した相馬御風は、第三高等学校志望だったので、京都にまわったりした。そのため一年遅れとなり、翌一九〇二年になって東京専門学校に入学した。

未明と同時に合格した中に、高須梅渓、西村酔夢らがおり、以後長く交流することになる。彼らが入学した時が、東京専門学校時代の最後で、翌年、同校は早稲田大学に改革・改称される。そんな転換期の早稲田大学で、中心となる教員の多くは、東京大学第一期生であった。高田早苗、坪内逍遙、天野為之、市島謙吉らで、いずれも早稲田大学に母校以上に愛情を寄せていた。

未明は、当初は哲学・英文科に所属した。翌年、早稲田大学に変わると、哲学・英文科は文学科に変わる。そこで、逍遙、島村抱月らを知り、文学・英文学（英文科）を学ぶ。

かくして早稲田大学に学んだことは、未明に予想以上の幸運をもたらすことになる。何よりも良き師・良き友、良き機会にめぐり合えたからである。また早稲田大学には在野精神と共に、挑戦や改革の息吹・思想が育ちつつあったからである。

師となる逍遙も、抱月も、文芸や演劇の世界にいながら、変革・改革・挑戦を厭わぬ進取の精神に溢れていた。それが若い未明らにも影響し、変革・挑戦に駆りたてた。それでいい結果が生まれれば、年齢に関係なく認められ、評価される土壌が育っていたのである。未明と御風にしろ、早稲田大学の気風にとけ込み、才能を十分に発揮することができたので、早稲田に入学したことが本当に幸いした例であった。

未明は、英文科では坪内逍遙の指導を受けるが、御風も同じ英文科にいて、逍遙に師事した。加えて、島村抱月の世話になるのも、御風と同じであった。

他に、未明はロシア通で、後に雑誌『ロシア研究』(一九一三年創刊)等を刊行し、早稲田大学教授にもなる片上伸、吉江孤雁らと交遊を結んだ。

未明は、学生時代に早くも創作等文学に興味を抱き、小説を執筆し、発表もしだした。「漂浪児」という小説を逍遙に見てもらった時、褒められたが、ついでに、逍遙は夜明けという意味で「未明」のペンネームを付けてくれた。

早稲田大学には、小泉八雲が遅れて教員として赴任してきた。未明は八雲に惹かれ、講義を聴き、指導を受ける機会も得た。結局、八雲ことラフカディオ・ハーン論を卒業論文に取り上げることにした。

未明はそれを完成し、一九〇五年、早稲田大学文学科（英文科）を卒業する。二三歳であった。中学では落第を繰り返した未明であったが、大学で御風等みんなに追いつき、追い越して文学科の第一期生としての卒業となった。卒業後は、予定通り以前から惹かれていた文芸の道に進むことにし、一般的な就職はしない覚悟でいた。

御風の方は、未明に一年遅れて一九〇六年、文学科（英文科）を卒業するが、その頃、校歌の作詞を逍遥らから依頼され、その大役を見事に果たすほど成長していた。御風も文芸の創作や評論の道を志し、すでに歌集も刊行していたが、卒業と共に『早稲田文学』に迎えられ、編集等の仕事に従事することになる。それによって、彼は『早稲田文学』等を舞台に文芸の道に精励する。その『早稲田文学』が後の大杉栄との交流・論争の舞台の一つにもなっていく。

それに比べて、未明は学生時代も、その後も、経済的には苦しい生活を送った。育った状況や環境、また社会や時代が、未明にとって、文芸の道を選ぶとなると、特に経済的には希望の持てるものではなかった。小説を書いても、生活できるほどの収入が保障される時代ではなかったのである。

そのため、希望する文芸の道に進む限り、ゆとりのある生活や将来像などは描けなかった。それでも、その道以外は考えられなかった。未明はそれでよかったが、問題は結婚するようになる家族たちであった。そんな悩みの中で、未明は、やがて資本主義経済への疑問・批判を抱き、それに対抗する社会主義・アナキズムに引き付けられていく。

（3）早稲田大学の卒業と作家への道

未明は、大学卒業後、すぐに島村抱月の世話で『早稲田文学』の編輯所でもあった早稲田文学社に身を寄せた。そこで、抱月の下で「少年文庫」の編集の仕事を担当する。そのお蔭で収入も僅かであれ確保できた上、文学、特に童話とのつながりができ、さらに新童話運動に関わる機縁も与えられた。そのように、大学卒業後の最初の仕事が『早稲田文学』につながり、かつそこでの最初の仕事が子ども・童話に関わるものであったことは、この上ない幸運であり、運命的でもあった。やがて未明の天職ともいえる仕事になる童話との縁が最初から用意されることになったからである。

その頃（一九〇六年）、新潟県長岡市出身の山田藤次郎の長女キチ（吉子）と結婚する。翌一九〇七年、長女晴代が誕生した。その年、生活が大変なので、読売新聞社にいた先輩の正宗白鳥に頼んで、同社に入社し、社会部の夜勤記者となった。めざすものは文学であったので、執筆活動は続けたかったが、昼夜逆転の生活ではうまくいかなかった。神経衰弱気味になり、ほどなく新聞社を退職せざるをえなくなる。

一九〇七年、短編を集めた最初の作品集『愁人』（隆文館）を刊行する。ついで同年、第二作品集『緑髪』（隆文館）を刊行する。まだ二五歳の時であり、畏友御風と共に若い年齢で著書の刊行を実現するという早熟ぶりをうかがわせた。

作家としてすぐに十分な評価を得ることは難しかったが、船出したばかりの初期の未明とその作品の最もよき理解者は御風であった。まだ未明の小説に関心を向ける者がいない頃から、御風は卒業後すぐに編集にあたっていた『早稲田文学』や『文章世界』を通して温かい声援を送ってくれたのである。もっとも、未明も『早稲田文学』第一〇九号（一九一四年一二月）の「大正三年文芸界の事業、作品、人」で、「評論壇に於ては最も相馬御風君の言論に共鳴を感じました。」などと書いているように、御風には声援を送っていた。

加えて、一九一四年には、未明は、九月刊行の『底の社会へ』（岡村書店）に御風に「序」を依頼する。それに応えて御風は八頁に渡る未明讃を書いている。すると、十月には、御風は『毒薬の壺』を出版し、それを未明に献呈する。お互いに認め合っていたのである。

その後も、未明と御風は良き友であると共にライバルでもあり続ける。著書も競い合うかのようにどんどん発表し合う。ただ、中学では御風は地元の新聞の短歌の選者になり、大学では御風が卒業の年に早稲田大学校歌を作詞するなど、御風の方がやや先行気味であった。

しかし、一九一六年に御風が糸魚川に「還元」し、また文学でも道が分かれ出すので、明快なライバルという関係ではなくなる。その後、未明は童話では第一人者に登りつめ、御風は地域に立つ作家、歌人、評論家、研究者になり、両者は比較の域を超えてしまう。

それに遡って、未明は、後で考えると大きな意味を持つことになる、ある人物との出会いを経験していた。社会主義者・片山潜とである。未明の著書の口絵を担当してくれた戸張孤雁が紹介してくれたものである。

戸張は、片山がアメリカで苦学をしていた頃からの知り合いで、「実に立派な人」だといって東洋経済新報社にいた片山の所に、未明を連れて行ってくれたのである（小川未明前掲「童話を作って五十年」『児童文学論』）。立派な人というのは、営利に走らず、労働者や貧民を相手に何の収入にもつながらない労働運動やセツルメント運動に打ち込む片山の生き方を見てのことであった。

それが、未明にとって社会主義者との最初の出会いであった。たまたま片山を「実に立派な人」と紹介されたりしたことが、まもなく大杉栄らに近づくようになる時にも、社会主義者にさしたる抵抗感を抱かせなくなる要因にもなっていく。

一九〇八年、未明は当時の文芸動向に納得できず、新しい潮流を求めて、新ロマンチシズムの立場にたつ青鳥会を結成した。同会は、文学を研究したり、次第に未明文学の勉強会的な役割も持ったりするようになる。この年、長男哲文が誕生する。

その頃、読売新聞を退社した後だったので、『秀才文壇』に転じた。しかし、ここも長くは続かず、また執筆中心の生活に戻った。当然、家族・家庭には満足に収入をもたらすことができず、生活は極端に苦しかった。それでも、未明は文学・文筆にこだわり、一九一〇年に、今度は自身にとって最初の童話集『赤い船』（京文堂）を世に問うた。童話というと、まだお伽噺や外国ものの翻訳・翻案が多い中で、お伽噺を超える工夫をこらすなどオリジナルな作品を心がけただけに、未明にとっては一つの挑戦であった。特に初期の頃の未明の創作は小説中心で、すでに第四集まで刊行していたので、童話集自体が挑戦であった。

明治から大正に時代が変わる直前の一九一二年五月、未明は『北方文学』を創刊する。未明が編集した稀少・貴重な雑誌であるが、四号まで刊行が確認されている（紅野敏郎「『北方文学』と小川未明」『文学』第二九巻一〇号、一九六一年一〇月）。

同誌には、御風が毎号寄稿しているが、そのことと「北方」というタイトルから、同誌は、未明が御風と語らいつつ創刊し、編集したこと、つまり御風が協力者にいて初めて実現・維持できたことが理解される。同人誌であれ、雑誌を継続して刊行するには誰か協力者、ないしは関心・方向性の共有者がいなくでは無理である。また「北方」は未明と御風には共通・共有する関係・関心事であり、最も相応しい地域・環境であった。

実際に、未明は郷里、つまり北方の情景、暗く陰鬱な冬の情景をよく描写したし、御風も北方的情景を随筆によく取り上げている。その点では、新潟・上越地方出身の二人が関わり、「北方」のタイトルが使用された同誌は、新潟に深い縁があり、忘れてはならない雑誌といえよう。

ただ、この間、そして大正初期にかけて、小川家の生活は楽ではなかった。家族たち、特に子どもたちはその犠牲になっていた。一九一三年には次女鈴江が誕生するが、まもなく長男が急性結核で、そして後には長女が疫痢で幼い生命を終える。貧しい中にも、近隣の医師に任せ、可能な限り治療に努めたものの、医師の力不足もあり、長男、長女とも失うことになる（小川未明前掲「童話を作って五十年」『児童文学論』）。そのやりきれない気持、誰にも話せない苦衷の気持が未明の身体の奥深く沈殿し、彼の心の陰の部分になっていく。それでもなお、未明は文芸にしがみつき、執念を燃やしていく。

2　社会思想・社会運動への傾斜

(1)『近代思想』への接近、社会主義への対応

第一次世界大戦下の一九一六(大正五)年以降、大正デモクラシー運動が高揚する。民衆本位の政治、教育、社会事業が叫ばれ、また民衆文学・労働文学、民衆美術・平民美術などの民衆芸術、子ども本位の自由教育などの運動が勃興、展開した。文学では、『科学と文芸』(一時期『近代思潮』と改題)、『労働文学』、『民衆の芸術』、『トルストイ研究』、各種の個人誌・同人誌などの先導的運動、また鈴木三重吉の『赤い鳥』など児童文学でも新しい動きがみられた。

また社会主義運動も、明治の大逆事件後、逼塞していたが、大杉栄・荒畑寒村らの『近代思想』の挑戦を機に、少しずつ再開されだした。特に一九一六年以降、積極的な動きが地方を含めて目立つようになる。

この間、未明は社会主義に関心を示しだし、大杉らの『近代思想』の集会に顔を出すようになる。偶然、御風も同じように『近代思想』に惹かれ、集会に顔を出したり、寄稿したりした。

未明は、大杉とは意外に深い付き合いをしている。大杉が御風と未明宅に訪ねて一緒に会ったこともある(大杉栄「大久保より」『近代思想』第一巻一二号。一九一三年九月。小川未明前掲「童話を作って

五十年」『児童文学論』）。大杉は、そのうち社会思想や社会運動に関連する評論を書く御風、土岐善麿らに対しては、その不徹底さを厳しく批判するのに、未明はこの段階ではそのような評論を書いていなかったこともあり、大杉から特に批判を受けることもなかった。お互いに殊更わだかまりのない良好な関係にあった。

この直後、御風は心境の変化で、大杉や『近代思想』を離れ、東京も捨て、糸魚川に帰郷するが、未明はその後も『近代思想』関係の活動・グループとは交流を続ける。

その延長で、未明は文化学会に入会したり、鈴木三重吉の『赤い鳥』（一九一八年七月創刊）、加藤一夫らの『科学と文芸』『労働文学』等に協力したり、寄稿したり、新しい挑戦・動向には敏感に対応した。また、未明は自らも中心になる活動も始める。すでに結成していた青鳥会の機関誌として、一九一九年三月、『黒煙』を創刊する。

三重吉の『赤い鳥』の創刊は、もともと未明の勧めがきっかけとも言われるが、逆に未明も童話に対する創作意欲をかき立てられることになる。これ以後、次第に小説から童話に比重を移していく。

そんな時に、社会運動や社会主義に対する関心も強くなっていく。大杉栄や『近代思想』との交流に始まる社会主義に関わる流れが、一九一九年の日本著作家組合の創立時には、組合員となり、さらに翌年のメーデーへの参加にまで発展する。

著作家組合は、一九一九年六月一八日の発起人会を経て、七月七日に東京・芝ユニテリアン教会で第一回大会を開催する。組合員九七名、当日の参加者は三一名に達した。評議員には有島武郎、馬場孤蝶、平塚明子、生田長江、堺利彦、大庭柯公、島崎藤村、土岐哀果ら一五名（次の改選では荒畑寒村も評議員に加わる）。顧問弁護士には山崎今朝弥、布施辰治ら四名がおさまった。

多様な著作家を集めた組合であったが、東京印刷工のストライキには「同情的宣言」を発送している。未明の他には、大杉栄、加藤一夫、秋田雨雀、賀川豊彦、山川菊栄、山口孤剣、安成二郎らも組合員になっている。

なお一九二〇年一月二七日の臨時評議員会で「組合員小川未明君全家病気に付可能する方法にて慰安の方法を講ずる事」が決定している（日本著作家組合機関誌『著作評論』創刊号、「著作家組合報告」より、一九二〇年四月）。

このような推移・展開の下で、一九二〇年の第一回メーデーには、未明も参加する。さらに同年一二月結成の日本における最初の多様な社会主義者の全国組織・日本社会主義同盟の結成にも、未明は参加する。彼は、社会主義同盟には発起人、常務委員にも名を連ねていた。この同盟に参加することは、社会主義者として厳しい監視下に入ることで、当時にあっては、一大決心のいることであった。すでに『近代思想』グループに近づいたことで、警察から要視察人扱いはされていたが、今度は明快に社会主義者扱いされることになった。そこまで未明には信念、覚悟ができていたということである。

（2）環境への関心

このような認識・思想の延長上に、他の作家・児童文学関係者にない特徴として未明には環境への関心が他に比べて早くからうかがえる。境遇・環境の相違が貧富の差、社会的地位の相違や差別を生むことをよく観察していたからである。

この環境認識では、未明は生活に対してはもちろん、人間の成長、意識、思想に対する環境・境遇の重要性から、その公平性、平等性、また全ての人に共通に享受できるようにする公開性の必要を考え、訴えている。環境、特に劣悪な生活環境・境遇にある子どもたちへの共感・同情もあって、環境の改善に関心を持ったのである。作家・思想家として、社会悪・差別の根源の一つを、公式的・機械的に唯物論的な一般論としてではなく、境遇・環境にしぼってその相違・不公平の所以を論じたのは、現実・状況の確かな認識であり、慧眼ともいえた。

「子ども環境学」が、環境に関する最初の学問として訴えられるのは、昭和の初めであるので（細谷俊夫『教育環境学』目黒書店、一九三二年。細谷俊夫『児童環境学』刀江書院、一九三五年）、未明の認識は、そのような学問的流れの影響で触発されたものではない。彼自身の体験、そしてヒューマニズムを土台にした彼の独自の認識から導かれた環境理解であった。

ここで紹介する「社会と林」（『野依雑誌』創刊号、一九二一年五月号）にしても、その標題からして、緑・森林の社会性・平等性・公開性の認識をうかがわせる。彼は次のように言う（小松隆二『公益学のすすめ』一一五頁、慶應義塾大学出版会、二〇〇〇年）。

「広い野原に育つた林が、等しく、同じやうに生長するには、地味が其れに伴はなければなりません。日光が同じやうに当らなければなりません。其の社会が、進歩するには、個人、個人の生活が文化的に、経済的に平等でなければ斯の如き調和は得られないといふことは、言ふまでもないことだ。……ある階級の人々は、芝居を見、音楽を聞き、自動車に乗り、また贅沢な食物をとり、飲料を使用する。けれど、ある階級の人々は、そんなものは見たこともなければ、また耳に聞く機会もない。人間生活に必要なものすら、あまり高価だから。……みんなが同じ人間だ。ただ境遇が異なっているために、享楽を一つにすることが出来ない。」

後述するが、童話宣言以後、アナキズム運動の後退や子どもの世界への沈潜と共に、未明には都会と都会的文化への批判・反発に関わる発言が目立つようになる。これも都会的境遇・環境への批判・忌避とみることができよう。このような環境認識の先駆性には十分に注意を向ける必要がある。

一九二〇年前後、そしてそれ以降も、未明は多くの作品・評論を雑誌に寄稿する。珍しいものでは『住宅』などがある。『住宅』は日本の住宅改善運動、特に西欧的な生活・住宅に憧れる階層・人たちに人気のあった住宅改良会の機関誌である。未明も同誌に住宅論的なものを幾つか寄せている。一九二一年三月号に「不愉快な日本住宅―文学者の住宅難（一）」、同年八月号に「趣味と牧歌と」などである。

身近な住居・住宅には誰でも関心を持つが、日本の生活・まちづくりでは最も遅れてきたのが住居・

住宅である。特に所得・生活水準によって大きく差別が存在し、その差別が目に見えるのも住宅である。未明は、環境の一環といえるそのような住宅にも大きな関心を寄せている。

3　一九二〇年代の活動とアナキズムへの傾斜

(1) 童話宣言

大正期から昭和初期にかけて、小川未明は社会意識、特に批判意識を高めていたが、彼は、自らが先導した新ロマンチシズムみなぎる多くの童話を発表する。質的にも評価の高いものが目立っている。「金の輪」「赤いろうそくと人魚」「月夜と眼鏡」「月とあざらし」等未明の代表作になる一九二〇年前後の作品を継ぐように、この前後、「雪くる前の高原の話」等多くの傑作を発表した。一九二五、二六年に、それまでの作品を集め、『小川未明選集』六巻、一九二七年（〜一九三一年）に『未明童話集』五巻が刊行される。その後もくり返し、選集・著作集・作品集が刊行される。

この最初の『未明選集』の刊行を終えた一九二六年、彼は小説ではなく、童話作家として童話の創作に専念する考え・姿勢を宣言する。小説と童話の同時的取り組みの困難性、童話への手応えのほうが良く、自分にも合っていることなどからの童話に専念するという宣言であった（小川未明「今後を童話作家に」『東京日日新聞』一九二六年五月一三日。のち小川未明前掲『児童文学論』に収録。小川未明「事実と感想」『早稲田文学』一九二六年六月号）。

たしかに一九二〇年代前半は、小説と童話が半々で、ニーズ・注文があればどちらにも対応していた。ところが童話宣言を発する一九二〇年代の後半には、なお小説も書き続けるが、童話が増えはじめる。さらに一九三〇年代の進行と共に、小説はほとんどみられなくなっていく。

当時小説だけで生活のできる作家は限られていた。童話になると、生計を立てることはさらに困難であった。ことに大正末期には、一時の童話人気も過去のものになっていた。そんな時の童話宣言であった。

それに遡って一九二三年九月に襲来した関東大震災の余波は、その後しばらく続いていたが、未明の関連では、大杉栄が妻の野枝と甥の橘宗一少年を巻き添えに軍部に虐殺されたことがやはり大きな衝撃であった。この頃を境に、アナキズム系は労働運動中心に後退をする。それだけに、未明にとってはアナキズムが自分の体内から薄れはじめているように感じられた。

そこで、その際、その衰退ぶりからアナキズムなど社会運動とも離れざるをえない状況が到来することも予想され、童話一本に打ち込むつもりになっていた。それも含んでの童話作家宣言であった。しかし、時代の悪化、古くからの付き合いはそう簡単に未明にアナキズムや社会運動とのつながりを立ち切ることを許さなかった。

実際に、未明は、大正末の童話宣言以降も、しばらくは文学運動ではアナキズム系に立って、文学や社会に関わる論説・評論を、童話と共に発表し続ける。『早稲田文学』はじめ、一般誌への寄稿も続ける傍ら、社会運動、特にアナキズム系の機関誌への寄稿もしばらくは続けた。お金にならない仕事なのに、むしろ時間を割いてよく付き合い続ける。

一九二七年、日本無産派芸術連盟に参加するが、未明はマルクス主義に疑問を抱いていたので、実態を知ると同派を離れ、新興童話作家連盟に転じた。またアナキズム系の自由芸術家連盟の結成にも参加し、童話や評論の執筆を続ける。

個々のアナキズム系の機関誌からも期待され、未明も進んで寄稿することもした。昭和に入ってすぐ、アナキズム系の『虚無思想』と『文明批評』が合併して『悪い仲間』に変わり、さらに『文芸ビルデング』に引き継がれるが、同誌とその流れには未明も協力した。

(2)『悪い仲間』と『矛盾』への参加

実はもともと一九二四年頃刊行されていた『悪い仲間』が、同年一二月に『文明批評』(和田信義編集・発行人)に改題されていた。それが一九二七年九月に、今度は『悪い仲間』に戻り、そこに『虚無思想』も合流することになった。

その流れの中心となったのは、和田信義(編集・発行人)、畠山清行、畠山清身らで、当初は「畠山清行・責任編輯」、すぐ後に「和田信義・責任編輯」が表紙に謳われた。この『悪い仲間』と後継誌となる『文芸ビルデング』には、未明も『虚無思想』に続き、しばしば寄稿する。特に社会的・思想的主張は、時代的に弾圧を受けやすいのに、多くの童話を発表する傍ら、作家としての理想、幸福、自由、そして現実の問題に対する発言を同誌で継続する。ただ、時代状況には配慮し、当局を刺激するような体制批判、あるいは社会主義、アナキズム支援・礼讃につながる思想的な主張は避け、社会・経済批判や社会問題の批判に重点を置いて発言する。

例えば、昭和初期、一九二〇年代後半には、経済・産業界全体が苦境にあり、その影響で出版業界も経営難にあえいでいた。その事態に、作家・もの書きとしてどう対処するか、真剣に考えなくてはならない状況に直面していた。それに対しても、未明は主張を展開する。

そのように、未明は作家にとって苦難の多い時代に、目の前で展開する事態・課題から逃げずに『悪い仲間』や後継誌等を通して発言していた。『虚無思想』や『矛盾』についてはよく紹介されるが、『悪い仲間』とその後継誌・関連誌との関わりは、これまで適切な説明をもって取り上げられることがなかったので、少し立ち入って紹介することにしよう。

なお同誌には、新居格、石川三四郎、畠山清行、畠山清身、小野十三郎、高群逸枝、飯田徳太郎、和田信義、生田春月らアナキストないしはそれに近いもの、それに沖野岩三郎、百田宗治、福田正夫、辻潤、萩原恭次郎、内藤辰雄、高橋新吉らも寄稿していた。

未明は、その『悪い仲間』一周年記念特別号（第二巻九号、一九二八年九月）に「少年時代礼讃」を寄せている。そこで、自分たち芸術家であれ、「正直で、純情で、感激のある世界に憧がれてゐる」。それは、遠い未来に到達できる理想の世界の話ではなく、少年時代に「誰しも、一度は保有してゐた、美の世界ではなかつたか？」この時代は、理論や理屈は無かったかもしれないが、何事も「人格的に取扱つてきた時代……これがために、決して、悲惨でもなく不幸でもなく、多くの幸福を感じ、神秘的な感興にさへ浸つてゐたのである。ワアヅヴウアスが、この時分の世界が光に包まれてゐたといつたのも過言ではない」。

この幸せであった少年・少女時代の意味が、理知や理性が感情、冒険、衝動を征服していくことによって失われてきたことを、未明は嘆く。そしてトルストイが「愛のない処に、詩は生れない」と言うが、そのような愛のある時代は少年・少女時代に誰にでもあったというのである。

先に未明が環境に敏感であり、先駆的認識を持っていたことを指摘したが、『文芸ビルデング』第二巻一二号（一九二八年一二月）に「錯覚者の一群」を寄せている。そこでは、都会というものについては、関係者はいつも強者で、勝ち残るものと信じていようが、そうではない。また「自からの力によつて、文化を築いたと信じてゐる。何んぞ知らん、この燦々たる華美も、搾取によつてなされてゐることを。……いまや、智識階級は滅落し、小商工業者は、行きつまりの運命に置かれてゐる。いままでの讃美は、都会に対する、彼等の錯覚ではなかつたか？」。さらに「虚偽と搾取によつて、華麗を装ひつつある都会」は「快楽の巷」であり、「人間自からの掘つた暗い塹壕であつた」とまでいっている。その大都会の環境の醜悪さについて、自らの出発点であり、拠ってきた地方・小地域と対比して厳しい見解を示したのである。

また一九二九年を迎えると、世界恐慌の足音がアメリカの方から少しずつ聞こえ出す寸前になるが、時代のただならぬ展開に、未明は『文芸ビルデング』に続けて執筆する。「彼等隷属す」（第三巻三号、一九二九年三月）と「自由なる空想」（第三巻六号、一九二九年六月）などである。

前者では、出版不況の下で、「人間として、自由を尊重しないものはない。芸術家として、個性を有しないものはない。もし、これを金のために売る者があるならば、堕落でなくて、何であらう。……現在、我国のごとき、既成作家の多くは、全く、資本主義に隷属してしまつた形でないか」。ここにおいて、新組織、それも純粋なる意図より結成される機関が必要で、「無産階級は、すべからく、此種の同人雑誌を後援し、擁護せよ！」と主張する。

後者の「自由なる空想」では、政治的・経済的行き詰まりに直面して、改めて他に従属しない自由の大切さを強調する。未明にとっては文芸活動の出発点となったロマンチシズム時代以来、自由が絶対であった。文芸において「自由に空想し、自由に想像し、自由に悦楽し、自由に反抗せよ！」と訴えるのであった。時代は厳しくなっていたものの、未明はまだまだ筋を通し、意気軒昂であったのである。

なお未明は『文芸ビルデング』には創作も発表している。同誌第三巻一号（新春躍進号、一九二九年一月号）の「託児所・猫と人間」がその例である。

この『文芸ビルデング』と重なるように、一九二八年には宮島資夫、五十里幸太郎らの『矛盾』が刊行される。未明は同誌にも毎号寄稿し、アナキズム系の一員であるかのように論陣をはる。ただし、どちらも一九二九年には廃刊となる。

なお、一九二八年に、日本左翼文芸家総連合編集・刊行で、『戦争ニ対スル戦争』（南宋書院）が世に出される。同書には、未明の作品も採録される。他に金子洋文、黒島傳治、前田河広一郎、村山知義、里村欣三、壺井繁治らの作品も名を連ねている。このような戦闘的・反戦的著書に名を出せば、相当の弾圧が予想された。しかし未明は一九二〇年に発表（一九二二年に赤い鳥社刊『小さな草と太陽』に収録）していた「野薔薇」の転載を了承した。

この編集と刊行を担当した左翼文芸家総連合は、戦争色が強まる中で、日本無産派文芸連盟、労農芸術家連盟、全国芸術同盟、全日本無産芸術連盟、農民文芸会が連合した組織であった。「戦争に戦争を布告せよ」と挑戦、「一切の戦争に対する準備に反対しなければならない」をモチーフにした出版であった。とは言っても、露骨な表現で戦争反対を叫ぶ作品は少ない。穏やかな反戦、厭戦を伝えるものも入っているが、未明のものはその一つである。

その後も、時代が悪化する中で、一九三七年に、幼児向けのひらがな・カタカナのみの作品を発表したり、児童文学専門誌（『お話の木』）の刊行に挑戦したりする。

4　戦時下の小川未明の足跡と苦渋

すでにみたように、昭和に入ると、経済的にも政治的にも、あるいは思想的にも、状況・環境は後退・悪化していく。第一次世界大戦後は、震災復興など一時的な活況を除けば、経済は慢性的な不況にさらされる。さらに一九二九年の世界恐慌の勃発以後は、経済的後退・危機も、政治的不安定・右傾化も、一層深刻になっていく。特に政治では、軍国主義・日本主義の流れが目立ちだし、時の経過と共にそれが奔流となり、日本全体が谷底にどんどん落ち込んでいくように泥沼にはまりこんでいく。現実に、満州事変（一九三一年）、五・一五事件（一九三二年）を踏み台に右傾化・逆コースの流れが勢いを増し、さらに二・二六事件（一九三六年）、日中戦争を機に一層その流れが勢いを増し、決定的になっていく。労働運動・社会運動も、満州事変前後にみられた大きな盛り上がりを最後に、急速に衰退していく。労働組合とその指導者の右傾化、運動離れも顕著になっていく。二・二六事件以後は、軍部・右傾化への批判的意見もよほどの覚悟なしには口にできなくなっていく。

一九四〇年、童話作家協会が解散となるが、未明は日本少国民文化協会に参加、戦争協力的な立場、作風を鮮明にしていく。

未明の戦争協力的文章・作品の発表は比較的早い。一九四〇年頃から顕著になる。未明に何が起こったのか、と考えさせられるほど明白な変化をみせる。それまで一貫していた人間・個の自由、人間・個の尊重の理念は維持しつつも、戦争・戦時体制は受け入れていく。子どもの世界・暮らしに題材の多くを求めてきたのに、観念的な戦時道徳の説話、軍人が登場するもの等が目立っていく。

同じ頃、同様の潮流に同郷・同窓の御風もさらされていた。御風の方が少し先行する形で時代の潮流に巻き込まれていた。何ゆえ未明や御風まで、という気がしないではない。未明のような人まで巻き込む戦争一色になった時の日本人・日本社会の恐ろしさを教えられよう。

「聖戦」「天皇」「国」のために死ぬことは、正しく、こわいもの、恐ろしいものではない。同じ人間であれ、敵国の人間なら、殺し、撃滅することは正義であり、むしろ誇りである。子どもまで、「私も、兵隊になって戦地に行って名誉の戦死を遂げた兄さんに続きます」と胸を張って言う時代になっていた。虚構の、偽りの社会認識・倫理・理想像がいつの間にか強固に広がっていたのである。

特に未明ほどの人だけに、未明までもと、彼の戦争協力の姿勢や文章は注意を引いた。しかも、未明の戦争協力といえる文章が世に送り出されるのが比較的早かった。それが気になるところである。山中恒も、以前、未明の積極的な戦争協力への文章に触れて驚いたこと、考えさせられたこを書いている（山中恒『児童読物よ、よみがえれ』晶文社、一九七八年）。

未明は、一九四〇年の段階でこんなことを書いている（小川未明『新日本童話』竹村書店、一九四〇年）。

「いま日本は、一面に戦ひ、一面に東亜建設の大業に着手しつつある。これは実に史上空前の非常時であるといはなければならなぬ。それであるから、老若男女の別を問はず、各々分に応じて奉公の誠をいたしつつある。」（九頁）

「すでに、いまの日本は個人主義を許さない。全体の利福のために行動しなければならぬ。職能の別はあつても、共に陛下の赤子で、兄弟である。」（一六頁）

「日本は重大時期にある。国民は決死の覚悟を要する。そして行くところ、亜細亜を指導するに止まらないであらう。」（八三頁）

「若き日本の起つべき時は来た。自からを救ひ、東洋を救ひやがて人類を救ふ。実に日本精神の忠実なる実践を他にしてないのであります。」（八三頁）

この段階で、彼が大切にした個人主義も見捨てるような発言まで出てきている。

この戦時下に、未明がそれまで果たせずにいて、ついに果たすことのできたことに、父が長年かけて神社を建設し、その後両親が長く住まいとしていた春日山の城跡に、両親の霊碑を建立し、除幕式を行ったことがある。一九四〇年一一月七日のことである（小川未明前掲「童話を作って五十年」『児童文学論』）。太平洋戦争もいよいよ本格化、さらには末期化する直前で、季節は秋が終わり、冬に入りかける時であった。夫人と共に春日山に登り、遠くまで広がる高田平野、荒波の日本海を見下ろしつつ、両親を弔った。それができて、未明も肩の荷がおりた感じで、ホッとした。

5　小川未明の戦後の復活と終焉

敗戦後の混乱と混迷の中で、政治も経済も再出発する。教育や文化活動も動き出す。労働運動はじめ、あらゆる社会運動も開花する。文芸活動も、出版活動も再開し、児童文学関係者も活動を始めた。

小川未明は、戦争協力問題のため、敗戦直後は満身創痍の形であったが、童話に専念して動き出した。といっても旧作の再刊から始まった。例えば、単行本の形での再刊、文寿堂出版部による『未明童話集』（一九四六年）のようなシリーズもの等である。

一九四六年、児童文学者協会の設立に参加するが、実績から会長に推された。戦前中心の功労から、一九五一年に日本芸術院賞を受賞、一九五三年に文化功労賞者に選任、あわせて同年、芸術院会員に推挙された。華々しいといってよいほどの復活と顕彰であった。

それらの顕彰は、未明にとっても、予想を超えるもので、正直のところ複雑な気持であったにちがいない。童話の創作や運動が客観的に、また公的に評価され、顕彰されたことは、喜ばしいことであったが、戦争協力のこともあるので、それを素直に受けてよいものかどうか、思い悩んだに違いない。そうかといって断われれば大袈裟に過ぎる。そんな気持で文化功労章等を受けたのではなかったか。

実際に、未明の生涯は全てが順調に推移・展開したのではなかった。これらの顕彰をみれば、結果良しで、過去の苦労はどこかに消え、ほとんどが良かったことで覆われてしまうかといえば、本人からすれば、必ずしもそうでもなかった。

振り返れば、高田での中学時代の落第の繰り返しとそれに伴う困惑や焦り、結婚をし、作家として一定の評価を得ても、暮らしが成り立たない経済的貧困の現実、その上貧困も一つの理由になって子どもの生命も守ってやれなかったふがいなさ、彼のヒューマニズムや自由観から社会運動、特にアナキズムに引きこまれていくが、そのアナキズムが少数派に後退し、影響力を失っていく社会運動・思想運動の流れ、さらに太平洋戦争下に戦争協力に踏み出さざるをえない状況・心境など、思い出せば苦衷・自己批判の気持に駆られることも少なくなかった、と推測できる生涯であった。

一九五八年、講談社から『小川未明童話全集』全一二巻が刊行された。他にも、未明の既刊の童話集、各種児童文学シリーズ・選集類の監修・編集の仕事があいつぐ。それだけ、未明の残した作品の数は多かった。そして評価もなされていたということである。

実際に、彼の膨大な作品は、存命中も、死後も、広く親しまれ、読み継がれてきている。その結果、児童文学の世界では、彼は最もよく知られた一人となっている。

一九六一（昭和三六）年五月一一日、未明は脳出血で逝去した。享年七九。多くの児童文学関係者、子どもたちからは惜しまれた最期であった。死後、文芸関係の雑誌類には大小の「未明特集」がくり返し組まれる。それから二年後の一九六三年五月一八日、妻キチが逝去する。

厳しい時代や弾圧にも抗してきた未明であったが、反面で、家族には甘え・我が儘を通してきた。どんな苦しいこと、脳裏から去らない悩み事があっても、彼が新鮮な生命力・創作意欲を失わなかったのは、幼少年時代の北方の雪国の暮らしの思い出とそれを超えたいという強い思い、そして家族の支えがあったからともいえる。

彼の功績は、明治の巌谷小波らのお伽噺中心だった児童文学を超えて、現実の子どもの生活・世界を反映、あるいは直視する理念や生活を基に描く多くの作品を生みだし、近代的児童文学を確立したことであった。彼は「自分は純真な子供、正直な人間に向かって訴えよう。今までのお伽噺の形式を改めて、新しい夢の世界を展開する芸術をつくろう。それは童話文学である」（小川未明前掲「童話を作って五十年」『児童文学論』二一〇頁）と確信を持って取り組んできた。その結果「近代児童文学の父」と評価されるにいたるのである。

具体的に未明が創作に取り組むと、その背景や土台には、暗い冬の新潟・上越地方とそこに広がる北方の日本海の厳しい環境・情景が心の奥深く沈殿していた。個の自由とヒューマニズム、逆に自由がなく、差別されたり、見下げられたりしたものへの愛情、擁護、共感もその光景・情景と切り離されるものではなかった。未明は、まさに雪と木枯らしとそれに続く豪雪、そしてあたりを陰鬱にする荒波の新潟の生んだ児童文学者・思想家であったのである。

6　小川未明の業績と評価

小川未明の作家・童話作家としての活動は、およそ六〇年近い歳月に及ぶ。その間、主に関わったのは、文学活動、特に童話中心の児童文学とそれを軸にするものであった。相馬御風、市島謙吉のように多様な領域で多様な活動を展開したものとは違っていた。ただ、童話を中心とする作品数は厖大であり、その足跡・作品は高く評価されるレベルのものであった。

それらを整理すると、以下のように①童話作家としての足跡と業績、②文芸・文学運動家としての足跡と業績、③社会運動への参加と思想家としての足跡と業績の三点に彼の遺した活動・業績をまとめることができるであろう。

①童話作家としての足跡と業績――「近代児童文学の父」　未明は多くの優れた童話を書き残した。その多くの作品を創作した童話作家としての業績がまず評価されなくてはならない。あわせて、その

創作活動、創作された作品を通して、童話を文学の一分野に引き上げる役割も演じた。

未明は、明治末期から大正初期にかけては、小説、そして評論から入り、あわせて童話にも力を入れていた。しかし、創作では、小説の方は手応えが十分ではなく、やがて大正末から昭和にかけて童話・児童文学中心に転換する。以後、小説も発表するが、創作の多くは童話になり、また評論は社会性のあるものなど多様ではあったが、やはり童話など子どもに関するものが増えていく。

未明は、童話でも、お伽噺とは違い、現実の子どもの生活・活動に根ざした作品、子どもの眼や生活を通してみた作品、いわば社会に向き合い、子どもの実像を見通す作品を志した。童話へのたえざる新鮮味の注入などで、童話創作の先頭に立って道を開いてきた。そんな姿勢については、未明は難しい理屈をこねまわすよりも、端的に自分が童話を書く視点からメモ風に、あるいは評論風に次のようにくり返し書きとめている。

例えば、「芸術の権威というものは、決して理屈ではない。ひと口にいえば、いかなる作品を問わず、深く見る者の頭に印象を残すもの、これが即ち芸術の力と思う。書く事柄の自然とか不自然とかいうことを問うより、まず第一に書かれたる事が自然に読者の頭にはいるか、はいらぬかということが問題である」(小川未明前掲「自由なる芸術」『児童文学論』一八頁)というのである。実際に、その考えが無数の読者に共感をもって受け止められ、大きな感動を与えてきた。

その結果、生み出された作品は、膨大な数に達し、全集・選集・作品集類にまとめられるほどになった。その軸となり、高く評価されるものは、子ども関係の作品で、童話が中心となる。

そのように、旧式の権威やお伽噺から解き放し、量のみでなく、質の面でも、文学に相応しいレベルにまで童話を引き上げた点で、未明は「近代児童文学の父」の評価が相応しい人である。

②文芸・文学運動家としての足跡と業績　次に、未明には作家・童話作家として創作に打ち込むだけではなく、それを超えて文学運動に参加する文学運動家としての活動がある。それによって、自分一個の作品の業績・評価を超えて、童話全体の地位を高め、児童文学、ひいては文学の発展にも寄与することになった。

童話を文学の地位に引き上げること、童話や童話作家の社会的地位・評価を高めることも、運動によって可能になり、より確かなものになる。未明はそのような役割を担った。また彼は、多数の文芸評論・社会評論を執筆した。評論は社会的対応・責任が伴うものである。同時に彼は、童話などの創作でも自分一個の満足で良しとするのではなく、社会と児童文学のつながり、社会や読者に対する影響、役割、責任も受けとめつつ取り組んだ。

文学研究会「青鳥会」の結成、鈴木三重吉の『赤い鳥』、加藤一夫らの『科学と文芸』『労働文学』などへの共感と参加、また文学運動団体への参加・活動にも積極的に取り組んだ。ともかく、変動する社会動向・状況の中で文学を媒介に訴える主張・評論を通して、自らの文学活動を運動としてとらえ、童話、ひいては文学の地位の向上、さらに文学に関する社会的役割・責任を追究した。

戦後も、戦時下の中断の後、児童文学者協会に参加、初代の会長に就任するなど、文学運動に立ちもどった。個人として閉じこもり、自作を発表することのみにこだわるのではなく、主に文学、特に児童文学を運動としてもとらえつつ、対応した。この童話など児童文学も、社会の中で、社会の動向と共に、また作者と読者のつながりの中で受け止めていたことが未明の特徴の一つであった。

③社会運動への参加と思想家としての足跡と業績　さらに、未明には人間として、思想家として、自分一個の創作や文学活動の枠を超えて、社会的影響、役割、責任の絡む社会運動への参加、思想家・運動家としての役割がある。この点は、②の文学運動と重なり、区別しにくい一面もあるが、ここではあえて区別しておきたい。

未明は作家として、芸術家として生きるが、それ以前に人間として、社会・現実への批判をこめ、同時に、あるべき生活像・社会像・理想像を思い描いて、人間の真の解放と自由を求める社会運動にも参加した。社会思想・運動なり、それに参加する思想家・運動家なりには、大正の初期から関わるので、作家としての活動と、社会思想・社会運動への関わりは大方の時期で重なる。

社会運動には、社会思想、さらに党派やイデオロギーが関わるが、未明はほぼアナキズム系に近接していた。最初が大杉栄、荒畑寒村らの『近代思想』への接近であった。同誌は文学・文化が中心であったが、しかし担い手は社会主義者の大杉、荒畑、あるいは堺利彦たちであった。以後、社会思想・社会運動への関心・関わりは永く続く。

そのような活動の最初の頂点は、日本著作家組合への加入に続く日本社会主義同盟への発起人としての参加の時であった。その後、大正末以降はアナキズム系を中心にした文学運動・思想運動に筆を通して参加を続ける。

しかも、大正初期から昭和初期にかけては、社会運動に関われば、要視察人になり、当局の監視・弾圧も覚悟の上という時代であった。時代の経過と共に、抑圧・弾圧はさらに強まっていく。それでも『農民自治』『虚無思想』とその後継の『悪い仲間』『文芸ビルデング』、あるいは『矛盾』『黒旗』『黒色戦線』『黒旗の下に』などアナキズム系機関誌にも執筆を続けた。

未明は、作家としても、根底に人間の自由、そして差別・不公平のない社会づくりにこだわった。競争原理の下で、差別・不公平、そして貧困や下層・下流の滞留が日常化するあり方に対しては、避けえないと逃げるのではなく、それらを生む競争原理・営利原則からなる社会の改革を主張した。その際、方法として強権や独裁のともなう改革・体制、例えば当時存在したソ連などの社会主義方式は拒否し、徹底して個・個人の尊厳、自由、自立を実現・保障するよう主張し続けた。彼は言う。

「解放のみが、真の平和と秩序とをつくると信ずるものにとって、いかなる強制も権力も、決して人類を平和に導くものでないと思うのであります。……権力の横行するところ、これに対して、反抗のあるのを否むことはできない。ゆえに真の人間的な社会を形成するには、ただ解放あるのみと考えられるのであります。

解放があって、はじめて創造が見られるのです。各人、各種の特色は、ちょうど、花にいろいろの色があり、香があるごとく、かくして独自の存在を誇るにちがいない、しかもそれには解放があって、はじめて見られることであって、強権行使の下には、決して見られない事実です。」（小川未明前掲「解放に立つ児童文学」『児童文学論』九三頁）。

それを推進する活動・運動では、彼は戦前でも、社会運動に関わった大半の時期に、アナキズム系に属した。この点では、明らかに御風よりも深く、長く関わりを持ち続けた。

その際、未明は、野菜や苗木など植物と同様に、人間の解放、自由、自立にとって最も大切な時期が子どもの時代であるとした。子どもの頃の自由な発育、発達、活動こそ、人間の真の自立や解放に活かされていくというのである。

「圃に植えた野菜にしろ、また畑に植えた苗木のようなものにしろ、その初めの発育が大事であって将来の成果や、材幹は、その時分においてすでに決するのであります。即ち発達を妨げる一切の欠点を除去して、太陽の下に水と肥料を与えて、本能の趣くままに、ただ自由に成長せしむるにあるのであります。」（小川未明前掲「解放に立つ児童文学」『児童文学論』九五頁）

このように、未明にあっては、徹底して人間の解放と自由を追究するアナキズムに立つ社会思想家としての一面があり、その点も忘れてはならないのである。

おわりに

小川未明は、子どもの世界に共感し、その暮らし・遊び・学びをめぐる子どもの世界の実像、そこには正義・公正もあれば、逆に不正義・差別もあるが、その実像から目をそらさずに学び、観察しながら、子どもに伝えたいこと、残したいことを作品に描いた。

未明は、子どもの時代、子どもの世界こそ、最も自由、最も純粋、最も感動・感激も深いと受けとめていた。彼は、前述のように少年時代について「正直で、純情で、感激のある世界に憧れてゐる時代であり、また「美の世界」（小川未明前掲「少年時代礼讃」『悪い仲間』一周年記念号、一二頁）でもあると受け止めていた。その少年・少女のことを中心に、彼は創作の筆を走らせ続けたのである。

ただ、未明の場合、余りにストレートに子どもは常に正義・真実の側に立つとか、正義は必ず勝つというような単純な物語構成や結論にならない場合が少なくない。現実がそうだからである。

未明は、「あくまで童心の上にたち、即ち、大人の見る世界ならざる空想の世界に成長すべき童話」（小川未明「今後を童話作家に」『東京日日新聞』一九二六年五月一三日。小川未明前掲『児童文学論』）を残そうとした。その結果、生み出された作品の雰囲気や背景には、日本海の冬の荒波を想起させる暗い雰囲気を持つもの、雪が深々と重くのしかかる高田・上越の冬の光景が見え隠れするものも目立つ。その上、美辞麗句、おおげさな修飾語、子どもをやたらにほめそやす表現も使わない。実際に、未明の童話には、そういう簡素・ストレートな文体・文章で印象づけられことが多い。

未明の幼少年時代は、経済的には恵まれなかったものの、本人にとっては、彼に対する外からの評価や役割はある程度納得のいくものであった。中学時代には数学に悩まされ、落第をくり返したので、長い間思い出すのも嫌な気分で居たであろうが、小学校時代は優秀で周りからも評価された。ただ、中学では苦手な数学のためにうまくいかなかったが、幸い東京専門学校・早稲田大学への入学では、その遅れがハンデにならなかった。

実際に、中学校での失敗・苦しみがありながら、子ども時代全体としては卑下する気持に陥るわけでもなく、将来に希望も持てたし、自身の気持としても少年時代には夢も自由も光もあふれるものだ、と言えたのである。そのような少年・少女時代の子どもたちを受けとめ、触れ合い、見届けたいという気持が童話の世界に彼を長く深く引き込んだ。

すでに触れたように、未明の作品の土台には、自由とヒューマニズムがある。少年・少女にこそ、それが最も必要なもので、また実際にも最も純粋な形で現われうるものと考えていた。それを抑え込む強権、独裁、暴力とその体制には反対であった。彼にあっては、目的でもプロセスでも人間の解放、自由、自立が絶対の原則であった。それこそ、アナキズムと一致するものであり、彼をその陣営に立たせることになったものである。

「世に、相許さざるものがある。強権と友愛、所有と無欲、これである。平和への手段として、強権を肯定することは、畢竟、暴力の賛美に他ならない」（小川未明前掲「自由なる空想」『文芸ビルデング』

第二巻六号、一九二九年六月）と自由とヒューマニズムを侵害する強権や暴力、その象徴として当時の日本の社会、さらには自由や人間性の抑圧されたソ連とそれを支持する当時のマルクス主義には厳しい姿勢を取り続けたのである。

また未明は、底辺・恵まれないものからの発想、また生活環境・条件の遅れた地方・地点からの発想にも関心を持った。評論にも、童話にも、それは反映された。

要するに、未明は人間と社会に真摯に向き合った人である。人間の解放、自由、平等、幸福を護るためには、社会に目を向け、向き合わざるをえない。すると、その延長で、理想を追求するアナキズムのような思想や活動と触れ合うのも自然の流れであった。自由も、平等も、権利も不十分で、貧困や差別や強権もまともに排除されない戦前の社会状況の中では、未明のような社会思想家でもある作家・童話作家が出てくるのは必要不可欠のことであった。

しかし、なぜ彼が最後は戦争協力に進んだのかという難題は、課題として残されたままである。過去を遡り、顧みた前掲「童話を作って五十年」にも、戦時下の戦争協力には一般論的な見解・批判はみられるが、自身の作品・文章・発言に関する自己批判なり説明なりはみられない。ただ、そうだとしても、戦争協力や転向などという問題には、現在のような安全な地帯・位置にいるもの、あるいは状況の全く異なる時代・地点にいるものが、安易に批判や非難の声をあげても、それだけでは前に進むことはできない。この問題は、依然として未解決に残されたままで、今後の課題である。

〈参考文献〉

小川未明『愁人』隆文館、一九〇七年
小川未明『緑髪』隆文館、一九〇七年
小川未明『惑星』春陽堂、一九〇九年
小川未明『赤い船』京文堂、一九一〇年
小川未明『物言はぬ顔』春陽堂、一九一二年
小川未明『北国の鴉より』岡村書店、一九一二年
小川未明『あの山越えて』尚栄堂、一九一四年
小川未明『底の社会へ』岡村書店、一九一四年。相馬御風が「序」を書いている。
小川未明『雪の線路を歩いて』岡村書店、一九一五年
小川未明『小作人の死』春陽堂、一九一八年
小川未明『金の輪』南北社、一九一九年
小川未明『赤き地平線』新潮社、一九二一年
小川未明『赤い蠟燭と人魚』天佑社、一九二一年
小川未明『小さな草と太陽』赤い鳥社、一九二二年
小川未明『人間性のために』二松堂書店、一九二三年
小川未明『赤い魚』研究社、一九二四年

小川未明『雪原の少年』四条書房、一九三三年
小川未明『日本の子供』文昭堂、一九三八年
小川未明『新日本童話』竹村書房、一九四〇年
小川未明『雪来る前の高原の話』中央公論社、一九四一年
小川未明『亀の子と人形』フタバ書院、一九四一年
小川未明『僕はこれからだ』フタバ書院、一九四二年
小川未明『月夜と眼鏡』フタバ書院、一九四三年
小川未明『時計のない村』フタバ書院、一九四三年
小川未明『児童文学論』日本青少年文化センター、一九七三年
『小川未明選集』全六巻、未明選集刊行会、一九二五〜一九二六年
『未明童話集』全五巻、丸善、一九二七〜一九三一年
『小川未明童話全集』全一二巻、講談社、一九五〇〜五二年、および一九五八〜五九年
舟木枳郎『小川未明童話研究』宝文館、一九五四年
小川未明・川端康成監修『現代児童文学辞典』宝文館、一九五五年。
『文学』第二九巻一〇号、「特集　小川未明」、一九六一年一〇月
白木茂・那須辰造・滑川道夫・福田清人・村松定孝・山室静編集『児童文学辞典』東京堂出版、一九七〇年

岡上鈴江『父小川未明』新評論社、一九七〇年
日本文学研究資料刊行会編『児童文学』有精堂出版、一九七七年
『児童文芸』陽春臨時増刊、「特集　近代童話の父・小川未明生誕百年記念号」、一九八二年
畠山兆子・竹内オサム『小川未明　浜田広介』日本児童文学史上の7作家2、大日本図書、一九八六年
早稲田大学図書館編『早稲田と文学の一世紀――『早稲田文学』創刊一〇〇年記念展図録――』早稲田大学図書館、一九九一年
山中恒『戦時児童文学論――小川未明、浜田広介、坪田譲治に沿って――』大月書店、二〇一〇年

市島謙吉（春城）——「随筆王」「早稲田大学四尊」と評価される大学人

はじめに――早稲田大学・図書館学・政治学の先導者

春城《しゅんじょう》・市島謙吉《いちしまけんきち》（一八六〇～一九四四）は、早稲田大学関係者、古書収集家、あるいは随筆家には比較的よく知られている。実際には、それらを超えて生涯を通して広範な活動・業績を残した人である。新聞の主筆・経営者を皮切りに、政治家（衆議院議員）、大学役員・図書館長・教授、随筆家、評論家など幅広い分野で活躍した。

しかも、より深く掘り下げてみると、その足跡と業績がたんに多様で幅広いというだけではなく、質や深み、あるいは先駆性という面でも、大きな意味を持つものであったことも教えられる。

謙吉が、人生のうち最も長く、かつ深く関わったのは、早稲田大学である。彼は、早稲田大学に専任として関わる以前から、前身の東京専門学校時代にも講師や幹事に就任、また民法制定にともなう社団法人化に際しては専任のごとく協力し、役員に就任するなど重要行事・事業には必ず顔を出すほど早稲田とは関係が深かった。

しかも、早稲田大学の経営・研究・教育への貢献は、質的にも極めて高く、濃い。創設者の大隈重信や小野梓、そして高田早苗、坪内逍遥、天野為之らを陰に陽に助け、高田、逍遙、天野らと共に「早稲田四尊」と高く位置付けられるほどになる。

いったん政治家をめざして衆議院議員になるなど、早稲田と距離を置く。しかし、東京専門学校から早稲田大学に転換する時に、政治の世界と訣別し、同大の専任になる。ただちに、初代図書館長、教授、さらに評議員、理事、最後は名誉理事にも就任する。その結果、早稲田大学には、謙吉の八〇有余年の生涯のうち、専任ないしはそれに近い関わりだけでも半分の四〇年以上、非専任の時代を含めると、六〇年近くもの長きにわたって関わったことになる。

早稲田大学では、謙吉は特に初代図書館長として蔵書の蒐集、整理、公開、保存とその総合化に力を入れた。その結果、大学図書館としては日本一を競うほど整備・充実させた。同時に、それは図書館学の学としての基礎を整えるものでもあった。

それに、『平民論』（発行者・浜田清、一八八八年）、『政治原論』（冨山房・森浪書院他、一八八九年）など若き日の著作も忘れられない。それらには、時代を先導する意味・役割も認められる。また、随筆の執筆をも含め、古書籍・名士の書簡・印章の収集など趣味も広かった。それらには、再検証・再評価の必要なもの、また日本の文化・学術の向上に大きく寄与したものも含まれている。

ここで謙吉を新潟の生んだ思想家として取り上げるのは、新聞の主筆・経営者、衆議院議員、早稲田大学の図書館長や理事、印刷会社社長といった高い地位・役職についていたからというのではない。むしろ東京大学に学んだり、国会議員になったりもしながら、官に拠らず、また政治家としても主流には乗らず、在野や市民の側に立つ思想家であったことからである。その点は、本書に取り上げた相馬御風、小川未明、土田杏村、大杉栄、小林富次郎、本間俊平らと同列に並ぶ。

謙吉は、新潟県北蒲原郡水原《すいばら》町（現・阿賀野市）の出身である。市島家の豊浦に落ちつく前の水原時代の誕生であった。後に、報知新聞社通信部の編者は、謙吉のことを「実に越後水原が生んだ天下の名士である」（報知新聞社通信部編『新人国記　名士の少年時代　東北篇』五六九頁、平凡社、一九三〇年）と位置づけている。

もともと、水原は農業地帯で米どころであったが、新幹線時代の到来と共に、置き去りにされた地理的位置にある。かつては、水原とその周辺の新津、安田、豊浦、新発田、中条にかけては、新潟でも大地主・素封家が多かった。しかも、その多くは地主間で縁戚関係にあった。今はその大地主もなく、往年の地主の邸宅が記念館や博物館として残されているだけである。「市島邸」もその一つである。

市島家は、もともと丹波（兵庫県）の出身で、加賀大聖寺を経て、新潟の北蒲原に居を構えた。そこでは、最初は豊浦に近い五十公野《いじみの》（現・新発田市）に落ち着いた。そのうち水原に本拠を移す。明治維新の戦乱でその本拠を消失すると、その地を離れ、いったん避難した後、新発田と水原に挟まれた蒲原郡豊浦村（北蒲原郡中浦村、福島村、豊浦村・町を経て、現・新発田市）に移る。「市島邸」が記念館として残されているのは、その豊浦時代のもので、広さ八千余坪、建坪六百余坪の豪壮さである。その市島邸はかつては豊浦町、現在は新発田市の手で管理されている。その広大な庭園の一角には、早稲田大学から贈られた胸像「春城市島謙吉像」が建立されている。

二〇一〇年三月、謙吉の生誕一五〇年を迎えた記念に、早稲田大学は、謙吉に感謝の気持を込めて胸像を二体制作した。その一つを早稲田大学の総合学術情報センター・中央図書館二階の片隅に設置し、もう一つを豊浦の市島邸に寄贈した。胸像の表情は晩年というよりも、もう少し若い頃のものである。原型制作・櫻庭裕介、鋳造・伊藤邦介、題字・加藤哲夫であった。

なお、戦前、特に一九二〇年代の代表的小作争議として知られる北蒲原郡木崎村（その後豊栄市を経て、現・新潟市北区）は水原の隣村で、そう遠くない。

現在、水原は、瓢湖とそこに飛来する白鳥で知られる。かつては桜と桑畑で知られたように、養蚕・製糸が盛んであった。竜源寺、本妙寺、無為信寺など名刹もある。今では喧騒や混雑とは無縁の静寂なまちになっている。もっとも、近年になって、水原は、まちづくりもあって北蒲原郡・中蒲原郡では、最も活気のあるまちの一つになりつつある。その中で、新発田・豊浦と共に、謙吉と彼に関わる足跡・事跡の調査、研究、保存活動も進みつつある。

1　市島謙吉の誕生と成長

市島謙吉は、一八六〇（安政七）年二月一七日、越後国蒲原郡水原村で生まれた。父・直太郎（次郎吉）、母・シゲ（寿ともいった）の長男で、雄之助と名付けられた。市島家では分家の角市家の六代目にあたった。

一八六〇年というと、すでに黒船も来航し、国内の意見対立も激しく、幕末の様相を呈していた。謙吉の成長と共に、幕府の威信は低下し、混乱・混迷が増幅していく。

謙吉は、幼少時には、病弱で先が思いやられるほどであった。それを心配した父母は、いろいろと悩むが、名前をゲンの良いものに変えることに思い至り、越後の生んだ大武将上杉謙信の一字「謙」と、父も引き継いだ角市家代々の当主が名乗る次郎吉の「吉」をとって、謙吉と改名する。

なお、随筆家としてよく知られる「春城」のペンネームを使うのは、東京大学を中退後、最初の大きな仕事となる『高田新聞』の経営を引き受ける時である。

謙吉の生まれ育った水原町は、広大な越後平野に展開する水田地帯の一角にあった。かつては、天領、米どころ、養蚕・製糸の盛んなところで、名望家・素封家も集まっていた。その中でも、市島家はこの地域どころか、新潟全体でも、一、二を争う大地主であった。

そんなことで、水原は政治の中心になったこともあった。明治維新期の短期間、越後府、そして水原県がこの地に置かれたのがそれである。長岡城攻略など北越戦線で活躍し、後に参議、兵部大輔に就任する前原一誠がその越後府の判事として赴任し、市島家では分家の謙吉の居宅を宿にした。お蔭で、謙吉に為書の書を前原は残してくれていた。

大平洋戦争後、白新線、そして新幹線ができるまでは、山形県庄内地方の酒田や鶴岡、さらに秋田から上京する人たちは、羽越本線で水原、新津を経由した。水原を過ぎ、新津に到着すると、上越線に乗り換えるので、東北からの乗客はいよいよ東京に近づいてきたという実感を抱くことができたという。今は東京に行くには、水原も新津も通らない。新発田から新潟に直行し、さらに新潟からは上越新幹線で長岡方面に向かう。北蒲原郡や中蒲原郡以外の人たちからは、水原はどんどん忘れられつつある。

謙吉にとって、成長してからも忘れられない最初の衝撃的な記憶は、戊辰戦争とその時代の混乱、そして戦闘・戦火であり、さらにはそれに劣らぬ強烈な衝撃となったのは、避難先で深夜の信濃川の決壊と濁流に巻きこまれながら、ボートで逃れた恐怖であった。年端も行かない八歳になる頃の記憶である。

新潟では、長岡から、山形の鶴岡にいたる街道には幕府方の城下町が並び、官軍との間に激戦が展開された。水原にも、会津など奥羽越列藩の兵士が官軍の攻めに備え集まった。しかし、長岡が官軍の手に落ちると、幕府方は敗走。鶴岡に攻め入ろうとする官軍の兵士が経由地として水原にも殺到した。水原は火の海となる。一家は蒲原郡吉田新田（後・西蒲原郡七穂村を経て現・新潟市南区）にあった別邸に逃れた。

ところが、不運は続き、一家で難を避けた別邸も、たまたま発生した信濃川の大洪水で堤防が決壊、居宅にも浸水、深夜の闇の中をボートで逃げる仕儀になった。そのため、謙吉は、幸い戦火に巻き込まれなかった母の実家・北蒲原郡西条村（以前は本条村、後に中条町、ついで胎内市の大字に）の丹呉家に引き取られ、しばらくそこで生活することになった。この丹呉家には、謙吉とは縁戚関係にあり、早稲田大学時代にはよく面倒をみた会津八一が後の太平洋戦争末期に疎開し、世話になっている。

戦火が収まると、謙吉は七、八歳の頃、西条で初めて寺子屋に通った。「寺子屋は上山と云ふ法印の家」（市島謙吉『回顧録』三頁、中央公論社、一九四一年）であった。彼は抜群の成績だったので、師から別個に特別の指導も受けた。勉学に自信を得ると、仲間たちの間でもガキ大将として勇ましく遊び回るようになった。

なお一八七〇年頃、水原の広業館の名簿に、謙吉と弟の豊次郎が入塾した記録があるものの（春城日誌研究会編「市島謙吉（春城）年譜（稿）」『早稲田大学図書館紀要』第五七号、二〇一〇年三月）、謙吉は記憶していなかったようで、その塾のことは前掲『回顧録』には記載がない。そこでは戊申戦争の難を避けて「自分は母方の親族の家に寄寓した。其の頃は七八歳の小児であつた。初めて村の寺子屋に通つたのは此の時である」（市島謙吉前掲『回顧録』三頁）と回想している。

もっとも、後に『春城八十年の覚書』（早稲田大学図書館、一九六〇年）になると、広業館のことを資料等で思い返したようで、「幼少の時、郷塾弘《ママ》業館に漢学を学んだ。先生は星野恒と云ふ」（同上、四頁）と回想している。

一八七〇（明治三）年には、一家も西条に移ってきた。

謙吉は、新潟の英学校に通う前に、儒者の肥田野竹塢の門に入った（同上、六〜七頁）。住まいから二里も離れたところで、その二里の道のりを、近道を使ったりして毎日通った。往復の道には、水路が縦横に走り、一面田畑が拡がっていた。

一八七〇年、平松時厚新潟県知事が学校を開設した。謙吉は新潟学校と呼んでいるが、正式の名称ではなかった。同校は皇学と共に英学も教えた。

一八七二（明治五）年、学制が布かれ、各地に小学校が設立された。多くは寺社か、あるいは地主や資産家などの寄付や協力で設立されたものであった。この年、次の楠本正隆知事が就任すると、先の新潟学校の名を「英学校」と定め、英語教育中心に整備した。この学校に学べるのは、恵まれた家庭の子女だけであったが、謙吉はその英学校に入学した。

彼は、英学校では勉学に励むことによって、成績は一番を競うほどになり、褒状ももらった。その結果、将来の夢を描くようになるが、その夢の一つ、あるいは夢の実現の手段として東京に出て学びたいという希望も湧いてきた。

一八七五（明治八）年、一六歳の時に希望が叶い、東京に出ることになった。母方の祖父・丹呉平兵衛（宗平）が東京見物に上京することになり、謙吉はそれに随行することになったからである。まだ鉄道網もほとんど整備されていない時代であり、徒歩での旅行となった。水原や中条からは、阿賀野川に出て、それに沿い、上流に向かって歩くことになるが、まず東蒲原郡から会津に向かい、さらに日光を経由しての一週間ほどの旅となった（市島春城前掲『回顧録』）。

明治一〇年以前では、鉄道どころか、道路、舟運、宿泊施設なども未整備で、大変難儀な旅になった。それでも、出稼ぎや仕事探しではなく、勉学や見物のために東京を訪ねるということは、当時では特別恵まれた家庭にしかできないことであった。謙吉もそれが分かっていただけに、東京までの困難の多い辛い旅も、近い将来、展開される東京での夢のある学生生活を考えると、受け入れることができた。

2　東京での生活と活動――東京の学生生活

（1）東京大学入学と学生時代の活躍

東京では、当時は若者が勉学のために上京すれば、親戚の世話になって居宅に下宿するようになるのが普通であった。市島謙吉も親戚の家に落ち着くと、まず近くの東京英語学校に入学する。同校で学びつつ、東京の暮し、自分の将来と進むべき高等教育への経路・状況なども自分で確かめ、考えるようになる。

東京に出て三年目に入った一八七七年、ほぼ東京のことが分かりかけた頃であったが、東京英語学校が東京大学予備門に合併されることになったので、いったん英語学校を退学し、飛び級のように一年早く一般の受験者と共に予備門を受験することにした。

東大予備門は東京大学の予備的・準備的教育を行う予科のような機関であった。当時はまだ大学を名乗る学校はなく、日本人教員のみで単独で高等教育を十分に提供できる学校もなかった。私学でも慶應義塾が大学部を設置するのは一八九〇年、東京専門学校が早稲田大学に変わるのは一九〇二年で、重要な講座はハーバード大学などから招いた教授が担当した。もっとも、早慶が正式に大学として認可されるのは、一九一八年に公布された大学令が実施される一九二〇年に入ってからである。

それだけに、大学予備門は小規模の学校ではあったが、開学すると、応募者は多く、大変な競争率となった。謙吉はそれを突破して、合格・入学できたのであった。一七歳の時である。

英語学校に入学してからの「二三年は特に勉強したので、結局、儕輩を抜き、普通よりも一年前に予備門に入った」(市島春城前掲『春城八十年の覚書』五頁)。それだけ、高等教育に進む覚悟・目標と準備を怠っていなかったということである。

大学予備門での勉学は楽しかった。もちろん勉学は厳しく、甘くはなかった。ただ創立したばかりの東京大学入学を目標に決めて勉学に励んでいたので、念願が叶って幸いであった。

一八七八年九月、予備門から東京大学文学部(政治学)に進学する。東京に出てから三年経ち、一八歳になっていた。同期には、後に謙吉を加えて「早稲田四尊」と呼ばれるようになる高田早苗、天野為之、坪内逍遙らがいた。

ただ、明治一〇年代は、まだ日本全体が政治も経済も幼く、制度的・組織的整備さえこれからという時期であった。いろいろの思想や主義主張が乱れ飛び、自由民権運動も拡大する。それを超えて、政治・経済の仕組み・制度を確立しなければならなかった。不安定な激動期といってよかったが、それを乗り切るために、郷里・水原の実家はいろいろと事業に挑戦していた。ところが、宗家には頼れず、米作はまだしも、挑戦した養蚕業がうまくいっていなかった。そのため、謙吉は経済的に実家を頼れないほどの状態になり、しばらくは、できたての大学の給費制度に依存すると共に、新潟県中蒲原郡五泉町(現・五泉市)の、後に妻を迎えることになる和泉家の援助を受ける生活・勉学となった。

この東京大学時代には、謙吉は、日本の最高学府に学んでいるという自覚・誇りのようなものを持っていた。それだけに、新潟の田舎から出てきたのに、周りの同期生たちには負けないほどの意気・意欲ももっていた。日本を舵取りする政治・政党もまだ模索状態にあったが、そんな実態も分かってくると、自分が政治の世界に乗り出さなくてはという気概・夢も湧いてきた。当時の高等教育では、日本人・日本語のみでは全ての教科の教育・学習は困難であったので、英米国人が英語で進める授業もあった。英語の授業では理解は覚束ず、講義とは別に英文の著書・参考書で学習しなくてはならなかった。そのため、当時の高等教育にあっては、語学の習得が必須に近かった

こんなわけで、入学してみて、経済的不満はあるものの、自分が恵まれた境遇にあることを改めて思い知らされた。地方から東京に出ることができ、しかも最高学府の東大に入学できたのである。そのことがうれしく、それを許してくれた両親に感謝したい気持であった。

東大では、学友にも恵まれた。それぞれが優秀で、個性も強かった。この入学した年（一八七八年）、謙吉は、所属する東大の弁論部的な共話会で「下等社会教育論」を演説する。まだ入学したばかりの一年生の時である。その弁論は翌一八七九年、「共話会演説集」に収録された。社会教育という用語は一八七七年に、福沢諭吉が最初に使ったと言われるが、その直後の使用であった。謙吉の最初に活字になった主張がまだ目新しい社会教育のあり方を訴えたものであったことは、注目される。

東大の第一期生たちは、先輩・上級生がいないため、何にでも積極的に取り組んだ。まとまりもよかった。例えば、小野梓を中心に「鷗渡会《おうとかい》」を結成する。高田早苗、天野為之、坪内逍遙、岡山兼吉、山田一郎（愛川）、山田喜之助（奠南）らで、後のことになるが、卒業後は、多くが東京専門学校の講

師に就任する。謙吉もその会員であった。リーダー格は同期の高田で、その高田と逍遥とは、謙吉は特に親しかった。のちに高田は、早稲田大学初代学長、第三代総長に就任するが、謙吉が早稲田大学の専任になる際にも、逍遥と共によく協力してくれた。

これら学友のうち、両山田については、後に謙吉は、二人の学生時代やその後の異色ぶりなどのエピソードを思い出として書き残している（市島春城「二人の亡友を憶ふ」東京日日新聞社学芸部編『友を語る』東京日日・大阪毎日新聞社、一九三八年）。

その二人の山田で興味を引くのは、東大を卒業する頃、一方が病気で卒業論文に手を付けられない苦しい状態になったので、見かねて他方が専門の違う法学部の論文を代筆する。それが合格となり、無事卒業となった。二人共早稲田大学で教えるようになったが、論文を代筆してもらった方は、弁護士、衆議院議員となり、順調に人生を送る。この人こそ、新潟県高田の『高田新聞』時代に、謙吉に「春城」のペンネームを贈った人である。他方の代筆して助けた方は、衆議院議員に立候補しても落選、大した仕事にも就けず、田舎記者などで終わる。そんなエピソードを謙吉は紹介している。

東京専門学校の創立は、謙吉らが東大に学んでから四年後の一八八二年一〇月であった。その頃は、南豊島郡戸塚村にあった校舎・キャンパスの周辺にはまだ田圃や畑が広がっており、田舎そのものであった。その時代の長閑な農村的な景観・光景について、またその後早稲田周辺の変遷については、謙吉も良き地域・良き環境が破壊されるのを惜しみつつ、実際に見たことを書き残している。

（2）家業不振、謙吉の東大中退と政治への接近

謙吉は東大では学生生活を満喫した。大いにリーダーシップも発揮し、活躍もした。ただ、その背後では深刻な事態も進行していた。謙吉の実家・角市家では、市島宗家とは独自に岩船郡の方で養蚕業を経営していた。その経営が思わしくなかったのである。しかも、その養蚕業は容易に業績が回復せず、むしろ危機的状況に直面していた。

郷里・親元を離れた東京で、謙吉は勉学の傍ら、実家に関する心配、また自身の生活の不如意、それが自らの学生生活に跳ね返る現実に心配・不安定な気持を消すことができなかった。何しろ実家からは資金援助が来なくなっていたので、一人で不安を募らせていたのである。

とうとう一八八一年、東京専門学校が創立する前年に、謙吉は東京大学を中退する決意を固める。たまたま大隈重信が立憲改進党を結成する時期で、学問よりも、それに参加する必要を感じたことも退学の理由の一つであった。大学予備門に入学してから四年、東京大学に入学してからは三年の歳月が経過していた。謙吉、二一歳の時で、卒業までもう一息であった。卒業後は、みんなで東京専門学校で教えることも話し合われていた。

そのような不幸・不運の中にあっても、謙吉はもともと教職よりも政治志向が強かったので、学問は途上で中断して、政治に乗り出すのも面白いのではないかと、自分を納得させようとした。まだ修業中の身で、現実には政治の道が厳しいことも十分には分かっていなかった時期でもあった。

大学を中退すると、政治家を目ざし、一八八二年、立憲改進党に参加する。同党は、大隈重信を党

首とし、イギリス風の民主主義・議会政治を目標に掲げていた。そこで大隈や小野梓、それに小野中心の鴎渡会のメンバーの何人かと行動を共にする。それによって、後に早稲田大学の経営・教育研究に参加する絆も維持される。ただ国会の開設はまだメドもたっておらず、政治の世界で活躍し、自立する機会を得るのはまだ大分先のことであった。

謙吉は、大学を辞めるとまず民間会社に入社するが、政治関係の仕事は、小野梓、山田一郎と始めた『内外政党事情』の発行（東京四通社、一八八二年一〇月創刊）が最初であった。小規模の新聞とはいえ、隔日発行なので、苦心惨澹し、一八八三年二月に終刊となる。それでも、三八号まで続いた（市島春城前掲『春城八十年の覚書』五六頁）。

ほどなく高田早苗の紹介で、新潟県高田の『高田新聞』の主筆（社長）となる。今度は本業のつもりで新聞界に身を投じた。一八八三年のことで、自由民権運動の高田事件と重なるような出発となった。ただ、豪雪地帯の高田とはいえ、出身県ということで、親近感・安心感をもっての就職・赴任となった。

この創刊の際に、東大同期の山田喜之助より、上杉謙信の城のあった高田の春日山城からとった「春城」の号を贈られた。以後、この号を愛用する。

『高田新聞』では、新聞人として独立不羈の気持で論陣を張るが、創刊早々から警察の弾圧、介入が続いた。政府は新聞条例等をどんどん改悪し、言論の自由を抑圧した。謙吉も相当気を付けて原稿を書くのだが、何度となく筆禍にあう。相当気を付けて書いても、誹毀罪、官吏侮辱、条例違反等で処分された。いったんは無罪の判決も出たが、結局重禁固八カ月・罰金に処された。それは新聞の自治・自由を守ろうとした証しでもあった。

そんなことで、一八八四年から八五年にかけて謙吉は入獄を強いられた。しかも、獄内では虐めのように厳しい労働も科せられた。言論の自由のない日本および新聞界の実情を身をもって体験することになった。その有罪判決のため、立憲改進党からは形式的に除名となった。もっとも、この事件の弁護にあたった東大同期の弁護士・岡山兼吉の尽力で、大審院では原判決破棄の判決を勝ちとることになる。

とはいえ、この前後も、小野梓、高田ら、東大から早稲田大学へと続く同志・友人たちはよく応援し、支えてくれた。

この頃（一八八四年）、謙吉は、入獄前の数か月、中蒲原郡五泉町で刊行された学術誌『学淵叢誌』に協力する。創刊号は同年四月で、小型判三八頁の小誌であった。小誌とはいえ、地方では考えられない学術誌である。出版社は五泉町八二番地の進修社、「持主兼編輯人」は水野禎三であった。

しかし、誌面をみれば、実質的編集者は謙吉であることがわかる。彼は自ら毎号、しかも分量も最も多く執筆する。しかも、東大や早稲田（東京専門学校）でつながる友人・小野、高田らを寄稿者に引き入れる。小野は東京専門学校の発展に全力を尽くしているさなかで、亡くなる直前の執筆である。謙吉自身はやがて刊行する獄政論などに手を付け始めていたが、その研究・関心の一端を同誌に発表した。

東京を遠く離れて、鉄道など交通面でも決して便利とはいえなかった小さな町で、しかも明治一〇年代に、全国に向けた学術誌が定期的に刊行されたことは驚くべきことである。それを全面的に応援し、可能にしたのが謙吉であった。ただ当時の謙吉は、学術誌を財政支援するほどのゆとりがあったとは思えないので、資金は「持主」の水野らが五泉で用意したものであろう。

一八八五年六月、出獄してすぐの二六歳の時に、その五泉町の和泉新平（佳一）の末娘（八女）ユキと結婚する。和泉家は結婚等で丹呉家とも縁戚関係にあり、謙吉自身、東大時代の学費は、父の事業の不如意・失敗の後は、和泉家から出してもらっていた。しかも彼は妻の父を子どもの頃から敬慕していた（市島謙吉前掲『春城八十年の覚書』四〇頁）。そんなことで、二人の結婚は前から約束されていたようなもので、『高田新聞』の主筆として高田に赴く前には婚約も成立していた。翌一八八六年に、長男機が誕生する。実家のかつての副業であり、五泉の地場産業でもある織物の機・機織《はたおり》から付けたものであろう。

結婚後、収入確保のためもあって、東京専門学校の講師に就任している。『新潟新聞』に就職するまでの一年ほどの間であった。いうまでもなく東大文学部一期生であったことと、大隈重信や高田早苗らとの縁からである。同校は日本で最初に専門学校を名乗った学校であり、やがて早稲田大学に発展することはくりかえし触れているとおりである。

ついで一八八六年、『新潟新聞』の主筆に転ずる。この時も、高田の依頼であったが、高田はそれだけ謙吉を評価し、信頼をしていたのであった。

そのような体験を経て、謙吉は一八八八年に『改進論』『平民論』、一八八九年に『政治原論』を出版する。まだ年齢が二〇代で、憲法の制定も、議会の開設もこれからという段階で先進的な政治論、平民の主権論を訴えたことは高く評価されてよい。

『平民論』では、政治の理想と現実に目を向け、主権が金力のある階級に集中すること、一般に農商工関係者は政治に無関心であること、今後の日本にあっては彼等が保守と革新・改進のうち、改進主義をとるべきことを訴えている。この時点で、平民に光をあてた政治論は注目されてよい。またこの段階で急進主義、さらに社会党にまで言及していることも注意されてよい。なお同書を謙吉の「著」ではなく「立案」とし、奥付でも著者ではなく、「立案者」としているのも面白い。

また『政治原論』では、同書を「東京専門学校参考書」としていること、「著」ではなく、「市島編纂」としていることに注意したい。西欧の文献に依拠したことから、あえて編纂としたものであろう。当時は翻訳と断らずに、実際はほぼ翻訳の著作も珍しくなかった。日本人による最初の経済原論書といわれる森下岩楠の『経済原論』（中近堂、一八八三年）もその例である。謙吉の著書は、政治学について、その基礎、主権論、政体論、憲法・行政・司法との関係、代議制度と選挙、中央政府と地方政治などを総合的に検討したものである。

これらの著書を刊行して間もない一八九〇年に、またも高田早苗の要請・仲介で、今度は東京に戻り、『読売新聞』に入社した。すぐに主筆に就任、編集・経営に関わることになった。高田が衆議院議員に当選、読売を離れざるをえなくなり、その後任として依頼されたものである。

ちょうどその頃、謙吉が学生時代からめざしていた政治において、帝国議会の開設が決まり、大きな転換がはかられようとしていた。

3 政治参加の機会の到来、しかし中道で断念

大日本帝国憲法の発布を受けて、一八九〇（明治二三）年、第一回総選挙の実施が決まった。新聞の仕事に従事しても、政治の世界への夢は消えていなかったので、謙吉はいよいよ待望の政治への参加機会の到来と受けとめた。新聞の仕事に携わりつつ、政治参加の機会を待つこと七年、彼は三一歳になっていた。被選挙権が三〇歳以上であったため、立候補は可能であった。

彼は、郷里水原も組み込まれている新潟県第二区から名乗りをあげた。まだ選挙権は男性のみで、しかも納税額などで差別のあった時代である。選挙制度も中選挙区方式であったが、立候補制など確定していない面も残っていた。選挙に勝つには、資金が必要であったが、彼にはそんな準備はなく、市島宗家に面倒をみてもらった。

しかし新潟二区は、村上中心の北の岩船郡、新発田、中条、水原の北蒲原郡、また新津、五泉のある中蒲原郡、鹿瀬、津川の会津寄りの東蒲原各郡からなっていた。同区ではほぼ同じ地域から遠縁の丹後直平も中条を地盤に名乗りをあげていた。そのため選挙では三位の次点に終わる。それでも人口のそう多くない水原・豊浦とその周辺中心の運動であったので、次点というのは健闘といってよい方

であった。

その直後、新潟の県会議員に欠員が発生し、その補欠選挙にも立候補するが、一票差で落選する。

そのような苦しい闘いの後、初当選するのは、一八九四年九月の第四回総選挙に至ってからである。同年三月の第三回総選挙では、トップの得票を得たのに、納税額による被選挙権の資格が適合していないと判定され、落選となった。それから半年後の第四回総選挙では、前回に続いてトップの得票を得、しかも初当選が正式に認められた。いよいよ帝国議会への参加である。最初の立候補から四年経っていた。

一度当選すると、選挙のコツも分かってきた。同地域からの競争相手も減り、以後第五、第六回総選挙でも続けてトップ当選を果たす。

ところが、調子が上がり、年齢的にも三〇代から四〇代にさしかかり、まさにこれからという時に、健康をそこない、当選三回で政治を断念せざるをえなくなる。新潟でも割合不便な水原や豊浦と東京の間の頻繁な往復も健康にはこたえた。「新潟の出先で喀血して一ヶ月客舎に寝た。其際、医師の宣告に、到底これから政治的活動を廃さなければ駄目と云はれた」(市島春城前掲『春城八十年の覚書』三頁)という。

だから、決断するまでは悩んだことであるが、決断したら、もう動揺はなかった。政治には、健康と資金に恵まれていないと難しいことも分かってきたので、決断後は迷わず転身にむけて動き出した。

というより、衆議院議員になってはみたものの、本拠が水原や豊浦という田舎で、しかも維新期に、近隣の藩は幕府方であったので、新時代・新政府になっても、行政・官への発言権や立場は弱かった。その上、「政府は自己に不利な候補を叩き落すに地方官を使嗾した」とか、「選挙勝敗の決は、金をバラ蒔く多寡にあるのだから、選挙戦は金を蒔く競争である」（市島春城前掲『回顧録』三一頁）という政治・選挙の現実も否定できず、納得できないでいた。

そんな政治や選挙の実態に、自分には政治は合わないと受け止めざるをえない一面もあった。そこで、健康を害したのを機に、政界を退くことにした。もし本当に健康が最大の理由であるのであれば、たしかにいったん治癒したとはいえ、激務が予想された早稲田大学の専任職に就くのも、しばらくは無理と考えざるをえなかったはずである。

その辺のことは、同窓の高田早苗には前から相談していたとみえ、たまたま高田は、東京専門学校の大学への転換をひかえて、一九〇〇年に学監に就任しており、謙吉の受け入れをスムーズに進めることができた。高田は東大の学生時代以来、謙吉の能力、識見、人柄を高くかっており、むしろ政治から身を引きたいという謙吉を早稲田大学には必要な人材として喜んで迎え入れたのであろう。

いずれにしろ、謙吉は青年時代に夢見た政治活動を通して日本の舵取りに参加する夢を中道で諦めざるをえなくなる。彼が政治の世界を去る頃は、東京専門学校では、早稲田大学に転換すべく、高田らが中心になって尽力している最中であった。謙吉にとっても、また優秀な人材の必要な早稲田大学・高田の側にとっても、謙吉の早稲田大学への参加は好都合であったのである。ここに、謙吉は衆議院議員から大学という教育研究の世界に転身することになるのであった。

実は、政治に関わっている間も、高田らとのつながりで、謙吉は東京専門学校からは専任に劣らぬほど信頼を得ていた。そのため、以前から東京専門学校の講師、幹事等に就任する他、重要なことはよく相談を受け、それにともなう用務も引き受けていた。

例えば、早稲田中学の創設には、謙吉は設立草案の作成を担当するなど、重要な役割を果たしている。あるいは日清戦争後、民法の制定に伴う公益法人制度の出発に際しても、東京専門学校は社団法人になることに決まるが（のちに財団法人にかわる）、それ以後中心となる役員に大隈重信、高田、天野為之らと共に主要な六人の一人として就任している。

そのように、東京専門学校との関係を、創設に関わった高田早苗、天野為之、坪内逍遥らを通じて、謙吉が維持し続けていたこと、また彼らが謙吉を早稲田大学に欲しい人材と評価していたことが、政界引退後、早稲田大学の専任になることを可能にしたのであった。かくして一九〇二年、たまたま早稲田大学の出発の年に、謙吉は早稲田大学の専任になった。四二歳の時である。

その早稲田大学で謙吉に最初に用意された業務・役割は、大学の柱の一つになる初代図書館長であった。この時から謙吉は早稲田大学の経営に本格的に参画する。教授としては教壇に立ち、また評議員・理事としては寄付集めなど財務関係の業務でも奔走する。以後、終身早稲田大学に関わり続けることになるのである。

なお、早稲田大学に図書館らしいものができたのは、早稲田大学が発足する直前であった。当然、東京専門学校時代にも、図書館はあったが、まだ「図書の数も閲覧者の数も少く、当時はこれを図書室と称してゐた」（市島謙吉前掲『回顧録』二八二頁）程度のものであった。しかるに、大学発足の直前に、早稲田大学でも大学における図書館の役割・位置付けが留意され、謙吉は「初めて館長を置き、開館と同時に自分は館長に」（同上）就任したのだった。

彼は館長に就任すると、図書館の重要性を理解し、その整備に取り掛かる。その核として、図書の収集には力を入れるが、早速自らの蔵書も寄付した。さらに消滅しかけている和漢書・稀覯書の収集には特に力を入れた。そのあまり「熱中した結果毎年予算を超過した。そして其の超過が巨額に上った事もある」始末であった（同上、二八二〜二八三頁）。

同時に、まだ分類、整理などの管理・運営の理論、公開原則とそのルール、保存技術・方法などは十分でなく、それらを総合的に整え、図書館運営の原則や組織づくりにも力を入れた。その結果が日本有数の図書館への発展であった。早稲田大学、ひいては日本の図書館や図書館学の構築への謙吉の大きな貢献となる活動・成果であった。

4　市島謙吉の終焉

(1) 謙吉の晩年と最期

市島謙吉が早稲田大学の専任になってからも、早稲田大学は着々と拡大、発展する。

すでに設立されていた中学校に続いて、東京専門学校時代の最後の年になる一九〇一年に、早稲田実業中学校が創設される。その上で、創立二〇周年を機に、早稲田大学が誕生した。それと同時に、謙吉の早稲田一筋の時代が始まったのであった。

大学では、専門学校時代の政治経済、法律、理学、文学・英語学に加えて、一九〇四年（明治三七）年に商業科、一九〇八年に理工科が順次開設される。いずれにも、謙吉は関与し、早稲田大学のその後の発展にも参画していく。

それらと並んで、他に負けない早稲田大学らしさを象徴する柱の一つが謙吉の担当した図書館であった。高田早苗らが図書館の重要性をどこまで認識して謙吉に大学発足後の初代館長を委嘱したかは不明であるが、それを受けた謙吉は、図書館を早稲田大学のシンボル・代表格の施設にまで育て上げ、しかも日本の大学図書館では有数の地位にまで引き上げた。それができたのは、謙吉の図書・図書館への認識と情熱、責任感、それを遂行するだけの地位と信頼感を得ていたからであった。彼が予算を無視してでも、必要な図書を購入するのを誰も抑えることができなかったのである。

謙吉は、理事あるいは図書館長として全国各地に講演等にも回った。早稲田大学は学外に向けるエクステンション活動に力をいれていたので、地方を巡回する機会も多かったのである。その際、出身地ということで新潟に寄ることもあった。

一九一三（大正二）年には、謙吉は市島家の本拠豊浦村に近い新発田に大隈重信を講演に招くかたちで、大隈と共に新発田を訪ねる。その折、謙吉は大隈を豊浦の市島宗家に案内する。謙吉としてはそれが一番の目的であったのであろうが、大隈も広大な大邸宅とそこでのもてなしに大いに満足する。

大正が進むと共に、謙吉は高田早苗から、多忙の身でもあり、そろそろ図書館長を他に譲って、理事一本で協力してくれないかと言われるが、図書館長の仕事は、その重責とやりがい故に、すぐには応じなかった。

さすがに大正デモクラシー運動が本格化する一九一七年に、謙吉は図書館長を辞任した。一九二〇年代に入ると、年齢的にも六〇代に入り、世代交代を意識して、早稲田大学の教育・研究・経営の第一線からも身を引きだす。一九二〇年には、大学令の制定・施行によって私立大学も名称のみでなく、正式に大学の扱いを受けるようになる、けじめの年でもあった。

なお一九二三年の関東大震災では、謙吉の家屋は大きな被害をうけた。修復に五年余の歳月を要したほどであった。もっともその間、仮寓でせっせと好きな随筆を書き続け、著書の数を増やしていた。それでも、早稲田大学とのつながりは終生続くことになる。昭和に入ってからは早稲田大学名誉理事として遇される。

もっとも、早稲田大学の印刷部門として一九〇七年に創設された日清印刷会社社長はその後もしばらく続ける。同社は一九二五年には大争議に見舞われるが、その後秀英舎と合併し、大日本印刷株式会社となる。

一九四〇年代に入ると、謙吉は健康に自信をなくして行く。それよりも妻の方が大怪我をしたり、病に臥すことが多くなっていく。かくして妻に先立たれ、戦争末期の一九四四年四月二一日に、謙吉は生涯を終えた。享年八四。国全体としても敗戦・崩壊寸前の難しい時で、政治も経済も混乱、生活も医療も不安定さを増していた。早稲田大学にも、まともに教育・研究ができないほど軍国化の嵐が吹き荒れていた。学業よりも戦争協力が優先され、学生も教室よりも、工場や農村に勤労奉仕のために動員されていた。さらには、学徒動員政策によって、学生たちは繰り上げ卒業までさせられて戦場に駆り出されていく。

そんな混沌とした時代であったが、年齢的には当時にあっては十分長生きであり、天寿を全うしたといってよかった。謙吉の亡骸は、市島家が新潟では最初に定住した地で、のちに謙吉が郷里の足場にと土地を買い求めた五十公野に葬られた。

(2) 頑張り屋で、世話好きの謙吉

謙吉は、外見的には新潟でも一、二を争う大地主の一族として、恵まれた人生を送ったと思われそうである。ところが、見方を変えると、意外に苦労の多い人生・生活を送っていたともいえる。

一方で、大地主という恵まれた環境で、かつ恵まれた才能を持って生まれ、育った。その大地主の分家とはいえ、市島一族の一員であった。子供の頃から、塾・寺子屋でも、さらに学校でも、抜群の成績で、表彰されるなど特別の扱いを受けるほどであった。東大でも第一期生として、秀でた存在であった。大学中退後は、新聞社の主筆や経営者、また衆議院議員、さらに最後は早稲田大学理事、教授、図書館長等を務めた。

他方で、明治維新期のまだ子供の頃に戊辰戦争に巻き込まれて、住居を転々とする苦労を味わった。

東大に入学したものの、実家の家業の経営難から、貧乏暮らしの苦学生を強いられた。あげくは、東大を中退せざるをえなくなった。

就職はしても、新潟の『高田新聞』時代に筆禍で逮捕され、入獄するという経験も味わった。さらに政治家志望であったが、国会が開設されても、当選するまでに三度も落選を経験した。

これらを見るに、謙吉は、育ちがいいのに、苦労も重ねているので、意外に粘り強く、頑張り屋に育っていたことが分かる。東大を中退せざるをえなかったときも、学生としては目だつほど活躍もし、卒業も近いので、悔しかったはずなのに、へこたれないで、頑張り通した。新聞の主筆・経営者時代には、弾圧され、入獄まで経験したが、弱音ははかなかった。また政治を志し、衆議院議員に立候補して落選が続いても、よく辛抱し通し、まきかえして、ついに当選を果たした。その議員生活も健康を害したことによって途中であきらめざるをえなくなるが、この時も、東大時代以来の友人たちに支えられて早稲田大学に奉職することで乗り切るといった具合である。

結局、謙吉は、どれもストレートというわけにはいかなかったが、目標はある程度成就している。やりたいことはやり通している。目的を達成できないまま、途中で投げ出したり、逃げ出したりしていない。政治家がその典型である。また図書館長もやりたいだけやり通した。好きな随筆書きは早稲田大学の現役を退いても、筆を執れる限り執りつづけた。

このように、謙吉は、坊ちゃん育ちなのに、苦労も多く、全て順調というわけにはいかなかったが、それに堪え続けた。その苦労の多かった分、人間も練れ、一方で高田早苗、坪内逍遙らとの東大時代以来の友情を大切にし、むしろ自分の方が助けられ、報いてもらった。それでいて、他方で会津八一、吉田東伍ら能力があり、成果もあげながら、経済的にニーズの高いものには援助・支援を送ることも厭わなかった。世話好き、面倒見のよい人柄に練れていたのである。

なお謙吉の頑張り屋の一面として、学者としてつつましい生活をしながら、土地等資産もきちんと購入、確保していたことがある。東大を中退し、土地等資産ゼロから出発するが、早稲田大学を本務とするようになってからは、古書の収集など趣味もあって貯金はゼロのときもあったといいながら、それらと両立させつつ、土地等資産も計画的に入手していく。後に会津八一に提供する東京・落合の土地・家屋始め、菩提寺のある郷里の五十公野など何箇所かに土地・住宅を購入したのである。大学からの収入が基本でありながら、そんな暮らしができたことに、彼の堅実な生活ぶりがうかがえる。

5　市島謙吉と新潟とのつながり

新潟に生まれ、新潟を故郷とし、新潟を愛し続けた謙吉は、新潟とのつながりを大切にした。新潟県人との付き合い、世話ぶりをみると、そのことがよくうかがえるし、また世話好きな彼の性格・人柄もよくうかがえる。その関わりのうち主要なことを列挙すると、以下の諸点があげられる。

第一に、新潟における新聞の普及・発展に貢献したことである。社会に出てすぐに新聞の世界に進む。その最初は小野梓らとの『内外政党事情』であったが、市民・民衆と結び付いた新聞関係の大きな仕事の最初は、新潟での新聞発行であった。一八八三年、『高田新聞』、ついで一八八六年、『新潟新聞』の主筆となっている。その高田新聞時代に、筆禍で入獄することは前述のとおりである。

その筆禍を超えて、明治一〇年代に、謙吉が高田、ついで新潟で新聞の基礎づくりを行った功績は極めて大きい。この言論・ジャーナリズムの世界で、執筆、編集、経営に携わったことは、彼にとっても、やがて政治、大学の教育・経営、また文筆に生かされることになる。

第二に、新潟の政治、文化、学術面での発展・向上への協力である。謙吉は新潟の政治、文化などをより高いものにすべく、東京の動向などをできるだけ早く伝える努力をした。早稲田大学の教授陣を繰り返し、新潟や新発田に講演などのために、送り込んだり、大隈重信を新発田に連れて行ったりしたのもその一環であった。

また郷里の水原・豊浦に近い中蒲原郡五泉町における学術雑誌の発行活動に、編集・執筆陣として高田早苗らを紹介、応援したのもその例である。前述の通りで、一八八四(明治一七)年に五泉で発行された学術誌『学淵叢誌』への協力である。

城下町でもなく、文化・学術の伝統・風土があったとも思えない、小さな田舎町の五泉で、学術雑誌、それも全国に向けて発信する機関誌が月刊で刊行されたのは、極めて異例なことである。その雑誌に謙吉は協力し、自らも筆を取り、さらに同窓・友人の早稲田の小野梓、高田早苗らも寄稿者として引っ張り出す。そんな協力があって初めて田舎で学術誌が発行、維持されえたのである。

ちなみに、一八八五年に、その五泉の和泉ユキを妻に迎える。謙吉はいろいろのつながりで遠縁にあたる和泉家からは学費の援助を受ける等、学生時代から世話になっていた。そんな和泉家との縁で、謙吉は『学淵叢誌』に協力することになったものであろう。

第三に、郷里に対する政治家としての関わりである。若い頃からの夢であった政治に関しては、当然のように衆議院議員をめざすが、その選挙では新潟の郷里から出馬した。第一回総選挙から挑戦したが、一八九四年の第四回総選挙で初当選、それから三回連続でトップ当選を果たす。ただし、健康上の理由から衆議院議員は八年ほどの務めで自ら身を引くことになる。その間、新潟県でも北東部の第二区中心にではあったが、郷土のために尽力する、

第四に、個人的つながりが強いが、中央で大きく活躍する新潟出身の逸材への協力・援助である。会津八一と吉田東伍は共に稀有の碩学であったが、この二人を経済や生活面でも、早稲田大学との関係でも、支援し続けたことがまず忘れられない。

実は、八一とも東伍とも、謙吉は縁戚関係にあり、八一には自分の別宅を無料で使用させたり、種々の便宜を図っている。東伍にも読売新聞時代から一時同居させたり、記者として使ったり、さらに早稲田大学時代には学外講演活動に同行したりしている。『吉田東伍博士年譜と著作目録』（早稲田大学教務部、一九六四年）にも、「高田、市島二氏に同行して地方講演に出て、越後新発田、中条、新潟、柏崎にて講演」（一九〇八年七月二日）、「市島氏と塩原に遊び、次いで越後に帰省」（一九一六年八月中旬）などという記述が残されている。

特に、謙吉は、東伍が親戚であるばかりでなく、水原あるいは豊浦の隣村・安田村（現・阿賀野市）

の出身なので、身近な存在にうつり、そのスケールの大きさを生かすべくよく協力した。『大日本地名辞書』（冨山房、一八八九～一九〇七）の編纂という遠大な事業をも熱心に支援した。宗家市島家の奨学金制度にはもともと謙吉は制度の設立にも関わっていたが、そこから研究助成金を取得できるように尽力するなど、支援を続けた。早稲田大学に教授として招聘したのも、謙吉であった。後には東伍の追悼記事を、謙吉が書いているのも当然のことであった。

他に郵便事業の先駆者・前島密、古河財閥の発展に役員として関わった昆田文次郎、あるいは相馬御風らとも、謙吉は親交があった。東京専門学校の創設に貢献した小野梓が早世した直後、その遺稿を前島から手渡され、扱いを任されたり、前島の没後は銅像の建立や伝記の編纂に関わったりするほどの関係であった。

昆田も謙吉とは縁戚関係にあった。昆田は新発田出身で、弁護士、政治家、古河鉱業役員などを歴任する。特に足尾銅山の鉱毒事件に対する田中正造らによる反対運動が大きく盛り上がるのが一八九〇年代の後半で、謙吉の衆議院議員時代であった。東京専門学校の学生も、この一八九七（明治三〇）年前後、そして一九〇一～〇二年に、早稲田周辺で古河鉱業閉鎖要求や谷中村廃村反対のデモを繰り返したり、渡良瀬川への現地支援も行ったりしていた。

そんな時、謙吉は衆議院議員として、政府の不誠実を批判する立場にあったが、進歩党が現地調査のために視察員を派遣する際には、その一員となって現地に赴く。他方で、親戚である昆田の苦労の相談相手にもなっていた。

相馬御風は、謙吉の二〇年以上後輩であるが、校歌の制定の時には、謙吉はすでに早稲田の経営陣の一員になっていたので、お互いに知り合っていた。以後謙吉は御風のことをよく気にかけていたし、糸魚川に帰郷後も、御風の活躍には注意を向けていた。御風の良寛研究は特に高く評価していた。

第五に、郷里を貫通する羽越本線建設への協力である。一八九六年、郷里の羽越鉄道建設を目指す運動では発起人になった。衆議院議員として官庁にも働きかけやすい地位にあり、また郷里では要望の強い大きな関心事であったので、当然熱心に協力した。謙吉にとっても、羽越線の通る水原、新発田、中条、村上は全て謙吉の選挙区であり、実現を後押しし、実績をあげたい事業であった。たまたま現職の国会議員として動きやすい地位にいたので、羽越線導入の貢献者の一人ともなったのである。

その他、謙吉は、新潟とのつながりでは、新潟や新潟関連で知り合った人とのつながりを大切にしたことも記憶しておいてよい。例えば、日本女子大学の創設者である成瀬仁蔵との関係である。

成瀬とは新潟で知り合い、共に北越学館の創設にも協力している。内村鑑三が僅か三カ月ほど北越学館に赴任したのは、ちょうど謙吉が新潟にいる頃であった。謙吉と成瀬は新潟での縁で、東京に本拠を移してからも付き合う。特に成瀬が女子大の創設に奔走している頃は、頻繁に付き合い、謙吉は成瀬の相談にものっている。「其の後共に東京に出て、君が女子大学の経営に苦心された時にある。当時自分は神田の神保町に居を構へてゐたが、君は毎日自転車を駆り必ず訪ねて来らるるが例であつて、晴雨に拘らず二三ヶ月に亘つて訪問を続けられたので、其の気根の強さに敬服した」（市島春城前掲『回顧録』一五三頁）。二三ヵ月も毎日会っていたなどということは、よほどの信頼関係である。

謙吉は早稲田で担当していた大学の経営、特に寄付集めなどについて、成瀬の相談にのっているのである。

こんな新潟の北越学館への貢献、成瀬と女子大への一般に知られていない貢献なども。謙吉の新潟とのつながり、あるいは彼の教育への関わりで忘れてはならないことである。

かくして、謙吉は早稲田大学に落ち着くと、以後大学の教育研究、そして大学の経営に専念する。とりわけ図書館の整備・強化、そして寄付金集めなど経営にも渾身の力を入れて打ち込んだ。その間、郷里の新潟にはときどき帰っている。講演や学生集めのためでもあった。新潟が全体として早稲田大学びいきになるのは、相馬御風、小川未明、会津八一ら文人に、早稲田大学出身が多かったこと以外に、市島の活動・貢献も小さくなかった。もっともライバルの慶應義塾でも開学初期には長岡藩出身者が多く、そこから塾長も誕生している。いずれにしろ、新潟抜きに、謙吉の生涯と業績は語れないのである。

6　市島謙吉の業績と評価

市島謙吉の生涯でまず教えられるのは、二〇代の若い時から新聞、政治、大学・学校、出版等の世界において第一線で活躍したことである。彼は相馬御風、小川未明らに似て早熟であった。政治家を辞め、早稲田大学の図書館長に就任するのが四二歳の時であるが、それまでに新聞経営、著書の出版、衆議院議員などをすでに経験済みであったのである。

しかも謙吉の人生は、一点集中の「ただ一筋の道」ではなく、多様多彩な領域や課題に取り組み、多くの足跡・業績を残す生き方であった。早稲田大学にあっても、評議員や理事として経営・財政に、図書館館長として図書業務に、さらに教授として教育・研究、出版に比較的広く貢献している。

それらを、ここで改めて九点に絞って紹介することにしたい。

①明治初期の新聞界への貢献　明治初期に、地方で新聞を継続的・安定的に発行することは極めて難しかった。高等教育を受けた筆の立つ人材の確保・活用ができて、初めて新聞の安定的発行が可能であった。新聞人には、政治、経済、社会、国民生活のように、足下の問題も、また全国レベルの問題も受け止める広く深い能力、さらに官憲の弾圧・介入にも堪えて冷静に筆を執れる度量・能力が必要であった。

中退とはいえ、謙吉は、東京大学文学部第一期生として学識があり、いずれ政界に出る夢・野心もあったので、一国全体の政治や経済や社会の動向にも関心を持っていた。政治に関わる彼の最初の仕事は政治には欠かせない新聞の編集・発行であった。小野梓と山田一郎の三人で発刊した『内外政党事情』がその最初であった。

一八八三年、二三歳になった時、東大の同期生として彼の才能の非凡さを知っていた高田早苗が仲介し、『高田新聞』、一八八六年には『新潟新聞』、さらに飛んで一八九〇年に『読売新聞』の主筆や経営を謙吉に依頼、任せたのである。

しかし、悪いことに一八八四年頃というのは、言論の自由の面では、最も難しい時であった。新聞条例は、自由民権運動、新聞の発展に合わせるように、どんどん上から一方的に改悪されていた。その中で、謙吉も最初の『高田新聞』で厳しい弾圧・筆禍にあう。しかし、それにくじけず、新潟新聞、読売新聞の編集・経営も引きうけた。

その意味で、新聞界の苦難時代に、彼は新聞界、特に地方・新潟地方の新聞界を担う役割を演ずることになった。

②黎明期の政治の世界での活躍

謙吉は、政治への関心・関わりは前述のとおりであるが、早くから日本の舵取りをする政治に夢・野心を抱いていた。そのため政治学、政治制度にも関心があり、憲法の制定や議会の開設に先行して『改進論』『平民論』『政治原論』などの主張・研究を世に問うこともしている。しかし、政治の世界に飛び込んでみて、自分の肌に合うものではなかったことに気づき、健康を害したのを機に、政界を引退する。

謙吉は『新潟新聞』時代前後に、国政と県会議員選挙に挑戦したが、最初に衆議院議員に当選したのは、一八九四年の第四回総選挙の時であった。三四歳の時である。それまで四年間、三度挑戦して落選していたが、根気よく機会を待っていた結果の当選であった。続く第五回（一八九八年）、第六回（一八九八年）ともトップ当選を果たす。地元の経済や農業の発展、また鉄道や道路の建設促進等にも積極的に動いた。

また一八九〇年代の後半から新世紀の初頭には、足尾鉱毒事件、その延長での谷中村事件が世間の耳目を集めた。その関係の委員にも就任、古河鉱業・足尾銅山への鉱毒防御命令を出す役割も演ずる。しかし、年齢的にも、三〇代の後半から四〇代に入る時で、まだ働き盛りであったが、選挙や議会への期待外れもあり、病気を契機に第六回総選挙を最後に政界から身を引く。

③在野で通した思想・理念・活動　東京大学に学びながら、世に出て最初の就職でも、新聞でも、さらに政治を志した時でも、国・官の主流に乗って政治や教育研究を動かそうという姿勢ではなかった。大隈はじめ、小野梓、高田早苗ら人のつながりでも、その点は一貫していた。また国会議員にもなりながら、官や主流に拠らず、また行政と手を結ぶようなこともせずに、在野で通す。その延長で勲章などにも興味をそそられることもなかった。

さらに東京専門学校・早稲田大学に奉職するようになると、在野・民の立場が一層鮮明になる。もともと、新聞や政治の経験で、当局の抑圧が強くても、自由・自治を護る必要と役割を教えられた。その上、早稲田大学の建学の本旨は「学問の独立」「学問の活用」であり、自由と在野精神が看板であった。東京専門学校時代から、立憲改進党など野党的立場を押出してきた大隈重信の政治的立場もあって、藩閥政府からは敵視され、兵糧攻め・資金攻めにあう始末であった（市島春城前掲『回顧録』）。応援してくれる政治家も、島田三郎、尾崎行雄、犬養毅ら清廉潔白で在野的な自由主義の人たちであった。その中で、謙吉も活動したのである。

④早稲田大学への多大な貢献　謙吉は東京専門学校、そして早稲田大学、さらに同大を超えて初期の私学の高等教育全体に貢献した。彼は、早稲田大学には、専任になる以前から常勤に近い協力・貢献をなしている。小野梓や高田早苗とのつながりからである。例えば、東京専門学校時代から、学校にとっては重要な社団法人化では、謙吉は相談に与り、役員にも就任している。また早稲田中学校の創設でも、彼は重要な役割を演じている。やがて完成する早稲田における一貫教育体制への一歩として重要な仕事であった。

これらの拡大する教育・研究の事業を円滑に進めるために、財政・募金の担当理事として暇を見つけては全国に寄付集めに飛び回っている（市島春城前掲『回顧録』一五四頁）。この寄付集めは、特に戦前は企業や経営者の対応が今日とは違っていたので、財政の強化・安定には欠かせない仕事であった。その他、学外活動の一環である各地での講演活動等広い範囲にわたって早稲田大学の運営・活動に関わった。

謙吉は、高田、逍遙、天野為之と共に「早稲田四尊」と言われるが、「四尊」というのは大変な評価である。この四人の先駆者の強い結び付き・友情、そして早稲田大学への愛情が、早稲田大学を大きく支え、発展させた一要因であった。

そのような謙吉の早稲田大学への貢献を讃えて、早稲田大学は、謙吉の没後一五〇年に際して、銅像「春城市島謙吉像」を二体造ったことは、すでに触れている。

⑤図書館学の基礎づくり　繰り返すように、謙吉は早稲田大学の初代図書館長、また日本図書館協会の初代会長を務めた。図書館長を一五年も務めたこと自体異例であるが、その間、図書館狂のように図書館にあけくれ、その役割・地位の向上に努めた。彼は図書館を「古人の墓所」「思想の陳列場」、それに対して古本屋を「古人の思想の陳列場」「古人の墓場」（市島春城『春城筆語』一八七頁、早稲田大学出版部、一九二八年）のように受けとめ、その古書店に遺された貴重なものは一つ残らず手に入れようと、熱心に通い、買い集めた。予算超過は常で、会計担当者を悩ませ続けたが、それを押し通せたのは、謙吉の信念と人柄ゆえであった。その図書に対する我がままな姿勢が、早稲田大学の図書館の充実に役立ち、私大はもちろん、全国の大学でも有数の図書館に押し上げることになった。早稲田大学にとっては、巨大な学問の財産・宝を遺してもらったことになる。その点で、謙吉は早稲田大学図書館のその後のあり方・運命を決めたといってよい。

その彼の努力は、大学関係者に教育研究における図書・図書館の重要性を認識させることにもなったので、彼の大学図書館への貢献は、一早稲田大学を超える大学図書館全体への貢献といってよい。また図書の整理、分類、保存、公開、管理等で科学化・総合化と新しい工夫を積み重ねたこと、その結果図書館のあり方の改善・工夫、役割・地位の向上に尽くしたことは、その後の図書館学の基礎を整備したものといってよい。

なお図書館協会では、謙吉は一九〇七年～一〇年の間、会長を務めた。同協会は一九〇八年に、日本文庫協会から「日本図書館協会」と改称、謙吉は初代会長に就任した。機関誌の刊行、全国図書館大会の開催などで、全国的連携、研鑽、研究を重視、図書館学の構築に全体で動き出したのであった。

⑥出版事業への貢献　謙吉は早稲田大学の出版事業にも寄与した。出版部の創設は一八八六年、匿名組合化は一九〇六年。株式会社化は一九一八年であった。大学に出版会を設置した最初の人は慶應義塾の福沢諭吉であるが、それに次ぐものであった。謙吉は主幹、理事、取締役等を歴任。小野梓が出版事業に失敗したのをみていたので、稀覯書・大著のみでなく、堅実に普及しやすい低廉な本づくりにも心がけた。

「大日本文明協会」には、彼は一九一五年理事長に就任し、海外の研究文献・資料、特に古典的な成果などの紹介・刊行、大学拡張運動、その一環として時局研究、社会教育に力を注いだ。また一九二二年、公益法人化がはかられ、「財団法人文明協会」の認可がおりた。以後も海外文献の刊行を続けた。

また、それに遡って、大隈重信を総裁に「日本国書刊行会」が創設されるが、謙吉はその中心に位置して、重要・優良な図書・文献、特に古典や外国文献の刊行に尽力した。叢書形式を中心に古典・優良書を計画的に出版した。『古今要覧稿』（六巻、一九〇五～〇七年）、『高麗史』（三巻、一九〇八～〇九年）など大冊が多いが、各々の著書には編輯・発行人として謙吉の名前が記されている。

謙吉自身、研究、評論、エッセーなどで筆を執ることが好きであった。著書も若い時から多い。そのように、筆を執ることが好きで、図書を愛したことが、出版事業に熱心であったことと無関係ではないであろう。

もう一つ、先述したが、水原や豊浦からはそう遠くない新潟県中蒲原郡五泉町で刊行された学術誌『学淵叢誌』を応援したことがある。一八八四年というまだ帝国憲法も、帝国議会もない時代で、資本主義経済もまだまだ幼い頃である。そんな時代に、城下町でもなく、高等教育どころか、中等教育機関もない小さな町で、全国向けの学術誌を計画・発行することは大冒険であった。早稲田大学はじめ、中央と、また大学とつながりを持つ謙吉の応援なくしては、出発も継続も無理であった。それだけに、『学淵叢誌』は内容や質には問題はあるが、五泉にとっては歴史に残る大きな挑戦・事業であった。それを短期間であれ、可能にしたのは謙吉の存在と協力があったからであった。

⑦古書籍・書簡・印章などの収集　彼は、「百道楽」のことも書いているように、多くの趣味を持った。特に古書籍、名士の書簡、印章の収集に熱心であった。古書籍の収集は限りがない。掘り出しても掘りだしても、新しいものが出てくるのが古書蒐集である。

謙吉個人としては、収集しては時々売り、また買い集める方法をとった。図書館長就任時には、自らの蔵書を大学に寄付をした。

また目立たない印章などのコレクションは、美術・骨董などと違って、収集家がそう多くないので、貴重な活動・貢献といってよい。江戸時代から昭和に渡る著名人の印章の収集である。その収集は一〇〇〇顆にも達している。

もっとも、富岡美術館が所蔵し、二〇〇四年に早稲田大学に寄贈された時には、七〇〇顆しかなかった。一五〇顆は新潟県立図書館が所蔵しているので、もう一五〇顆ほどは不明のままである（『旧富岡美術館所蔵　市島春城印章コレクション総目録』早稲田大学會津八一記念博物館、二〇〇八年）。早稲田大学は、それらを死蔵しないで、会津八一記念館等で公開する努力を見せている。

⑧名随筆家の評価――「随筆王」の威名　明治以前の生れでは、八〇歳を超えるのは長命である。その間、謙吉が就いた職業・仕事は多様である。しかも、どの仕事でもトップに立つほどの地位にまで登りつめている。その人生体験の豊富さが名随筆を多く遺させたともいえる。

謙吉は「漫興に駆られて時に閒筆を弄し、雑録を作ることが多年私の習癖で、毎年、六七冊の随筆が出来る。無益の事と思ふが、習癖は容易に悛まらぬ」（市島春城前掲『春城筆語』「はしがき」一頁）と記しているように、随筆書きは日々の茶飲みのように、負担に思ったことはなく、むしろ楽しみながらの日常の趣味・娯楽のようなものであった。もっとも「毎年、六、七冊」というのは、著書の数ではなく、書きためた分量のことであろう。

といっても、謙吉が随筆に本格的に取り組むのは遅かった。彼自身「自分が随筆を初めて出したのは大正十年で、『蟹の泡』の小著がそれだ。……爾後は毎年一冊づつ出すのが幾んど例とな」った（市島春城「はしがき」前掲『回顧録』）と記しているとおりである。大正十年といえば、謙吉が還暦を過ぎ、六三歳になった時である。政治家、早稲田大学の専任と、あわただしい時代を終えて、これからのんびりできる、という時の随筆への本格的な取り組みであった。

謙吉は博識であった。随筆はそのような該博な知識を基にまとめられると、広がり、厚み、深みを増す。随筆の中では、頼山陽はじめ、多くの人物を俎上に載せた人物エッセーが特に目立つが、人物論以外にも、知識・趣味が広いので、多様な対象に自由自在に筆を走らせている。それにしても年に一冊というペースはすごいものである。

彼は、若い時から筆を執るのをほとんど苦にしていない。すでに学生時代から、演説を原稿・活字にして発表している。また著書も若い頃から、随分多く出版している。特に人生の後半になると、随筆が目立ち、書きため、まとまると著作として刊行している。「世推して随筆王となす」（坂井新三郎『越佐と名士』四二六頁、同刊行会、一九三六年）とまで評価する人も出て来るほどであった。

図書館の仕事、図書の収集、出版事業に打ち込んだのも、自分自身が筆を執るのを趣味としたこと、また著書の出版を好んだことと無関係ではないであろう。

⑨極めて優れた才能のある研究者への特別の支援・援助　謙吉は特別の才能のある人材を大切にして、彼らが研究や教育に打ち込み、成果をあげ易いように援助するのを惜しまなかった。特別の才能のある人は、しばしば社会や世間のことに疎く、世渡りもうまくなかった。才能を持ちながら、資

金や暮らしの不如意から研究を進められない場合も出てくる。

その際、例えば活動の場・生活の場を用意、提供したり、また研究資金などの条件を整備したりすれば、予想もしない大きな成果をあげる人も出てくる。

そういった学者・研究者を援助することも謙吉は実行している。それによってそれぞれが能力を十分に発揮できるように協力した。その代表が会津八一と吉田東伍である、いずれも新潟の生んだ特異な学者である。

八一は、「比類ない書人」（宮川寅雄）、「書豪」（安藤更生）（宮川寅雄『会津八一』一三四頁、紀伊国屋書店、一九九六年）と言われるような個性的な学者、書家、歌人、美術史家で、美術史、書などの研究に、品格のある短歌に、また古美術の蒐集・研究に、独自性の強い足跡・業績を残した。謙吉は、そのような八一の研究・諸活動を評価し、生活を支援した。

東伍も、謙吉の恩顧をよく受けた。早稲田大学教授の地位も謙吉が世話してくれたものであった。東伍の調査・研究はいつもながら規模・スケールの大きさでは比類がない。コンピュータのない時代に正確で、大がかりな調査・研究の必要な課題によく取り組んだものである。地名辞典はじめ、他にいくつも取り組んだ仕事は、能力でも、責任感・意欲・気力でも、並の人には予想もつかない大きなものが必要であった。そのスケールの大きさは「学問の巨人」といえるほどである。その東伍に、謙吉は本家の市島基金から研究費をとってやるなど、公私にわたって援助・支援した。

早稲田大学内でも、東伍と八一の「二博士が大成するについては、春城の関わることははなはだ深いものがあり、もし翁が早稲田にいなかったならば、二人の学問も芸術も生まれることがなかったといっても決して過言ではない」（前掲『早稲田百人　別冊太陽』四七頁）と、筆者と同様の見方があるのは面白い。

要するに、世話好きで、自分のこと以上に友人・知己に配慮するのであるが、それが学界・研究者の世界に大きく貢献するなど、世話好きのレベルを超えるほどの意味のあるものになっていた。

その他、謙吉が社会教育に早くから関わったことも留意する必要がある。東大時代に、まだ社会教育という用語がそれほど馴染んでいない頃から、社会教育に注意を向けたこと自体驚くべきことであった。その後、大日本文明協会時代にも、理事長として大学のエクステンション活動・社会教育に重点を置いて取り組んでいる。この点もさらに検証する必要があろう。

このように、謙吉は多領域にわたる多くの事業、課題、活動に関わり、自ら貴重な足跡・業績を残しただけでなく、多くの有能な人を支えたり、援助したりする縁の下の力持ちの役割も演じたのである。

おわりに

今日では、春城・市島謙吉の名は、早稲田大学関係者、古書収集家、あるいは随筆家の世界以外にはほぼ忘れられた存在になっている。その早稲田大学が、戦前創設された多くの私立大学の中で群を抜いて高い地位を築く一つになるのに、創設者の大隈重信、校則を起草するなど大隈の最大の支えであった小野梓、小野を助け、創設に関わり「早稲田四尊」と呼ばれる高田早苗、坪内逍遙、天野為之、謙吉の四人、それに謙吉とつながる相馬御風、会津八一、吉田東伍ら新潟県人の名とその業績も失することはできない。

大隈と逍遙を除けば、いずれも目立たず、早稲田大学関係者にさえ、そんなに強烈で顕著な業績のある人たちと受けとめられているわけではない。いずれも足跡・業績は地味で、派手さはない。しかし、早稲田大学にとってはかけがえのない人たちであった。

謙吉が担った大学の図書館長や理事などの役職・仕事も、随筆の執筆、古書・書簡・印章の収集も、また出版も、研究・教育の巨大な流れからみれば、縁の下の力持ちのような役割であった。御風の詩歌、評論、良寛研究も、八一の短歌、書、古美術品の蒐集・研究も、また教育者としての足跡にしても、決して派手で目立つものではない。さらにまた東伍の相次ぐ大著・大作も、彼以外には成し遂げ得えないもので、研究に立ち向かう精神・執念も他の人が容易には超えることはできないものである。ただ、いずれも地味・地道な業績である。

しかし、彼らこそ大学人らしい研究・教育を残した人たちであり、早稲田に相応しく、極めて個性的で、オリジナル性に富んだ成果を残した人たちである。

早稲田大学が教育でも研究でも高い評価を得るにいたるのは、謙吉、彼の面倒をみた御風、八一、東伍のようにオリジナルなもの、誰もが到達できない新しい頂きを求めて、こつこつと根気よく教育研究、あるいは管理運営に打ち込んだもの、それだけに独特の個性をもったものがいたからこそである。派手な賞や勲章を得られる仕事ではないが、研究や教育の仕事に就こうとするものなら、これ以上的確な事例・教訓はないほどの厳しい努力、足跡を彼らに見ることができよう。

その四人の中で、八一と東伍の二人をそのような個性の強い独自の仕事に没頭できるように仕向けたり、支えたりしたのは、謙吉であった。謙吉の援助・協力がなかったら、八一も東伍も、もう少し違った足跡をたどったのではないか。また独特の高い頂きとなっている早稲田大学の研究・教育の風土・実績を見る時に、これらの個性の強い八一と東伍が独特の味わいを付加してくれている面を無視するわけにはいかない。

かつて東伍の思い出に、謙吉は、「多くの学者は皆斗米の為に或は文章を売り、或は身体を売り、汲々乎として唯衣食にのみ」に目を向けている、それに比べて東伍の学術的成果は「意志の鞏固なる点」と「学に忠なる結果」(『吉田東伍博士追懐録』七七頁、高橋源一郎編・発行、一九一九年)に他ならないと、学の自由と独立に沿う真摯な研究姿勢を高く評価している。この衣食・米のためではなく、学や芸術に忠なる姿勢というのは、東伍のみか、御風、八一、そして当の謙吉にも共通する。

謙吉の仕事は、地味ではあるが、図書館や著作など図書に関連するものがやはり目立ち、強く印象づけられる。現在の早稲田大学図書館の蔵書の質・量は、私学一といって差し支えないが、その基礎を創ったのは、間違いなく謙吉であった。

そのような謙吉の図書館狂・蒐集狂に近い姿勢・取り組みがそのままではないにしろ、かなりの部分が早稲田大学では認められた。そのあり方が、長期的には早稲田大学の大きな財産になっていく。その過程で、図書館学の基礎を用意する役割も、彼は担ったのである。

このように、謙吉は、仕事でも業績でも、地味な役割を担った。派手に目立つものではない。私立大学の雄・早稲田大学への貢献、特に図書館・図書館学の整備・構築、財政の強化、随筆中心の執筆・著作、各種の収集などに果たした役割は、早稲田大学を超えて、日本全体の文化・学術への貢献にもなっている。その点で、謙吉は日本全体でも貴重な存在であり、新潟の生んだ思想家としては再認識・再評価してよい人物である。

〈参考文献〉

市島謙吉立案『平民論』濱田清編輯兼発行者、一八八八年。のち『春城八十年の覚書』(早稲田大学図書館、一九六〇年)に収録。
市島謙吉纂著『政治原論』東京専門学校参考書、冨山房・森浪書院他、一八八九年
市島謙吉『蟹の泡　奇談一五〇篇』早稲田大学出版部、一九二一年
市島謙吉『随筆　春城六種』早稲田大学出版部、一九二七年
市島春城(謙吉)『春城筆語』早稲田大学出版部、一九二八年
市島謙吉編著『春城漫談』市島謙吉編刊、一九三一年
市島謙吉『春城代酔録』中央公論社、一九三三年

市島謙吉『余生児戯：春城随筆』冨山房、一九三九年
市島謙吉『回顧録』春城選集、中央公論社、一九四一年
市島謙吉『獄政論・並獄窓旧夢談』有斐閣、一九四六年
早稲田大学図書館編・市島謙吉『春城八十年の覚書』市島春城先生生誕百年記念、早稲田大学図書館、一九六〇年。『平民論』（一八八八年）を収録
『吉田東伍博士追懐録』高橋源一郎編・発行、一九一九年
報知新聞社通信部編『新人国記　名士の少年時代　東北篇』平凡社、一九三〇年
坂井新三郎『越佐と名士』坂井新三郎・越佐と名士刊行会（発行所）、一九三六年
早稲田大学史学会編『吉田東伍博士年譜と著作目録』早稲田大学教務部、一九六四年
『早稲田大学百年史』全五巻・別巻Ⅱ・総索引年表、早稲田大学出版部、一九七八〜九七年
『早稲田百人　別冊太陽29』平凡社、一九七九年一一月
金子宏二「春城・市島謙吉」『早稲田フォーラム』第五七、五八号、一九八九年
『旧富岡美術館所蔵　市島春城印章コレクション総目録』早稲田大学會津八一記念博物館、二〇〇八年
『早稲田大学図書館紀要』第五七号、「生誕一五〇年記念・市島春城特集」、二〇一〇年三月。森治子「市島宗家のこと」、市島真二「角市家の墓守として」、旗野博「春城顕彰と生地」、渡部輝子「『春城日誌研究会』のことども」、金子宏二「『春城日誌』研究会　茫々二十五年」、藤原秀之「春城市島謙吉先生と早稲田大学図書館」、春城日誌研究会「市島謙吉（春城）年譜（稿）」などが収録されている。

『図録　大隈重信の軌跡』早稲田大学大学史資料センター、二〇一五年

土田杏村——優れた在野の自由人思想家

はじめに――自由大学運動の先導者

土田杏村《つちだきょうそん》（一八九一～一九三四）は、時代の主流や権力・官に寄り添うのではなく、自ら信ずる道を選び、納得のいく生き方をした在野の思想家であった。若くして世に出、その当初から独特の個性、知性、味わいを感じさせる人でもあった。社会科学や人文科学から自然科学まで幅広い分野で活躍し、自由に発言・発信した。

杏村は、基本的には哲学と文化を基軸に、一方でその専門的視点・手法を守りつつ、他方でその日常化・大衆化にも努めた。その際、権力・権威にも、また大物・大家にもおもねず、自由に思索し、主に筆を通して主張し、議論を呼びかけ続けた。

具体的にも、自由大学運動の先導、あるいは哲学の日常化・大衆化などの難しい課題でも、時代の先を見、筋のとおった言動で対峙した。いずれの場合も、自由人として、特に市民・民衆の側に立つ自由人として振る舞った。

それだけに、杏村という人は、哲学や文化を基軸にしつつも、専門領域や位置付けも一つではない。分かりにくいほど広いのである。哲学者、文化主義者、教育学者、国文学者、児童文学者、宗教学者、あるいは大雑把に研究者、教育者、評論家、思想家など様々な位置付け・呼称を重ね合わせて、初めて全体像が明らかになってくる人である。

そのせいか、杏村には正当に評価されない部分、あるいは誤って評価される面も、時には出てくる。かつて一部の社会主義者は彼を「反動」と決めつけることがあったが、今も、人名辞典やネット情報では彼を「昭和に入ると国家主義に傾斜」と一方的に決めつけるものがみられる。彼の全体像からみれば、誤った見方・評価である。むしろ彼は反動や国家主義とは距離を置き続けた人であった。

杏村は、国家におもねるよりも、特に時代や社会状況に鋭い観察・批判の目を向け、人間・個の自由・自立、そして物事の真理・真実、社会のより良いあり方を求めて、一貫して改善・向上、また改造・変革に向けて挑戦した。その根底には、社会に現れる人間の現実の生きた姿である一人一人、またその一人一人の尊厳・解放、また自由・自立を大切にする思想が流れている。また、その生きる一人一人が人間全体・社会全体を調和させる普遍的な役割も担うという認識も持っていた。

自由人であることは、時には少数派や個性派として片隅に追いやられることもあるが、孤立や少数派に陥ることを恐れず、自らの信ずる思想と位置から、杏村は、時代に先んじたり、時代に警鐘を鳴らしたりする役割を演ずることが珍しくなかった。

そう長い生涯ではなかったが、早熟で、かつ多作でもあったため、意外に長きにわたって活躍したかのような印象も与える。ただ長期にわたって活躍したからというよりも、その主張や足跡の真摯さ・新しさには改めて教えられること、注意を喚起させられることが少なくない。

杏村といえば、まず一九二一年に始まる自由大学・市民大学運動が想起される。実際に、自由大学運動に先駆的に関わった彼の役割は大きい。同運動は、地方居住者が生活や労働の場にとどまったまま、高等教育に触れられるようなあり方への、また既存の大学にも革新を求めるあり方への挑戦でもあった。しかも上から与えられるものでも、権威を振りかざすものでもなく、受講者（学生）も含め、みんなで知恵とお金を出し合い、手作りで創り上げる大学であった。

同時に、自由大学運動は、学びや研究というものを古い大学の枠や殻、また既成のアカデミズムの理念や方法から解き放ち、高等教育・大学の日常化・大衆化をすすめ、あわせて市民・受講者も主体的に参加する新しい大学のあり方を模索・先導する歴史的意味・役割も担っていた。それは、彼が自分の専門であった哲学・文化の日常化・大衆化を心がけた姿勢に通じるものであった。

杏村は、在野・反アカデミズムに立脚していたので、大学や有名人のような権威にとらわれず、相手が誰であれ、批判や論争を展開することも珍しくなかった。特に時代の潮流にのって、主流に位置したり、名声を博したりするものに論戦をいどむことも少なくなかった。その中に意外な人物も含まれていた。論争からより新しいもの、より高いものを見いだし、レベルアップするあり方を大切にしていたからである。

例えば、その論争相手の意外な人物の一人に、同じ新潟出身の大杉栄がいる。彼には、杏村は強い関心を持っていた。大杉は、権威・権力にひるまず、自由な立場から発言・行動する思想家・革命家であり、それだけに当局からは最も忌み嫌われた人物であった。杏村は、そのような弾圧の対象になる思想家・運動家とも交流・議論することをいとわなかった。というより、大杉に対しては、彼は、一方で明快に批判を加えつつも、他方で形式や権威にとらわれない同じ自由人として、思想的にも人問的にも親近感も抱いていた。

佐渡の生んだ思想家には、杏村の兄の麦僊《ばくせん》、北一輝などにみられるように、既成の型・枠にとらわれない自由人的側面がしばしばうかがえるが、杏村もそうであった。彼は、組織・官公・権威に拠らない在野の思想家・孤独な思索者として、守ってくれるものもない無防備の路傍や路地裏にあって、また決して健康とはいえない状態で、社会を俯瞰し、批判し、それを発信した。科学や真理を大切にし、差別や不公平のはびこる社会に対して立ち向かい、闘い続けた。恩師の西田幾多郎が杏村を「街頭の思索者」と呼んだとおりである。

実際に、自由大学・市民大学運動でも、また多様な社会問題に対応する発言・活動でも、杏村は、一人の市井人として挑戦者的立場からより真実に近いもの、よりオリジナルなもの、あるいはより高いものを追求する姿勢を崩さなかった。

自由大学づくりでも、同様の姿勢が貫かれていた。「大学とは何か」を問いつつ、既成の大学には大学の本質・本来の姿からみて、欠けるものがあるのではないか、それを少しでも克服できる大学を創れないか、あるいはせめて地方にいて大学に通えないものに、僅かの時間であれ、大学に触れる機会を提供することはできないか、という真摯な問いかけが杏村にはあった。そのような姿勢・取り組みをしたからこそ、後に彼は自由大学運動の先駆者・実践者、あるいは大学・高等教育の日常化・大衆化の先導者と評価されるようになるのであった。

その点で、杏村という人は、新潟という拡がりを越えて、日本全体でみても、優れた思想家であった。権力や主流とは距離を置きながら、同時に一部のもののみが関わる大学や哲学に関しては、自らはそれに関わり、その専門性を高め、深化に努めながらも、同時にその日常化・大衆化を考え、その結果一人で孤立することになろうと、恐れず挑戦し続けた人であった。

1　土田杏村の誕生、成長、そして自立・結婚

(1) 誕生、高等師範への入学、哲学の論争へ

土田杏村は、一八九一年一月一五日、新潟県佐渡郡新穂村《にいぼ》(現・佐渡市)に生まれた。新穂は両津市に隣接しているが、山林の多い農村地帯である。かつては柿と銀山がよく知られていた。父は千代吉、母はクラ。本名は茂《つとむ》といった。日本画家の麦僊《ばくせん》(本名・金二)は四歳年上の兄である。兄も、親戚付き合いさえ面倒くさがる自由人で、自由奔放の一面をもっていた。何に挑戦するにも、兄弟共に既成の枠にとらわれず、自我の発揚・確立を基本に据えていた。

ちなみに、杏村が生まれた年に、八歳年長の北一輝は眼病の治療のため、休学して母の実家のあった新穂に滞在していた。そのため、二人が同じ時期に同じ土地で生活をしたことがあったのである。

杏村は、佐渡の地元・新穂で小学校に学ぶが、その頃から、成績は優秀で、頭脳明晰と注目された。自立心・反骨心からストライキの首謀者になったこともある。

高等教育段階になると、佐渡島を出て新潟市にある新潟師範学校に進む。そこでも教授陣を驚かす

ほど、すぐに頭角を現わした。新潟時代に、社会主義文献や同郷の北一輝の『国体論及び純正社会主義』も読んだ。

一九一一年が終わろうとする頃、二一歳で新潟師範を卒業する。その頃は、拡大し始めていた社会主義の発展を恐れた政府によって多数の社会主義者が検挙、弾圧、さらには死刑にまで処される大逆事件が惹起された直後であった。そんな時代閉塞の状況の中で、彼は郷里の新潟を離れ、上京する。

その年、杏村は東京高等師範学校予科に入学する。在学中に丘浅次郎に生物学・博物学を学ぶが、哲学、思想、芸術にも興味を持った。早くもこの頃、哲人主義や徹底個人主義で知られた哲学者田中王堂に論争を挑んでいる。王堂からは、杏村の主張する哲学も文化主義も、カントや新カント派の理論を超えるものではないと、批判された。

それでも、王堂は「今日、口に、筆に、文化主義。若しくは、文化生活を鼓吹し、宣伝して居る者、実に多士済々たるの概がある。然し、なかんづく、学力豊潤なることに於て、見解の博宏なることに於て、そして意気の旺盛なることに於て」、杏村こそ、その「最初の一人」(田中王堂『救は反省より』実業之日本社、一九二三年)と評価している。

それを縁に二人は交流することになるが、その王堂の紹介で、杏村は本科在学中の一九一四年一一月に、最初の著作『文明思潮と新哲学』(廣文堂)を刊行した。時にまだ二三歳の若さであった。

次いで、一九一五年、東京高師博物科を卒業すると、京都帝国大学文科大学哲学科に進学する。なおも学生として勉学・研究を続ける道を選ぶのである。

そんな大正デモクラシー前夜の一九一五年の暮れに、杏村は『文壇への公開状』（岡村書店）という著書を刊行する。その書名といい、「文芸家に与へて芸術と評論の意義を闡明す」といった章のタイトルといい、学生とは思えない大上段に振りかぶった自信のようなものがうかがえる。ただ、全編「文壇への公開」で占められるわけでも、全編が統一の取れた構成になっているわけでもない。民衆芸術運動が起こる直前に、文学や文壇の動向に哲学的・芸術的考察を加えたものである。

そこでは、新しい芸術の生成、芸術に対する新しい解釈・対応に大いに関心が寄せられている。また絵画や文章の芸術化・芸術的意味についても掘り下げる努力がみられる。ただし、ほどなく勃興する民衆芸術・平民美術、あるいは民衆文学・労働文学的認識や課題はまだ目に入っていない。「芸術のための芸術か」それとも「人生のための芸術か」といった議論はするが、労働者・民衆が主役になる芸術にまでは関心が向けられていない。

ただ、この段階で、個の自由・自立・自治を訴え、それを抑制、抑圧、弾圧する中央集権論や権力の集中論を否定する大杉栄の徹底した人間・個の自由を訴える主張に、杏村が関心を向け、それに批判を加えていることが注目される（土田杏村前掲『文壇への公開状』）。

人間の尊重、個の自由・自立を強調する主張には、相馬御風、小川未明らのように、若者は引きつけられる例が多かったのに、杏村は、個の自由・自立、そしてその上に成り立つ自由連合論について、理念は良いとしても、理想的過ぎると批判する。個の自由・自治を徹底すると、意見が完全に一致しないことが起こるはずで、その場合はどうするのか。各自の自由を認めていたら、何も決まらないこともありうるのではないか、という疑問を提起しているのである。

杏村は、やがてマルクス主義批判を強めて行く。その時には、独裁や権力の集中を認めるわけではないが、この大正初期という早い段階で、アナキズム的な人間論・組織論、つまり人間の尊重・解放を大切にし、個の自由・自立・自治を徹底的に重視する大杉の主張を理想主義的すぎると批判したのは、当時としては珍しい。大杉らの人間尊重・個の自由・自立と、その上に成り立つ自由連合論が本格的に注目を浴び、批判の対象となるのは、アナ・ボル論争が表面化する一九二一年以降のことだからである。

いずれにしろ、大正初期の大杉たちでさえ、これから労働者の役割を重視していこうという時で、自由連合か権力の中央への集中・独裁か、といった議論は、まだ本格化していない段階なのに、杏村が一人一人の自由や自立を徹底して主張する自由連合論に疑問を投げたのは、その是非はともかく、留意されてよい。

(2) 京都帝大への進学と結婚

杏村は、京都帝大に進むと、西田幾多郎に師事する。そこでも、彼はこれまで通り教授陣から高い評価を受ける。

入学後まもなく、杏村は波多野千代子と知り合い、付き合いだした。彼はすぐに千代子を好きになり、彼女との結婚を夢みて研究、執筆に励んだ。彼は研究のこと、将来のこと、また愛情、その喜びと苦しみを、千代子に会うたびに、また書簡にも率直に告白し続ける。

結婚直前の一九一六年五月から一九一七年一一月の一年半の間だけでも、杏村は一三五通の書簡を千代子に送っているので、千代子からもほぼ同数の書簡が送られたのではないか。幸い、杏村から千代子に送られたものは妻になった千代子の下に大切に保管されていた。それらは、杏村の死後、『妻に与へた土田杏村の手紙』（第一書房、一九四一年）として公刊された。杏村の差出人署名は、最初は土田杏村。すぐに「杏」にかわり、親しみが増すと共に、本名の「つとむ」と平仮名にかわる。

これらの書簡には、二〇代半ばの杏村の一途な思い・夢がよくうかがえる。彼の誠実さ・まじめさ、妻になる人への思いが伝わってくる。千代子への気持・愛情がそうさせたものであろう。

最後の方の書簡では、冒頭から「帰って来た許りで袴もぬがないでいきなりテーブルによつて手紙をかく」（書簡一三二）と書きだしているように、千代子に手紙を書くのを最優先した生活ぶりがうかがえる。学習・研究に多忙であったはずであるが、学習・研究に割く時間以外は千代子を思い、書簡をしたためるのを最優先していた。その直前の書簡では「さびしくてかなはない。二三日中に一度何とかして来られないか」（書簡一三一）と彼女に気持ちをありのまま伝えている。

かくして、お互いに納得し合って、在学中の一九一七年、二人は結婚した。杏村は、翌一九一八年、二七歳で京大を卒業するが、さらに大学院に進む。そのため、しきたりや形式にうるさいアカデミズム・帝国大学に身を置き続けることになるが、彼の心・思想はどんどん官・帝国大学的アカデミズムからは距離を置くものになっていく。

ともあれ、結婚を含め、いろいろのことがあった大学在学中から、彼は早くも研究者の仲間入りを果たした感があった。先の千代子宛書簡をしたためた頃は二五、六歳で、普通なら研究者としては、論文や著作はこれからという段階である。しかし、彼は学生や院生の身でありながら、すでに著書もあり、研究者と同等の仕事に打ち込んでいた。研究・創作・執筆の苦しみ、あわせて喜び・楽しみもすでに受けとめている状態であった。肩書き・地位・所属に関係なく、孤独といってもいいほどただ一人で、しかも若くして学界に挑戦すること自体、反アカデミズムの実践といってよかった。自立心が強く、極めて早熟であったといってよい。支えは千代子との結婚と生きがいであった。彼は千代子宛の書簡で次のように言っている。

「私の全精力はこの中にすつかり費しつくされてゐます。杏村が三年沈黙の結晶ですからいいものにしたいと思つてゐます。私達の愉快といふのは本当にこの創作をしてゐる時です。創作をしてゐる時だけが生き甲斐を感じます。」（書簡二六）。

2　大正デモクラシーのうねり

(1)　大正デモクラシー下の杏村の活動

土田杏村が結婚し、大学院に進む一九一七年、一八年頃というのは、第一次世界大戦のさなかに、大正デモクラシー運動が始まって間もない頃であった。大戦の拡大と共に、日本にも西欧からデモクラシー思想・運動が大きなうねりになって流入してきた。それを受けて、吉野作造らを先頭に大正デモクラシー運動が勢いを増していた。普通選挙の要求にあわせて、次第に政治のみか、マスコミ、文化、芸術、教育、社会事業等あらゆる領域で民衆本位が訴えられていく。

大正デモクラシーの進展、その間にロシア革命、ついで米騒動が勃発するので、多感な杏村は、社会や政治の動きに強く心を動かされた。彼の研究者・評論家としての本格的な活動は、大正デモクラシーの展開と共にあったといってよい。この流れの中で、哲学や文化と共に、日本の改造も課題として受け止めていく。

大正デモクラシー運動の始まった一九一六年頃から、東京中心に美術や文学をめぐる民衆芸術運動が展開されていた。美術では望月桂が平民美術を創唱し、文芸では本間久雄、大杉栄、加藤一夫らが労働文学・民衆芸術を訴えていた。

その頃、杏村は哲学・芸術に関する自らの研究と千代子との愛情の成就に心を奪われていた。東京にいたのなら、哲学や芸術の領域・課題でも、民衆芸術の台頭・動向により明快に反応したはずであるが、民衆芸術論としてはそれほど強く対応していない。

しかし、自己生活の芸術化などの発想・考えは、「生活即芸術」「万人芸術家」を主張する望月の平民美術論に近い。また自らのフィールドである文化の発展・民衆化には関心を示し、文化の発展・啓蒙に尽力した。しかも、文化を土台に、哲学、教育、農業をも民衆本位に受け止めなおし、対応していく。

そのように、杏村は民衆芸術論としては大杉、本間久雄、加藤一夫らに直接反応はしていないが、民衆芸術論的に民衆本位に発想・思考を展開する土台は持っていた。

一九一九年、大学時代から取り組んでいた哲学論をまとめ、『象徴の哲学』（佐藤出版部）を刊行する。学生時代から「象徴」の哲学に関心を示し、一貫した課題であり続けていた。「僕の定義に随へば、象徴とは、違つた材料を使つて同一の理想を表現することである」（土田杏村前掲『文壇への公開状』一四九頁）などと位置付けていた。

その後も、人間・個、そして自由・デモクラシー・芸術を尊重する近代の生活が象徴の哲学・象徴の生活として受け止められる。同年、文化の研究と普及・市民化をめざし、日本文化学院を創設、翌一九二〇年一月に、機関誌『文化』を創刊する。同誌は杏村単独の執筆で、個人誌といってよかった。同誌を通じて文化の高度化、あわせて市民化を目ざして文化主義を展開した。一九二五年まで継続する。

誌面には革命を成就した労農ロシアの飢饉救済運動の広告も載せたように、社会思想・変革にも関心を抱いていたことがうかがえる。

この文化学院を創設する頃から、執筆活動もさらに活発化する。古くからある日本人文協会にも関係し、機関誌『文化運動』にも論稿を寄せた。「紫野の中より」を連載したり、文化の意味・意義を検証したりもしている。注目されるのは、「普通従業員の低質と生活不安」（『文化運動』一九一九年新年号）にみられるように、労働問題にも関心を示し始めたことである。

それに、教育でも児童本位が訴えられる時代環境のもと、杏村も児童に対する関心を強めている。大正の初め頃、山村暮鳥と交遊があり、彼の詩集『風は草木にささやいた』（白日社、一九一八年）に跋を寄せたり、彼の童話『鉄の靴』の完成を支援する「鉄の靴の会」にも参加したりしている。後に、児童文学、特に童話にまで関心・執筆を拡大するようになる土台づくりの動きといってよい。

このように象徴、そして文化から出発し、自らも自立した生活に入ると共に、政治、経済、社会、教育の現実に一層注意をひかれるようになっていく。そして、文化や哲学のみでなく、教育、思想、宗教、文学、芸術、機械文明、労働者、農業などあらゆるものに関心を拡げていく。

（2）信州・上田に始まる自由大学運動

一九二一（大正一〇）年、杏村は自由大学の設立とその実践・運動に乗り出す。杏村本人は既存の高等教育の中に長く浸かってきたが、当時はまだまだ高等教育への進学率は極端に低かった。多くの若者にとっては、大学は手の届かない存在で、せめて中学校に進学することが夢であった。たしかに、大正期には中学熱が広がったが、実はそれさえ手の届かぬものが多く、何とか通信教育や社会教育で欲求を充足させざるをえなかった時代である。

そんな時に、地方にあって生活や労働に従事しながら、せめて本物の大学の一部にでも触れられるようにと、自分たちの集めた資金や企画で、大学教授やそれと同等レベルの学者を招いて、学びの場・

機会を設定する運動が信州で盛り上がった。向学心旺盛な地方の青年インテリゲンチャなどが参画・挑戦したもので、杏村は率先してその運動に協力・参加した。それが自由大学運動であった。

自由大学運動は、単に既存の大学を真似て大学もどきのものをつくり、地方の人たちに大学の雰囲気の一端でも味わってもらおうというレベルで終るものではない。特に杏村には、市民のための自由大学をつくる以上、国家の認可も受けない代わりに、国家の規制・抑制も受けないものを創ろう、少なくとも既成の大学に無いものを付加した新しい大学を創ろうという意識・夢があった。

それにあわせ、企画・挑戦する地方・地域の人たちの要望・ニーズに添う講座・講師、大学に籍はないが、大学教授に負けない優れた学者を含む講師を集めた。その講師たちも、既成の大学とは違って、壇上者・講師と受講者の間に上下関係や一方通行的関係ではなく、相互交流をしながら対等の関係を築く姿勢を持って講義にのぞんだ。

実際に、信州の自由大学では、杏村、高倉テル等大学人以外の者も講師になったし、啓明会の夏期自由大学では、下中弥三郎、秋田雨雀、室伏高信等やはり大学人以外の作家・評論家が講師になっている。それがまた売り物にもなったし、講師陣も単に講師料に応じた講演で終わるのではなく、自由大学の内に入り込んで、受講生と同じレベルに立って議論し、協力した。

最初に実現したのは、長野県上田市の信濃自由大学（後の上田自由大学）であった。その「信濃自由大学趣意書」を起草したのは杏村であった。自由大学運動の発信地・上田は、農民美術運動で知られる山本鼎が児童自由画運動を開始した町でもある。山本は、出身地は愛知県であるが、東京美術学校を卒業、さらにヨーロッパ留学から帰国した後に、信州・小県郡神川村（現・上田市）の神川小学校に就職した。そこを拠点に始めたのが、児童自由画運動、そして農民美術運動であった。彼は長くその種の美術運動を実践するが、上田の小学校で初めて動き出したのは、一九一九年であった。同じ町で自由大学運動が展開される直前であった。

ちなみに、平民美術・民衆美術を創唱した望月桂は、信州でも犀川の流れる明科出身である。山本に先行して一九一六年に東京中心にではあるが、平民美術運動を開始していた。明科は遡って一九一〇年に惹起される大逆事件の震源地となった町でもある。

その山本の活動や足跡を讃え、上田には山本鼎記念館が設置されていた。しかし、単独では存続・維持が難しく、現在は上田市立美術館に移管され、林倭衛らの作品と共に公開されている。

上田における自由大学の第一回は、一九二一年一一月に開催された。参加者には農業関係者が多く、農閑期に開催せざるをえないので、寒い時節での開校となった。一回限りではなく、三、四回から一週間ほど集中して、しかも講師と受講者が意見交換しつつ学び合う手づくりの大学であった。著名な講師もお金よりも地方の向学心のある人たちとの交流やさらなる学びの喚起・すすめを楽しみに参加した。

杏村は、その理念や企画に共鳴し、講師料などをあてにせずに手弁当で参加した。それが今日まで全国で展開される自由大学や市民大学の、また大学の大衆化の、さらには生涯教育の先駆けとなるものであった。

その後、自由大学は、上田では一〇年ほど継続されるが、その間上田のみでなく、長野の他地域、隣の新潟県（北魚沼郡堀之内村〔現・魚沼市〕の魚沼自由大学、南魚沼郡伊米ヶ崎村〔現・魚沼市〕の八海自由大学）等にも、自由大学運動は拡大する。杏村は高倉テルらと共に可能な限りその運動を支援した。上田以外の各地の自由大学にも、また啓明会の夏期自由大学にも協力した。

それらの活動の後、杏村は教育・教育学のテーマ中心に『自由教育論』（上下、内外出版会社、一九二三年）、『教育の革命時代』（中文館、一九二四年）をまとめ、世に送り出す。そこでは多様な教育の課題に触れつつ、自身が自由教育論者であることを鮮明にしている。

また一九二五年には、上田自由大学協会から『自由大学雑誌』（編集人・猪坂直一）が創刊されるが、杏村は創刊号に「自由大学へ」を、二号、三号には「日本民族は何処から来たか」を寄稿している。

その後、杏村は下中弥三郎らの啓明会にも関係するが、同会は夏期自由大学、各種講習・研究会などを幅広く展開した。加えて、早慶など私立大学も、夏期休暇中などに地方で市民講座・講習を定例化する動きをみせた。いずれも、杏村の関わった自由大学運動の延長上にある動きであった。それに対して、既成の大学の行う講座類は、杏村らのように既存の大学を超える理念や理想に立つものとはならなかった。

現在、杏村も、かつての自由大学も、上田では扱いや評価が高いとはいえない。しかし、そのかつての意気・息吹を絶やさず、引き継ごうとする動きは上田・自由塾などいくつかみられる。その一つに、「小宮山量平の編集室」がある。上田駅のすぐ近くに設置されている小宮山量平の記念館、

「Editor's Museum（「小宮山量平の編集室」）」がそれである。小宮山は理論社の創業者で、出版人、児童書の先駆者、随筆家としてよく知られるが、上田の出身である。戦後すぐ、彼は、山越修蔵、猪坂直一らかつての自由大学の創設関係者たちと自由大学（運動）の復活をめざして、平野義太郎らを講師に招き、講演会を開催する。しかし、それを上田の誇りであるかつての自由大学運動の復活・再生にまですすめることはできなかった。

この編集室には、小宮山の旧蔵書、理論社の出版物、坪田譲治、岡田嘉子、滝沢修、宇野重吉らからの小宮山宛の書簡などが展示されている。自由大学関係では今では大変貴重な『自由大学雑誌』（残念ながら創刊号はない）もさりげなく展示されている。書簡をはじめ、貴重な資料でも、誰もが自由に手にすることができる展示方式をとっている。編集室がいかにも並の美術館・資料館を超えて、思想や運動として活動していることがうかがえる。この編集室は小宮山の長男の小宮平俊平・長女の荒井きぬ枝（代表）両氏らが守っているものである。

（3）大正末から昭和期にかけての杏村の関心——環境、社会奉仕、童話文学

このように、第一次世界大戦、関東大震災、さらに慢性的不況が続く大正から昭和にかけての時代に、杏村は多様な活動、発言を行った。しかも、この間、執筆活動でも考えられないほど大量の論文、評論、エッセー、著書を世に問うている。文筆に関しては、まさに超人的な尽力・働きである。

この時代の杏村の仕事には、以上の文筆活動、先駆的な自由大学運動の他にも注目してよいものが

いくつかある（土田杏村前掲『自由教育論』上下）。その一つは、教育における環境の役割に留意したことである。もう一つは、社会奉仕について検討し、理論的位置付けを行なったことである。さらにもう一つは、童話文学への関心の高まりである。ただ、童話との関わりについては、これは晩年に近い時期にみられた活動なので、後の第4節「4　大正デモクラシーの挫折と昭和の時代」で取り上げることにする。

第一の教育と環境であるが、杏村がこの問題に早くから興味を示していたことは看過されてはならない。この点では、小川未明も大正期から環境的なものに関心を向けていることが思いだされるであろう。

教育と環境・境遇については明治期から注目されてはいるが、いずれも貧窮家庭など劣悪な境遇・環境が児童の成育・教育・人間性に及ぼす影響が主たる関心事であった。それを学問・学会レベルに引き上げようとする努力がみられるのは、昭和に入ってからである。その役割を担ったのは、細谷俊夫たちであった。彼は環境教育学、あるいは児童環境学の構築をめざして、『教育環境学』（目黒書店、一九三二年）、『児童環境学』（刀江書院、一九三五年）などを世に問うた（細谷俊夫については、小松隆二「子ども環境学の先導者・細谷俊夫――子ども学の先駆者たち③――」『地域と子ども学』第三号、白梅学園、二〇一〇年」を参照のこと）。

ところが、杏村は、それ以前の大正デモクラシー下の教育を考えるにも、環境、特に自然および社会環境、それに教師の人格・人間的影響としての環境を検討している（土田杏村前掲『自由教育論　―

哲学的基礎に立てる教育学—』上巻)。そこにも新しいこと、未解明のこと、オリジナルなことに目を向け、前進・レベルアップしようとする杏村の姿勢がうかがえる。

第二の社会奉仕は、サービスやボランティアの理解・主張に関わることである。彼は、一九二三年に刊行した前掲『自由教育論』上巻の「附録参考論文」として「奉仕といふことの意義」を載せている。大正デモクラシーの風潮に乗って社会事業、ボランティア熱が学生の間にも広まった。特に社会問題の影響もあって、社会奉仕会や奉仕デーを設けた女学校が出るなど、「文化」と並んで「奉仕」が大流行の時代状況であった。

しかるに、奉仕・サービス・ボランティアといったことが、一部であれ流行といえるほどにまでなっているのに、まだ多様に解釈され、一部にはまったく無関心な層も存在していた。その認識・理解状況を慮って、彼なりの理解・解釈を示したものである。

例えば、当時流行していた社会奉仕について、一部には義務感をもってそれを受けとめたり、実践したりするあり方がみられたが、それを批判している。現在では当たり前のことであるが、奉仕は義務で行われるものではないこと、自由な意思・活動に支えられるものであることを説く。労働運動家や進歩的な学生によるセツルメント運動などにも、恵まれたインテリゲンチャ・学生が救貧活動に対する義務感に近い姿勢で取り組む例もみられたが、社会奉仕は、理想を見据えはするが、一人一人の社会規範に基づいて自由な意思からなされてこそ意味があるというのである。

また社会奉仕は、労使協調などと同じように、妥協的・対立調和的役割をも担わされていることも指摘する。階級闘争の回避策の一面を言うのである。

それに対し、奉仕は本来神への奉仕であり、社会奉仕などと言わなくても、奉仕自体に自分一個を超える「社会性」が含まれていると、杏村は考えた。奉仕は一人一人の規範意識に基づくべきもので、自由と同じ精神に基づくものと受け止めていたのである。当時にあっては、そのような杏村の理解は、きわめて進んだ新しい見方であった。

いずれにしろ、杏村は、既成のこと、一般には当たり前のように受け入れられていることにも、新しい視点・認識や適切な理解で見直し、進取の精神・オリジナルを追求する姿勢をまもろうとしたのである。

3　大杉栄、そして労働運動への関心――批判と共感と

(1) 大杉栄と杏村

土田杏村が自由大学運動に打ち込んでいる一九二三年九月一日、関東地方に大地震が勃発した。大混乱と混迷の中、彼も関わりを持った大杉栄が妻の野枝、甥の橘宗一少年と共に軍部によって虐殺された。その死を惜しんで、杏村も追悼的・回想的文章を書いている。

彼は、学生時代から大杉には興味を抱き、著書等を読んでいた。その学生時代に早くも大杉の個の尊重・自由に基づく自由連合論に批判を向けていることはすでに紹介した（土田杏村前掲『文壇への公

開状』)。その後、京都住まいとなってからは、距離的隔たりや面会・対面嫌いの性分から、大杉とはとうとう直接会うことはなく終わった。しかし二人の間には手紙の交換があり、また杏村は大杉の論文・エッセーはよく読んでいた。それらに対する批評・批判・議論も行っている。

杏村と大杉には同じ新潟県人であったことの他、もう一つ共通点があった。それは共に丘浅次郎を師と仰いだことである。杏村は東京高師時代に直接指導を受けており、また大杉は自ら生涯で最も強く影響を受けた人物・著作として丘と彼の生物学の著作をあげている。大杉は、丘には質問・批判の論文も発表したりもしているが(その大杉の論文「丘博士の生物学的人生観を論ず」は専門家からも一定の評価を受けており、近代日本思想体系九巻『丘浅次郎集』〔筑摩書房、一九七四年〕にも収録されている)、生涯私淑する気持ちは変わらなかった。

杏村が、大杉とは面識がなくても交流していることは、警察も分かっていた。彼の自宅に主義者が訪ねてくることもあった。そのお蔭で杏村一家の暮らしは完全に警察の監視下・掌握下にあった。そのことを、彼は後になって元警察署長から教えられた。そんなことも、彼は書いている(土田杏村「大杉の古い手紙」『流言』二六頁、小西書店、一九二四年)。それでいて、杏村は大杉にも、アナキズムにも、他派のものよりも親しみを覚えていた。前述のように、京都大学に入学して、まだ未熟であった学生の段階で、すでに大杉を読み、その理論的批判も行っていた。大杉が虐殺された後、次のように書いている。

「大杉栄が殺されたのは何としても惜しい。大杉は愛す可き人間だつた。あの人物を、生きた一個の芸術品として見て居るだけでも、少くも生硬無比なるオペラやキネマを見て居るよりは気持がよかつた」（土田杏村前掲「大杉の古い手紙」『流言』一七頁）。そして、佐藤春夫など意外な人までが大杉の死を惜しんでいることからも、「大杉がいかに危険性の少ない人物だかと言ふことは分かる」（土田杏村前掲「大杉の古い手紙」『流言』二七頁）と言い、さらに「大杉は同じ理想主義でも寧ろヒュマニズムと言はれるが適切であり、性格的に悪魔的要素を持つて居るから、同じ悪魔的な人間には愛せられ、さうで無い人には大いに危険がられるのだ。けれども其の非難は賀川と大杉のどちらにも実は当て嵌つて居ないのだ」（土田杏村前掲「大杉と危険思想」『流言』三七頁）とも言って、大杉には寛大である。

そのうえで、「大杉の求める処は、社会に於ける『正義』であり、敢て其外のものでは無い。其の点に於て大杉は一個の理想主義者である。危険極まる無茶苦茶の破壊思想家では無い」（土田杏村前掲「大杉と危険思想」『流言』三六頁）と言い、大杉の姿勢・人間性を大いに評価しているのである。

もっとも、杏村はアナキズムの実現性については否定的である。彼は、アナキズムの特色として、社会主義と対比する形で①社会的義務性に対して社会的自由性、②社会的強制に対して強制的権力の否定、③人格の実質的非一様性の三点を指摘する（土田杏村『思想問題』二二八頁、日本評論社、一九二九年）。人格の多様性は特に問題がないとしても、絶対的な自由、そして権力・独裁の否定については、原則は杏村も認めるのであるが、自由が一切制限されないこと、独裁のみか、権力の必要を一切認めないことに関しては、杏村は躊躇し、総合的にはアナキズムは理想主義的で、実現性に乏しいというのである（土田杏村前掲『文壇への公開状』）。

(2) マルクス主義批判

杏村は、アナキズムに比べて、マルクス主義には厳しかった。特にロシア革命の実態が明らかになってくる一九二〇年代後半から、マルクス主義への批判を強めていく。

もともと彼の理論や理想は、一個の人間・一個の地域を大切にする原則を持っているように、権力の集中や中央集権を是とするマルクス主義とは相容れなかった。それでも、一時マルクス主義にも興味を抱くこともあった。しかし、昭和期に入ると、ロシア革命の実態も明かになってくるので、マルクス主義の批判を鮮明にする。特に革命の過渡期における「政治的決定力の争奪戦」の結果としての「独裁」についてはくり返し論じ、批判を展開する（土田杏村『社会哲学原論』第一書房、一九二八年）。

さらに杏村のマルクス主義批判で第二次世界大戦後もある程度あてはまることに、マルクス主義の研究・著作が翻訳や受け売りが多く、オリジナル性のある分かりやすいものがほとんどないと指摘、批判した点がある。戦後の研究でも、マルクス主義者は、マルクスの主張・理論を絶対視し、それを超える理論や研究に挑戦するのではなく、その解釈学に終わっていると批判されることが多かったとおりである。やや長くなるが、杏村の言うことに耳を傾けてみよう。

「マルクスの主張した唯物論の内容、その唯物論が弁証法的でなければならならぬこと、弁証法は何故へエゲル的であつてならないかといふことなどを正しく自分の頭で説明し得るものが、失礼ながら我が国現在のマルクス学者の中に幾人あるのだらう。成る程肝腎の箇所になるとマルクスやレエニンの語をその儘引用し、貼り交ぜ屛風のマルキシズム解説をする人はいくらでもあるが、私の要求するのは、そんな臆病な、分つたやうな顔をしてゐてその実何にも分つてゐない、言葉の呪文を信ずるマルクス学者ではなく、とにかく曲りなりにも自分の言葉で、自分のマルキシズムを、労働者にも納得の行く……あり触れた言葉で説明する、さうしたマルクス学者なのだ。」（土田杏村「マルクス主義者に送る」『思想・人物・時代』八三―八四頁、千倉書房、一九三二年）。

杏村は福本和夫、河上肇、三木清ら当時売れっ子のマルクス主義者にも批判を浴びせ、論争した。その過程でも、杏村は彼らの主張からは上記の疑問をぬぐいさることはできなかった。個の尊重・自由が根本に位置すると理解している杏村は、人間・精神よりも経済・物質重視の唯物論、権力の集中・独裁容認の立場をとるマルクス主義とはどうしても合わなかった。

彼は言う。「理想と混想せられたユウトピアへの過渡期に独裁を取るは、結局永遠の人生経過に独裁を取る事だ。独裁は単に独裁を生む。其の中より何等の飛躍もまた創意も生れ出ではしない」（土田杏村前掲『社会哲学原論』三三五頁）。この理解は大杉栄と一致する。杏村が大杉に何となく親近感を抱いたことがこの理解の共通性からもうかがえよう。

河上肇に対しては、「マルクス時代の哲学思想より一歩も他に動いてはならないと固守せられてゐる河上氏の態度には賛成することが出来ない。随つて河上氏の立場に反対するものならば直ちにブルジョア思想の味方であると断定せられる河上氏の態度は、誇大妄想的であると断じなければならない」（土田杏村『マルキシズム批判』一八一〜一八二頁、第一書房、一九三〇年）とまで批判する。

さらに言う。「マルクスは私に教へた。すべての思想が一の歴史性を帯びて発生し消滅し交替することを。随つてマルクス自身の建設した所謂唯物史観と経済学もまた、近代経済社会の組織の中に入つて、批判せられ変更せられなければならない」（土田杏村「序」前掲『マルキシズム批判』五頁）。

それでいて、心を許し合っていた労農党の国会議員時代（一九二九年三月）に、右翼に暗殺される山本宣治や農民運動の渋谷定輔とは思想を超えて友情・協力関係を維持した。

それに対して、アナキズムについては、大杉批判にみられるように全体を受け入れたわけではなかったが、認めるところは認めている。特に個の尊重・個の自由・自立を訴える点でアナキズムには親近感を持った。「改造は外形的では無く、内面的でなければならぬ。……此点に就ては、我国ではボリシェヴィキはすべて誤まり、却てアナキストは正しい見解に達して居る」（土田杏村前掲『社会哲学原論』三五四頁）と言っているとおりである。

大杉が次第に労働運動に関心を移していくと、大杉への関心もあってか、杏村も労働運動の動向に関心を向けていく。第一次世界大戦後の労働運動の高揚がアナ・ボル対立をはらみ出す頃、彼は労働問題の専門家のように『東方時論』誌上に労働運動を続けて論じる。

その高揚が最高潮に達し、一九二二年一一月に、アナ・ボルによる全国労働組合総連合をめざす大会が大阪で開催される。しかし、両派の対立・隔たりも大きく、総連合の成立は危ぶまれていたとおり、結局大会は決裂するに至る。

かくして、労働運動が大旋回期を迎えていた当時、杏村はそのような動向・展開にも大いに注目していた。その動向について、関東大震災勃発直前の『東方時論』一九二三年八月号に、「危機に臨める我が労働組合運動の現勢を論ず」という長文の論文にまとめて発表する。その論文は、アナ・ボル両陣営をできるだけ公平に観察、分析するように努めているが、心情的にアナキズム系に寄る見方が明快にうかがえる。ともかく、アナ・ボル対立を加速させることになった汽車製造会社争議から説き起こし、総連合の大会、その決裂までをまとめた大論文である。

この直後、関東大地震が襲来し、アナキズム系を代表するイデオローグ、大杉栄が虐殺されるので、杏村にとっては、驚愕の日々となって一九二三年が経過することになった。

4　大正デモクラシーの挫折と昭和の時代

(1) 一貫して改造をめざし、その根底に教育を位置付ける

土田杏村は、学生時代に哲学・文化と教育学から研究に入っている。その後も、亡くなるまで、哲学・文化と教育学を研究・執筆・活動の中核に据え、拠り所とした。教育は、芸術と宗教と共に、子どもの世界における成長の糧・基礎であると同時に、改造・変革の根底とも考えた。哲学や文化を生かすのも教育なのである。

彼は「改造論の帰結として、結局は教育と芸術と宗教とを改造の究極手段に為す可き事を主張し……此の根本的信念だけは私に益々強められて来る」（土田杏村前掲『社会哲学原論』三六五頁）と言っている。他方で、「幼童の教育を徹底的に理想的のものとしなければならぬ。教育はやはり改造の根柢だ」（同上、三六七頁）とも言う。また「新時代の教育は、既成文化を批判し、其れに変化と創造を加へ得る創意心の伸長を第一義とする積極的の其れだ。労働訓練を外にしての教育は全く考へ得られない。……教育の目的は人格の自律だ」（同上、三七〇〜三七一頁）といった教育論も展開した。

昭和に入っても、引き続き『祖国』『婦人之友』『国風』など多様な雑誌類に執筆する。しかし時代は杏村の生き方や思想からすれば、明白に後退・悪化していた。国家主義、軍国的・右翼的思想も拡大し始めていた。杏村は、そのような流れがさらに悪化する二・二六事件、さらに日中戦争が勃発する一九三六、三七年以前に世を去っているので、存命中はまだある程度ものの言える時代であり、実際に最期まで言うべきことを言う姿勢をまもることができた。

実際に、杏村は、亡くなる直前に書いたものでも、軍部などにも言うべきことは言っている。彼にとって最後の年となる一九三四年には、『婦人之友』に時評のようなものを執筆している。その年の三月号（第二八巻三号）に「週末短言」として、満州国や軍部のことに言及している。そこでは、軍部と議会の関係について、刺激的で厳しい言い方は避けつつ、次のように主張している。

「今年の質問書で最も興味の多かつたのは、軍部に対する批判である。軍部はどの程度で政治に関与することが出来るか、政治家は、軍人は政治に関与すべからずと形式的に論じてゐるが、かうした批判を自由に論じ得ただけ時代は明るくなつた気がするし、またこの批判をなすことは、軍部と政治家との双方に取つて有益であつた。

軍部が政治の上に絶対の力を揮ひ出すことは、もちろん禁物である。」

また満州については次のように言っている。

「満州国は二十日に、その国体を帝政にする旨宣言した。

満州国は共和国であつたがよいか帝国であつたがよいか。これは満州国自身の決意により定まることで、我々の関与すべきものではない。……

満州国が帝政になることは、建国の最初、その主権者を定めた時もうきまつてゐたやうなものである。併し私は、もう数年あとに宣言した方が、世界の世論を刺激せず、満州及び日本のために利益ではなかつたかと考へてゐる。」

この年の四月には、杏村は亡くなるので、この後は彼の発言・主張には触れえなくなる。以後さらに戦火が拡大するのに合わせ、急速に国家主義・日本主義、そして軍国主義が拡大し、軍部にはものの言えない時代がやってくる。その時には杏村の発言・主張にはもう接することはできなかったのである。

（２）晩年の関心事となった童話文学

晩年の杏村の関心事に哲学や教育、さらに国文学に加えて、童話文学と子どもの問題があったことも忘れてはならない。子どもの問題では、最大の課題の一つである教育・教育学については、もともと専門の一つでもあり、彼は大きな関心を持っていた。加えて、三〇代から晩年にかけてさらに童話・童話文学に対して並々ならぬ関心を寄せている。

杏村は哲学的基礎・文化主義に立つ教育論については早くから発言してきた。自由教育を擁護し、それは児童本位のものであり、そうである以上教育の目的も児童自らに見いだすべきことを主張してきた。さらに、昭和の進行と共に、童話文学にも発言する。アルスの「日本児童文庫」シリーズに執筆したのも（『源平盛衰記物語』一九二七年、土田杏村訳『八犬伝物語』一九三〇年）、生活のためという以上に、童話文学への関心の高まりを反映したものといってよいであろう。

童話文学について、杏村は「我国には童話文学の創作を以て生涯の事業と自信して居る、独立の童話文学作家なるものは、一人だつて無いといつてよい位である」（土田杏村「自由教育と童話文学」山村暮鳥『鉄の靴』五頁、春陽堂、一九三四年。初出は内外出版発行の一九二三年版）と厳しく受けとめていた。やや言い過ぎとも思えるが、そこから彼は、童話文学の課題を次のように指摘している。

第一に、「童話文学は十全なる客観性を持たなければならない。現実性をもたなければならない」（土田杏村前掲「自由教育と童話文学」、山村暮鳥前掲『鉄の靴』三頁）。杏村は、童話作家が「児童を軽く見て創作する」（同上、五頁）と理解しており、だから現実性のみでなく、客観性にも欠けると受け止めていた。

第二に、「童話文学は世界的であり、人道的でなければいけない」（土田杏村前掲「自由教育と童話文学」、山村暮鳥前掲『鉄の靴』四頁）。彼は童話文学が「構想において小規模である」（同上、五頁）と拡がりや視野の狭さ、国際性の欠如を批判していた。視野が国境を越えれば、人道的なもの、ヒューマニズム溢れる作品、あわせて世界的に評価される作品がでると、期待していたのである。

第三に、「童話文学は郷土的なる特色を持たなければならない。私達は今後真に日本の黒い土の中から生れ出た童話文学を持つ様に努めなければならない」（土田杏村前掲「自由教育と童話文学」、山村暮鳥『鉄の靴』前掲四頁）と言う。杏村は、童話文学がまだ翻訳臭を免れていないとして、世界に通用し、かつ郷土的で、日本的である童話文学の出現を期待したのである。この最後の童話文学の郷土性については、杏村が新潟出身で、自身が地方・郷里に親しんで育ったことと無関係とはいえないであろう。

いずれも、杏村がどの領域・テーマに対する際にも、自らの課題としてきたものである。これらの課題を、彼は長く親交を結んできた暮鳥の作品を通して発言し、またそれに応える役割を、暮鳥に期待したのである。

5　終焉、そして生涯の業績と評価

一九三四（昭和九）年四月二五日に、土田杏村は生涯を終える。四三歳の別れは余りに早すぎた。すでに関東大震災以前から、もともと病弱のところへ結核をはじめ肺の疾患に悩まされていたが、それを気力で払いのけつつ、息を抜くことのない生活姿勢を変えることをしなかった。

むしろ、自身の健康も顧みず、絶えず新しい領域・課題に挑戦を続けた。しかも、それぞれの課題で専門家の域に達するので、気持として黙することができなかったのであろう。既存の領域・課題を含めて、研究・執筆活動を滞らせることはなかった。しかし、昭和の進行と共に政治、経済、国際関係が悪化していくのに合わせるように、彼の身体も年々衰弱を深めていた。

彼の活躍した一九一〇年代から三〇年代にかけては、まさに嵐の時代であった。政治的にも、経済的にも、また社会的にも厳しい時代であった。たしかに、大正デモクラシーなど「夢」「理想」「希望」につながる潮流も頭をもたげる。その一環として自由教育運動、民衆芸術運動など夢のある活動がある面で果実を産み出す動きもあった。

しかし、総体としては、大正デモクラシーは、結局一時的な高揚で終り、定着するには至らなかった。普通選挙法は成立するものの、男子のみで、女子には認められなかった。しかも権利面などで制限付きであった。むしろ同法と抱き合わせのように、治安維持法なども成立し、社会主義のみか、自由主義的思想・運動まで抑圧する厳しい時代が到来する。

その中で、杏村は大正デモクラシーの空気を感じ取りながら、自分の才能・特徴を生かし、思いきり能力を発揮できた一人であった。若くして活躍できたのも、あるいは地方での自由大学運動に成果を上げ得たのも、大正デモクラシーの潮流と無関係ではなかった。

そんな時代に、しかも健康上の大きなハンデキャップを抱えながら、杏村は量のみでなく、質の面でも多くの業績を残した。並みの努力で達成、実現できることではなかった。特に彼の病に冒された身体を考えたら、余りに無理を重ねながらの成果といってよいものであった。その膨大な業績・成果には、多様な見方・評価があり得るが、ここでは、以下のように三点に絞って彼の業績・特徴を改めて確認しておきたい。

①在野の自由人で通したこと　まず、在野の自由人として、しかも存在感をもって主張し、生き抜いたことがある。杏村といえば、官や公に頼ることなく、孤立を恐れず、社会の課題や矛盾に立ち向かおうとした在野に位置する自由人の生き方、それも市民・民衆の側に立つ自由人の生き方が忘れられない。嵐にも権力にも踏み倒されることなく、自立して生き、筆を執り、独力で活動を続けたのである。大正デモクラシーの流れの中とはいえ、できるようで、誰にでもできる生き方ではない。

たしかに、杏村は、晩年になると、健康の問題もあって、積極的な挑戦の姿勢をやや緩める。しかし、学問・研究では、国文学や児童文学への挑戦などたえず新しい課題に興味を示し、オリジナルなものを発見しようとする前向きの姿勢を崩すことはなかった。

思想や運動などで権力・権威と対峙しつつ進むには、難しい時代になっていくが、それでも基本的には一貫させることができた。実際に、迂回的な、丸みのある表現ではあれ、軍部にも当局にも言うべきことは言う姿勢を崩すことなく維持することができた。

この時代の荒波の中、また病身にもかかわらず、杏村は独力で屹立し続けたが、自分のことを自由人、自由教育論者と呼び、実際に最後までそれを守り通した。彼の死の直後に再刊された前述の山村暮鳥の『鉄の靴』に、杏村の「自由教育と童話文学」も再掲されているが、童話文学への関心と共に、児童本位の視点の擁護、そして自由教育論者であることも明快に主張していた。

このように、杏村は、野にあって、大学など巨大組織や党派にも、官や主流にも、安易には乗らず、自由人として生き抜き、活動し続けた。彼の経歴や業績からすれば、望めば大学教授の声はいくらでもかかったと思える。そのような誘いに乗らないことも、大変勇気のいることである。その生き方は、並の精神・意思力では貫き通すことが困難である。他の人にはそう見られない強靱な意志力である。

②自由大学運動の先導・実践　　次には、自由大学運動を先導し、実践・実現したことがある。杏村の業績・評価としては、誰もが言及し、喧伝してきたことではあるが、自由大学運動の先導と実績は高く評価できる。

彼は信州・上田の青年たちと自由大学・市民大学構想で考えが一致し、一九二一年に、日本において最初に大学令や監督官庁の許認可によらない自由大学・市民大学を創設・開講した。学問の自由、つまり国家・政治から、行政・官公庁から、あるいは既存・既成の大学からも、全く自由な大学の創設、それが杏村らによる最初の自由大学であった。その後の大学・高等教育の日常化・市民化・大衆化の第一歩ともなるものでもあった。

これは、単に関係者や参加者の自己満足で終わったものではない。少しでも、既成の大学にないもの、超えるものを出そうとする努力もなされている。実際に、既成の大学・大学人にも、大学というものを見直し、検証しなおさせるほどの効果・意味も持った。参加した大学教授は、従前の大学における自らの講義に負けない内容や方法を工夫して参加したほどであった。そして長野や新潟地方に自由大学運動がひき継がれることにもなっていく。

③哲学・文化の日常化・大衆化への挑戦　さらに、哲学・文化の日常化・市民化・大衆化をすすめた努力がある。杏村にとって、哲学・文化の専門性、それを通してどの問題も見ようとする姿勢は崩さないが、同時に哲学というものをその分野の専門家以外の人にも身近な存在と受けとめてもらえる方向にすすめる努力、かつ研究者としては哲学の裾野を拡げようとする努力も念頭にあった。これまで哲学の日常化・市民化・大衆化をすすめる姿勢・努力として説明してきた課題に通じるものである。

杏村は、若い時から、大物・ベテランに対してであれ、議論を挑むことを辞さなかった。哲学・文化というものが誰でも近づける自由なものであることを実践で示そうとしたように、彼は、哲学・文化の日常化・市民化・大衆化をたえず意識のどこかに置いていた。在野で哲学・文化に取り組むこと自体、その日常化や大衆化をすすめることでもあった。ただ、その姿勢・努力は認められるが、それを十分に達成できたとはいえず、この点はなお今後の課題として残されている。

今振り返ると、大正期は、哲学や文化が研究においても、また評論活動においても、僅かであれ、市民との間に距離が縮まり、市民社会にも一定の位置・役割を与えられた時代であった。同時に、大学教授以外の研究者や若手の研究者にも、哲学や文化に挑戦し、発言・発信する機会が与えられた。西田幾多郎、和辻哲郎、阿部次郎、田中王堂、野村隈畔らと共に、杏村らも実際に発表や発言の機会・場を与えられた。

その中で、杏村は単に自己中心の、また自己の内なる哲学的・文化的理解・展開に終わらず、社会とのつながり、改造・変革との結び付きを視野に入れ続けた人であった。その点で西田、王堂、隈畔らとも異質な哲学者であった。

最後に、上記の①〜③をまとめる意味で、杏村は在野にあるだけでなく、つねに市民・民衆の側に立つ自由人であり、思想家であったということを改めて確認しておきたい。自由大学運動から、哲学・文化の日常化・大衆化、教育における自由教育の主張、児童文学・童話文学への関心、自由律短歌運動の主張、あるいは生け花など芸術における人格・人品の投影・開眼の主張などにいたるまで、それぞれの分野での既成のあり方を批判、あるいは克服して、市民・民衆の側から見直し、再構築しようとするものであった。

その他にも、杏村には多様な発言や足跡がある。晩年、病床に臥しがちになっても、興味尽きず、新しいことに挑戦しようとする。学者・研究者として執念のようなものを最後まで失わなかったのである。その際、自由人としていつでも市民・民衆の側に立つ理念・アプローチを心がけたことが留意されてよい。

おわりに――杏村の人柄

土田杏村は哲学者であり、文章でも論理性、さらには芸術性を重んじた。それでも、やはり哲学者であり、文章には時には難解さもうかがわせる。また、独自の用語、独自の解釈に基づく用法もしばしばみられる。共利社会なる用語も杏村らしい興味を引く用語である。共利社会については、ただ若干の論文にみられるだけで、十分な展開を行ってはいない（土田杏村「共同社会と共利社会」「社会政策原理」『人生論』第一書房、一九三〇年）。

また「社会政策原理」のように、社会政策学者の使用する意味・用法とは関係ない内容で使用している例もみられる。社会政策学者の場合は、一般には社会政策を「労働政策」と同義に使用するが、杏村はもっと広い概念で使用している。河合栄治郎なども、社会政策について、労働政策を超える社会思想的広がりを持つ意味で使用しているが、杏村の場合はそれとも異なる用法である（土田杏村「社会政策原理」前掲『人生論』）。

最後に、杏村の人柄に触れれば、彼は、情に厚い人であった。それに礼儀正しい人であった。一宿一飯の恩義を大切にした。論争相手にも、決して一方的に突き放すとか、非難のみで終わるということをしなかった。大杉栄、渋谷定輔、山本宣治らに対する関わり方にも、理論的・思想的には距たりを認識しつつ、そのような情・温かみを失うことがなかった。

また、例えば、『文化』（一九二〇年一月〜一九二五年五月）を刊行すると、それを読んでもらいたく、方々に送付した。そのように孤独な心境でただ一人で『文化』に取り組んでいる時に、予想以上に温かい声援に触れ、感動する。そのように温かく対応してくれたのが、その時代の代表的イデオローグであった福田徳三や吉野作造であったことも忘れてはならない。

「福田（徳三）さんは誌代だといつて小切手を送り、雑誌の直接購読者になつてくれた。当時吉野（作造）博士も亦同様に誌代を送つてくれたし、なほ吉野さんは私のそれまでの著書まで読んで見たいと言はれて書物代を送つてくれたりしたが、さうした好意は永久に忘れられないものである」（土田杏村「戦国の覇者福田博士―福田徳三論―」『祖国』第二巻七号、一九二九年七月）と、杏村は後になって書き残している。子どもの頃から秀才と言われ、脚光を浴び続けてきたのに、秀才臭よりも情宜・人情を大切にする姿勢がうかがえよう。

この点に関連して、杏村は著作などで、大いに世話になったり、参考にさせてもらったりした著者・文献には、禮を込めて謝辞をきちんと記すことも常としていた。また郷里、新潟出身者との交流も大事にした。詩人、評論家、編集者でもあった第一書房の長谷川巳之吉（出雲崎出身）、大漢和辞典の諸橋轍次（南蒲原郡庭月村［現・三条市］出身）らにも友人として禮を尽くしていた。

これらの点は、自由大学運動における信州・上田など地方の人たちとの協力・連携の際も同様であった。同じ目的に向かえば、学歴、学識、地位、職業に関係なく、対等に触れ合う人的交流・協力関係のあり方・姿勢を大切にするのである。いずれも学ぶべき点である。

杏村という人は、伝統も蓄積も名声もある大学に学びながら、安定した組織、また主流や上から与えられるあり方・動向には乗ることをしなかった。ある意味では一匹狼であるが、一人閉じこもる一匹狼ではなかった。人間の解放、平等、自由、自治を求めて、社会とつながり、連携、連帯も求める自由人であった。それだけに、一匹狼にしては実に存在感のある自由人であった。

もっとも、自由人ではあるが、あるいはそれだからこそ、つねに明るい陽を浴びたり、また目立つほど明るい光を休みなく放ち続けたわけではない。むしろ、自由人であり続けることは、孤高を恐れずに生きることでもある。それでも、杏村は、病いをおして絶えることなく、ときどき思い出したように鋭い光を放ち、あちこちで貴重な挑戦・足跡を標してくれている。決して忘れられることはなかった。

それにしても、短い生涯であり、惜しまれる早世であった。その割には、全貌に迫る詳細・精確な著作・業績目録がつくれないほど、厖大な業績を残している。とはいえ、本人にとっては、年齢からみても、まだやりたいことが沢山残っていたはずである。その意味では、真に惜しまれる生涯であり、早すぎた旅立ちであった。

〈参考文献〉

土田杏村『文明思潮と新哲学』広文堂、一九一四年
土田杏村『文壇への公開状』岡村書店、一九一五年
土田杏村『象徴の哲学』佐藤出版部、一九一九年
土田杏村『マルクス思想と現代文化』佐藤出版部、一九二一年
土田杏村『自由教育論』上下、内外出版株式会社、一九二三年
土田杏村『流言』小西書店、一九二四年
土田杏村『日本支那現代思想研究』第一書房、一九二六年
土田杏村『源平盛衰記物語』日本児童文庫35、アルス、一九二七年
土田杏村『社会哲学原論』第一書房、一九二八年
土田杏村『草煙心境』第一書房、一九二九年
土田杏村『思想問題』日本評論社、一九二九年
土田杏村訳『八犬伝物語』（滝沢馬琴原作）、日本児童文庫73、アルス、一九三〇年
土田杏村『失業問題と景気恢復』第一書房、一九三〇年
土田杏村『マルキシズム批判』第一書房、一九三〇年

土田杏村『人生論』第一書房、一九三〇年
土田杏村『宗教論』第一書房、一九三一年
土田杏村『短歌論』第一書房、一九三二年
土田杏村『文学理論』第一書房、一九三二年
土田杏村『思想・人物・現代』千倉書房、一九三二年
土田杏村『思想読本』日本評論社、一九三三年
土田杏村『国文学の哲学的研究』第一書房、一九三四年
土田杏村『思慕の春』第一書房、一九三四年
土田杏村『妻に与へた土田杏村の手紙』第一書房、一九四一年
『土田杏村全集』全十五巻、第一書房、一九三五〜三六年。同復刻版、日本図書センター、一九八二年
山村暮鳥『鉄の靴』内外出版株式会社、一九二三年。他に春陽堂少年文庫、一九三四年五月。ただし同年八月、春陽堂発行の異本初版には、土田杏村の「自由教育と童話文学」は収録されていない
朝日新聞社編『思想史を歩く　下』朝日新聞社、一九七四年
河北倫明監修『土田麦僊の素描』渓水社、一九八〇年
安田常雄『出会いの思想史＝渋谷定輔論』勁草書房、一九八一年
上木敏郎『土田杏村と自由大学運動』誠文堂新光社、一九八二年
自由大学研究会編『自由大学運動と現代』信州白樺（名古屋市）、一九八三年

小平千文・中野光・村山隆『上田自由大学と地域の青年たち』上田小県近現代史研究会、二〇〇四年
清水真木『忘れられた哲学者――土田杏村と文化への問い』中央公論新社、二〇一三年

大杉　栄——人間尊重の永遠の革命家

はじめに――人間重視の視点からロシア革命を否認

大杉栄《おおすぎさかえ》（一八八五～一九二三）は、社会思想家・社会運動家、また作家、随筆家、翻訳家、評論家、さらにはエスペランチストとして、名前はある程度知れ渡った人物である。『大杉栄全集』が戦前・戦後を通して三種類、類似のものや復刻版を含めると、さらに数種類刊行されている。そのような思想家・運動家は、日本では他にはみあたらない。

にもかかわらず、栄に関しては、意外にその人物・思想の全体像や深部まで精確に理解されることはめったになかった。むしろ彼ほど間違いや誤解が多く、上辺のみの印象で、的確に理解されないできた思想家・運動家も珍しい。アナキストに対する無秩序・混乱・暴力と結び付ける誤った先入観も災いして、あるがままに受け止められないできたのである。

栄の故郷は、新潟県でも北方に位置する新発田市である。彼が思想家・運動家に大きく育っていく道筋・その後の成長を全体像において読み解こうとする場合、新発田における奔放で多感な少年時代の育ち・学びを知ること無しには、全体像の理解はできないであろう。彼自身、自分を育ててくれた新発田が大好きであった。新発田の山々、その下に広がる水田やまち、また遊び回った練兵場、城跡、河川・水路、公園、森などは、いつまでも彼の心に残り続けた。

その栄は、人間・人間性の尊重、解放、自由を最重視した。競争による勝ち敗けや上下関係の成立する体制を認めようとはしなかった。競争に代えて相互扶助・連帯・団結を訴えた。また、体制や組織が変革されようと、人間の尊重・解放、また一人一人の自由・自立の伴わない革命は本物ではないこと、むしろそのような革命は、市民にとっては新しい抑圧の体制の始まりにほかならないことも訴えた。

また、彼は革命のプロセスとしてであれ、独裁や権力の奪取・集中を否認した。独裁などが行われれば、人間・個の否定・抑圧が避けえないことも訴えた。一時的といいながら、無限に近く独裁、抑圧、粛清、自由の否定が行われた例はいくらでもある。目的が人間の尊重・解放・自由であるならば、プロセス・手段でも、それらは守られなくてはならないとして、栄は目的と手段の一致を譲らなかった。この点は、後に紹介するように、一九一四年段階で、相馬御風が栄の特徴として適切に指摘したとおりである。

一九一七年にロシア革命が勃発すると、その実態・真実に近づこうと誰よりも早く積極的に動いたのは、日本では栄であった。その結果、日本の社会思想家・運動家の中では、先頭をきってロシア革命は本物の革命ではないこと、むしろ新たな抑圧の体制であることを喝破し、批判した。ロシア革命に対して、人間を軽視するなど革命としては最も悪い例であると酷評したのは、日本の社会思想家・運動家では、栄が際立っている。独裁、非民主性、抑圧、人間軽視を日常化した、のちのスターリン体制に象徴されるような悪しき革命の実態を早くから見通していたのである。

そんな栄は、軍部など権力・官憲からも、また一部の文化人やマルクス主義者からも、最も嫌われ、危険視された。権威や形式的な肩書きなどに全く敬意を表さず、評価もしない姿勢、その言動の自由・奔放さ、批判精神の旺盛さ、あるいは背負ったアナキズム・アナキストの看板の故に、それらを正しく理解できない者からは過度に恐れられ、嫌われたのである。

実際に、日本の学者としては最高の権威とされる東京帝国大学や京都帝国大学の教授たち、社会運動・労働運動の最高のリーダーたちにさえ、栄は何ら臆することなく、批判や議論を向けた。吉野作造、米田庄太郎、丘浅次郎、賀川豊彦、鈴木文治らにも、ただ足元をすくうとか、ケチをつけるような姿勢ではなく、真正面から堂々の論陣をはった。

それでいて、栄の人なつこさ、庶民的な人間性、裏・表のない人柄は、多様な人との付き合い、多くの理解者を得ることを可能にした。有島武郎、有島生馬、里見弴、馬場孤蝶、内田魯庵、久米正雄、山本実彦、土岐哀果（善麿）、相馬御風等とはよく知り合った仲であった。また関東大震災の混乱の中で、軍部に虐殺された時には、吉野作造、堺利彦、安部磯雄、賀川豊彦、魯庵、佐藤春夫、哀果以下多くの人たちが軍部に抗議したり、彼の死を惜しんだりした。

このように、永遠の夢、永遠の革命をめざして、その運動の中道で虐殺された栄について、近年またも新しいニーズが湧き起こっている。大杉という人は、混迷に陥った時に何か新しい可能性や新しい道筋を探り出す手がかりを与えてくれる感じのする人である。特に混迷する近年の思想界・運動界にとっては、彼の思想や活動の検証は極めて有意味に思える。その栄について、ここで、新潟関係者という視点を含め、全体像を改めて再確認・再検討することにしたい。

1　大杉栄の誕生、郷里、先祖の地

大杉栄は、一八八五（明治一八）年一月一七日（戸籍上は五月一七日）、愛媛県丸亀（その後、一八九〇年、香川県那珂郡丸亀町、一八九九年、香川県丸亀市）に生まれた。父・東《あずま》、母・豊《とよ》の長男であった。父は職業軍人で、丸亀連隊に赴任中の誕生であった。以後、三人の弟と五人の妹が誕生するので、彼は九人の兄弟姉妹の中では一番年長であった。関東大震災の際に、栄夫婦の巻き添えで虐殺された橘宗一少年の母あやめは、九人の兄弟姉妹の末っ子で、長男の栄とは一五歳離れていた。

ただ、大杉家の祖先の地は愛知県で、名古屋市の西隣に位置する海東郡の宇治である。本籍もこの海東郡越治村大字宇治三〇番戸にあった。宇治村は、一八八九（明治二二）年に越治村大字宇治に、一九〇六（明治三九）年に神守村大字宇治に、さらに一九五六（昭和三〇）年に津島市宇治町となり、現在に至っている。そのため、戸籍上もそれに沿って市村名は変わる。

栄は、先祖の地や故郷については『自叙伝』や『獄中記』に書き留めている。

「父の家は、名古屋を距る西に四里、津島と云ふ町の近くの、越治村大字宇治と云ふのにあつた。今では、其の越治村が隣り村と合併して、神守村となつてゐる。父の家は代々其の宇治の庄屋を勤めてゐたらしい。」（大杉栄『自叙伝』、ぱる出版版『大杉栄全集』第六巻、一七一頁、二〇一五年）。

実は、大杉家は、宇治では庄屋どころか、藩主や家老も務めた家柄であった。栄はそこまでは知らなかったのである。現在、津島市には、名鉄津島駅と津島神社を東西に結ぶ大通りの周辺に古い街並みや民家があちこちに残されている。郊外の宇治には、栄につながる大杉一族が今も何軒か残っており、大杉家ゆかりの寺社も残っている。

丸亀勤務の後、父・東は短期間の東京勤務（近衛連隊）を経て、新潟県北蒲原郡新発田本村（一八九一年に新発田町に合併、一九四七年に新発田市）に転勤となる。そこから長い新発田時代を過ごすので、栄は新発田で小学校、中学校に学ぶ。彼は記憶力が良く、東京での幼年時代にまで遡って思い出を記述している。しかし、少年時代以降の心に触れる懐しい思い出は、この新発田と共にあった。彼にとっては、新発田以外に故郷は考えられなかった。たしかに「元来僕には故郷と云ふものがない」（大杉栄前掲『自叙伝』、ぱる出版版『大杉栄全集』第六巻、四一九頁）と言っているが、故郷は新発田以外にないとも言っている。

「僕が五つの時に、父と母とは三人の子どもをかかへて、越後の新発田に転任させられた。父は此の新発田に其後一四、五年もくすぶつて了つた。僕も一五までそこで育つた。従つて僕の故郷と云ふのは殆んど此の新発田であり、そして僕の思出も殆ど此の新発田に始まるのだ。」（大杉栄前掲『自叙伝』、ぱる出版版『大杉栄全集』第六巻、一七四頁）。

大杉にとっても、故郷は懐かしいものであった。幼年学校時代、最初の夏休みで、名古屋から北陸経由で新潟に入り、長岡、さらに新津を過ぎると、水田の背後にそそり立つ山々の懐かしい光景に思わず車窓から身体を乗り出し、見とれるほどになる。

「ふと僕は、窓の向うに、東北の方に長く連なつてゐる岩越境の山脈を眼の前に見て、思はず快哉を叫びたい程の或るインスピレシヨンに打たれた。其の山脈は僕が嘗つて十年間見た其儘の姿なのだ。そして其のあちこちには、僕が嘗つて遊んだ、幾つかの山々が手にとるやうに見えるのだ。

始めて僕は故郷と云ふものの感じを味はつた。」（大杉栄「続獄中記」『獄中記』、ぱる出版版『大杉栄全集』第四巻、四一九〜四二〇頁、二〇一四年）。

栄は、新発田時代には自由奔放に動き回った。学校でも、地域・まちでも、あるいは家庭でも、したいことをする。彼が後に新発田を大いに懐かしむのは、彼が新発田では古い規範やしきたり、上からの権力や権威にとらわれず、子どもなりに生活を十分に享受したからでもあった。「兎追いしかの山、小鮒釣りしかの川」のように、彼自身が記していることでも、バッタ狩り、キノコ狩り、沢蟹狩り、桜の名所であった加治川の水遊びなどを（大杉栄前掲『自叙伝』、ぱる出版版『大杉栄全集』第六巻、二一二頁）、季節ごとに存分に享受した。

交通機関の発達していない時代の方が、意外に子どもたちの行動範囲が広い。栄たちも町中のお城や公園での遊びは常で、遠い加治川、五十公野（山）などにも子どもたちだけで足を伸ばしていたのには感心させられる。

家庭にしても、父が軍人ということで、窮屈・堅さにがんじがらめであったかというと、必ずしもそうではなかった。うるさい父と母の監督の目も、意外に彼には重荷になっていない。父はまじめ一方で、学歴はなし、出世もできず、新発田に島流しのように一五年も送られてくすぶったまま。母にはよく叱られたが、父からはめったに叱られることはなかった。そんなことを、息子の栄は冷静に観察し、書きとめている。

もっとも、城下町・新発田に残る士分とそうでない者との差別の存在には、彼はほとんど無頓着であった。それは、彼が軍人家庭に育ったことが与っているであろう。一般的には、城下町には明治以降どころか、太平洋戦争後も、士族出とそうでないものの、差別・区別はどこかに残っていたものであるが、大杉の過ごした明治二〇年代の新発田にも、厳然たる差別・区別があったはずである。そういったことを意に介さずに、栄が考え、行動できたのは、士族と平民から離れた軍人家庭・軍人集団の中で育ったことが関わっていたと思える。

そんな彼に、父は進むべき道・生き方を上から説き、押しつけるようなことはしなかった。というより、度が過ぎる押しつけ・注意・叱り方をすると、息子はそれ以上は馬耳東風で、聞こうともしなくなることを知っていたからであった。

栄という人は、この少年時代がそのまま後々まで続く感じなのである。中学時代も、陸軍幼年学校時代も、さらに東京時代以降も、少年時代のまま、いたずらっぽくて、自由奔放な気分・生き方が引き続く感じなのである。

母にはよく叱られ、折檻も受けるが、もともと自分のいたずら・悪行が原因なので、彼は母や家庭を嫌いになったりすることもなかった。むしろ母は好きであった。『自叙伝』にも貧乏な友人の虎公に思いやりをかけたことで、母に叱られた後も、「けれども僕はやはり母は好きだつた」(大杉栄前掲『自叙伝』、ぱる出版版『大杉栄全集』第六巻、二一三頁)と書いているとおりである。

栄本人は、将来についていろいろ考えることはあっても、やはり父の下で、父のうまい誘導もあり、自然に軍人の道を受け入れていく。というより、それに勝る具体的な道が当時はまだ分からなかったので、次第に陸軍幼年学校、さらに陸軍大学の受験を視野に入れるようになる。

それでいて、小中学時代は、軍人の道とは遠い、自由で、自分勝手な勉強ぶり、生活ぶりであった。適当に手を抜き、城跡に遊んだりすることも珍しくなかった。それでも、成績はまあまあであった。

この新発田では、栄が「父の家は十幾軒か引越して歩いた」(大杉栄前掲『自叙伝』、ぱる出版版『大杉栄全集』第六巻、一七七頁)と記憶していたように、正確には一一回も引っ越したお蔭で、いろいろなまちで生活した。彼はそのほとんどの家を記憶していて、後年再訪したり、自伝にも書き残したりしている。若くして自伝を書き始めたのは、彼はいずれ作家になりたいと思っていたのだが、その第一作に自伝を考えていたからであった。恐らく、新発田のこと、そこでの行動、人間関係など思い出に書き残したいことが多くあったからでもあろう。若い時から作家になりたいと思うのも、また創作活動の最初に自伝という発想も、面白い。

このような新発田で北蒲原郡立新発田本村小学校を卒業し、一八九五年四月、新発田高等小学校に入学した。一八九七年高等小学校二学年を修了、四月に町村組合立北蒲原郡尋常中学校（現・県立新発田高校）に入学する。新設で、「新発田から五十公野へ行く途中の、長い杉並木の間に新しい校舎」（大杉栄前掲『自叙伝』、ぱる出版版『大杉栄全集』第六巻、二三六頁）が用意された。

この中学で、一八九九年二月、組合によって三好愛吉校長に対する不信任・排除がなされるが、それに抗議する生徒がストライキに入るという事態が発生した。栄も積極的に参加した。ストライキが一カ月も続く状況に、組合も驚き、譲歩。三好校長の自発的退任と、長野への転勤という円満解決の形におさめた。校長による生徒への説得もあって、ストライキは終結する。

三月一三日、三好校長が新発田を離れた日は、雪であったが、全校生徒三〇〇余人が集結。校長の出発に合わせ、橇を守るように、七里もの道のりを全員で新潟まで歩いて見送った（大杉栄前掲『自叙伝』、ぱる出版版『大杉栄全集』第六巻、二三九～二四〇頁）。

こんなこともあって、栄は小学校時代は、成績はまあまあの方であったが、中学校では、怠け癖が先行し、学業成績は中位で、目立つ方ではなくなった。それでも、進級と共に陸軍幼年学校を受験することになる。幼年学校は海軍兵学校と人気を二分し、若い人材を取り合う競合関係にあったが、栄は父の関係で陸軍幼年学校しか念頭になかった。

2　陸軍幼年学校入学——名古屋へ

大杉栄は、父が軍人といっても、陸軍幼年学校にはストレートに入学できたのではなかった。中学の学業成績が良い方ではなかった上、本人も受験勉強はほとんどしなかったというくらいなので、一八九八年の一回目は失敗。翌一八九九年の二回目の受験で合格となった。ストライキもあって大変であったが、栄もともかくほっとした。時に一四歳になっていた。

そこで、中学校は二年で中退し、名古屋の陸軍幼年学校に進む。その時から軍人のレールにのることになった。

栄が『自叙伝』に当時の幼年学校のあり方を説明しているように、六個師団の各師団司令部の所在地に予科として地方幼年学校があり、受験生は本籍の所在地を割り当てられた。そのため、栄の場合、名古屋幼年学校となった。秋九月入学の第三期生で、同期生は五〇名であった。

名古屋幼年学校は、一八九九年当時は緑の多い名古屋城の一角、ただしお城のはずれに位置していた。現在の名古屋拘置所が幼年学校のあったところで、隣には控訴院（現・名古屋市政資料館）があった。

幼年学校では、栄は新発田時代の延長でやりたい放題の生活ぶりであった。学業成績は良かったのだが、操行は最低点であった。喧嘩やふざけた男色遊び、あげくは他県グループの友人と決闘し重傷を負う。一九〇一年一一月、その治療のための帰省中に、退学処分の通知を受けた。二年足らずの在学で放校となってしまうのである。現在なら中学から高校にかけての一四歳から一六歳の間に、やりたい放題やってのけての退学であった。

栄らしいのは、幼年学校を退学処分にあっても、それによって決定的なダメージを受けなかったことである。両親との関係でも、むしろ居直る形であった。父の心中は不愉快極まりないものであったはずであるが、息子の方は厳しい注意・叱責にも、さほどこたえない風を装っていた。

もちろん、退学処分はショックでなかったはずはなく、自分の甘さを反省する機会にもなった。ただ、負けん気が強いので、いずれ得意の外国語で軍関係の学校に奉職し、幼年学校の教師や同期生たちを見返してやろうと思うこともあった。

ともかく、行くところがなくなったからといって、いつまでも何もしないわけにはいかない。そこで、栄はこの困難を自分に都合よく切り抜けようとする。思い切って上京する腹を固め、父に申し出た。これまで旅行の希望などに対して父は栄には甘かったが、さすがに東京で文学をやりたいという希望には反対した。しかし、語学校へ進むのなら良いと、了承してくれた。両親としては、自宅で息子にぶらぶらされ続けるよりは東京にでも出てくれる方が良いし、また文学よりは語学校に進んでくれる方がましと、渋々ではあれ、了承せざるをえなかったのであろう。

その成り行きに、栄の方は大喜びであった。実際に、母は「まあ、あんなに喜んで行く」(大杉栄前掲『自叙伝』、ぱる出版版『大杉栄全集』第六巻、二八二頁)と、実家を離れる時の栄の表情・気持を受け止めたほどであった。幼年学校を退学後、まだ二ヵ月しか経っていない頃であった。

一九〇二年一月二日、彼の上京する日は珍しいほどの大雪となった。上越線に乗る新津まで橇と車夫を雇ったが、途中からは徒歩となるなど、大難渋の出発であった。それでも、彼にとっては、親元を離れ、自由な生活を送れるのが見えていたので最高の気分ではあった。

かくして、東京時代が始まる。一七歳の時であった。上京後、栄は語学校に進むという親との約束は果たすが、その後の彼の生き方は、軍人の父にとっては考えられないほど不愉快な方向に勝手に進んでいく。

それと共に、彼も、親の意見などに耳を傾けなくなっていく。さすがに、最初の入獄の時は、父は面会に訪れ、看守の前で叱責する。しかし、全く効果はなかった。栄はそういう図々しさというか、強さも持っていた。母が「あの子は一たん何か云ひ出したら、何があっても聞かんのですから」(大杉栄前掲『自叙伝』、ぱる出版版『大杉栄全集』第六巻、二三九頁)と言い、後に畏友和田久太郎が栄の性格として「強情と我儘」と言ったとおりの側面である。

3　東京における自由な修業時代——外国語学校と自由な学び

東京時代の最初の三年間は、大杉栄にとっては、楽しく自由に学ぶ修業時代となった。初めて自由奔放に動ける日々である。経済的にはゆとりがなくても、そう苦にせず、自由に思う存分学び、のちの土台をしっかりつくりあげる。

外国語学校に通うには中学校を卒業する必要があり、中退で終っている中学校への入学にまず苦労する。特別の準備もしていないので、東京学院（現・関東学院）中学校五年級受験科を経て、あとは行き当たりばったりであった。最初に受験した東京中学校は不合格、替え玉を使った順天中学校の方は辛うじて合格する。

一九〇二年秋に、順天中学校の五年に編入。そこで友人もできて、勉強も、読書もよくした。学業成績は二〇〇〜二五〇名中二〇位内には入っていた。キリスト教にも関心を持ち出し、一九〇三年一〇月、本郷教会で海老名弾正の影響を受け、彼の司式で洗礼も受ける。

そのような充実した中学生活のお蔭で、栄は、翌一九〇三年三月、順天中学校を卒業、外国語学校（現・東京外国語大学）仏語選科に無事合格する。その点で、この外国語学校入学までは、彼は両親との約束を守ったのであった。

ところが、そのうち、栄は両親にとっては思いもよらない方向に進んでいく。軍人の家庭からみたら、最も困る社会主義・社会運動の方向に進むのである。社会主義・社会運動に興味を持つきっかけは、たまたま廉価なので購読した新聞が『万朝報』であったことである。そしてより直接のきっかけは、足尾鉱毒事件の延長上にある栃木県の谷中村事件との遭遇であった（大杉栄「死灰の中から」および前掲『自叙伝』、ぱる出版版『大杉栄全集』第六巻、二八六頁）。

『万朝報』では、幸徳秋水が軍国主義や軍隊を批判したことに強くひかれた。そんな土台づくりの上に、外語の学生になる前であったが、谷中村の廃村と貯水池造成に反対する東京専門学校（そのすぐ後に早稲田大学に改称）の学生がデモをするのに偶然出くわし、共感を覚えるのである。そのデモとの遭遇は、中学の受験準備中の正月と『自叙伝』他に本人が書いているのと、谷中村事件の展開からみると、早稲田に近い矢来町に下宿していた上京早々の時期（一九〇二年）であろう。

栄が外語に入学した直後、幸徳秋水と堺利彦は、ロシアに対して主戦論に転じた『万朝報』を退社する。二人はすぐに平民社を創設し、『平民新聞』を創刊した。それからは声を大にして非戦運動を展開する。それに合わせるように、栄は社会主義、さらにその運動に興味を引かれていく。親からみたらどんどん悪い方に「転落」していくことになるのである。

もっとも、栄もただ社会主義にのみ興味を持っていたわけではない。上京後の生活では、自由な身となって多くのことに興味をひかれ、読書も濫読するほどであった。貸本屋の常連にもなった。その修業時代に、とりわけ二つのことに強い関心を抱いたことには十分に注意をはらう必要がある。それも、終生変わらぬほど強くひかれ続くので、その後の思想や行動の基にもなっていくものであった。

その一つは、丘浅次郎と彼の生物学である。丘は東京高等師範学校教授で、生物学や博物学が専門であった。それらについて多くの教科書・研究書も書いている。東京高師では、明治末になるが、本書で取り上げた土田杏村も丘の指導を受けている。

栄は、生物学には子どもの頃から関心を持っていた。上京してからも変わらず、丘の『進化論講話』『生物学講話』『進化と人生』等の著書を感動して読んだ。しかも膨大な著作も含め、繰り返し読み、学んだ。その結果、丘の著作に疑問・批判も抱きながらも、生涯、大好きな著書であり続けたし、丘を私淑する気持も変わらなかった。

ただ、それほど大切に思っていただけに、納得できない点は、「丘博士の生物学的人生観を論ず」（『中央公論』一九一七年五月号）などのように率直に批判した。丘からは回答は寄せられなかったが、丘の後継者・門下生たちも、栄の批判の合理性・説得性を認め、後に『丘浅次郎集』（近代日本思想体系9、筑摩書房、一九七四年）に彼の論文の全文を収録するほどである。

もう一つは、ピョトル・クロポトキンと特に彼の回想記『一革命家の思い出』（大杉栄訳ではピイタア・クロポトキン『革命家の思出』）である。クロポトキンは、ロシアの貴族出身のアナキストであった。祖国ロシアの革命に対しては、栄らと同じように、その独裁性・非人間性・反民衆性を批判した。

栄は、近代科学の方法でも、また社会思想・社会運動論や革命論でも、クロポトキンの影響を受けた。それでいて、丘浅次郎に対すると同じように、クロポトキンも手放しで受け入れたのではなかった。批判も加えている。相互扶助論や革命論にしても、そのまま受け入れて良いのか、自分でも問い続けた。そんな中で、クロポトキンの思想・哲学の拠ってたつ基礎となっている体験・実験が満載された『一革命家の思い出』だけは大切に扱い、最高の著作と評価しつづける。

ともあれ、栄は、人前でひざまずくことのなかった人であるが、丘とクロポトキンには心から共感・感動する気持を持つことができた。両者とも終生別格の扱いで、特別の敬意を表し続けることになる。

この修業時代、そしてその後の社会主義時代に、エスペラント語に興味を持ったことも忘れられない。大杉は、語学への特別な関心と才能から、エスペラント語を短期間で習得し、エスペラント協会でも活躍する。個人的に教授まで行うほどであった。特にエスペラントの持つ民族、宗教、国境を超えてすべての民族・人種・国民を同じ人間として等しく、公平にみる世界思想・平和思想は、彼の思想形成、アナキズムへの傾斜に寄与することになっていく。

4　社会主義、そしてアナキズムへ

大杉栄が社会主義者の非戦論演説会に参加したり、幸徳秋水と堺利彦の設立した平民社を初めて訪ねたりしたのは、東京外国語学校仏語科の学生になったばかりの一九〇三（明治三六）年一〇月から翌一九〇四年三月にかけてであった。一八歳の時である。以後、平民社に時々顔を出すようになり、平民社以前から始まっていた社会主義研究会の常連になる。特に一九〇四年二月、日露戦争が勃発し、平民社の反戦運動が熱を帯びるようになると、ビラまき、平民新聞の立ち売り・発送などにも協力しだした。さらに平民社社友、日本社会党党員にもなる。ここまでくると、もう一人前の社会主義者である。

社会運動への参加には、それほど迷いはなかった。軍人の父・家族のこと、父の困惑した顔などは、それほど気にならなかった。もともと好きなこと、思うことは、周りに構わず取り組む性格・生き方であった。この点は後に『近代思想』を一緒に発行する荒畑寒村とも違っていた。

一九〇五年七月、日露戦争に関する講和条約の締結直前であったが、栄は東京外国語学校仏語科選科を修了する。ただし、その前に、明治大学にも入学（一九〇五年一月）していた。徴兵忌避のためであった。

一九〇六年三月、彼は東京市電電車賃値上げ反対運動に参加するが、兇徒聚衆罪の容疑で逮捕される。お蔭で、最初の裁判・入獄を経験する（三月二二日、東京監獄に収監、六月二一日保釈）。社会主義運動に飛び込めば、当然覚悟しなくてはならないことであったが、実際に以後くり返し逮捕・入獄を体験する。

その入獄を恐れず、むしろうまく活用したのが栄であった。「僕は……監獄で出来上がつた人間だ。……牢獄生活は広い世間的生活の縮図だ」（大杉栄『獄中記』、ぱる出版版『大杉栄全集』第四巻、四二三—四二五頁）と言い、また自ら「一犯一語と云ふ原則」（同上、四〇一頁）とまで胸を張り、入獄の度に一つの外国語をマスターする方針を掲げて、実行する。

ちなみに、入獄に関連して、「故郷の感じを始めて監獄で本当に知ったやうに、僕の知情意は此の獄中生活の間に始めて本当に発達した」（大杉栄前掲『獄中記』、ぱる出版版『大杉栄全集』第四巻、四二三頁）と言っていることも思い出される。

そんな最中の一九〇六年八月、堀紫山と、堺利彦の最初の妻美知子の妹、堀保子と結婚する。その後、社会主義運動では、栄は中心人物の一人に成長していくが、大きな事件としては、赤旗事件（一九〇八年）に関わり、長く入獄する。もっとも、そのため彼は大逆事件では命拾いする。その入獄中、幸徳秋水はじめ、大逆事件で逮捕されていた主義者のほとんどを獄室から覗き見たり、すれ違ったりした。後で、ほどなく死刑となる彼らに、ルールに従い声をかけなかったことを後悔する。

一九一〇年一一月二九日、栄は出獄するが、その頃は社会主義とその運動は厳しい弾圧のただ中にあった。社会主義者が生きて行くのは大変な時代であった。いわゆる「冬の時代」で、それを堺利彦の売文を業とする売文社でじっと堪えることになる。

5 『近代思想』の船出——社会主義運動の再開ののろし

(1) 『近代思想』の創刊と大杉の成長

厳しい弾圧をただじっと我慢するのに絶えられず、明治から大正に変わる頃、大杉栄は同志の荒畑寒村と社会主義運動の再開のチャンスを狙いだした。赤旗事件で入獄し、出獄してから一年半経つかどうかという頃であった。しかし、社会主義をテーマにする新聞・雑誌類の刊行は全く不可能であった。ただ文化、文学、芸術、哲学、評論を扱うものであれば、たとえ編集人・発行人などの担い手が社会主義者でも、刊行は可能であった。

その計画に使われたのが『近代思想』であった。その挑戦には社会主義運動では先輩の堺利彦が、大逆事件から余り時間が経っていないことから、当初は懸念したが、結局後見人役で支えてくれることになった。この時、栄は二七歳になっていた。

かくして出発した『近代思想』は社会主義の機関誌ではなかった。社会主義者を含む文化人、文学者、作家、詩人、歌人、評論家らによる文化から文学、芸術、科学にわたる機関誌であった。

これが予想以上の反応・反響を呼び、多種・多様な人たちを引きつけ、巻き込んでいく。常連は、栄の他、荒畑、堺で、それに安成貞雄・二郎兄弟、相馬御風、土岐哀果（善麿）、西村陽吉、佐藤緑葉、和気律次郎、上司小剣、徳永保之助、山本飼山、伊庭孝、上山草人、宮嶋資夫・うら子、荒川義英、若山牧水らも参加、協力、あるいは議論を展開した。

もっとも、栄らも自分たちの仲間以外の者が参加しやすいように、寄稿には門戸を広く開け、あわせて意図してオープンで肩肘のはらない集会もよく開いた。研究会・勉強会・懇談会等であるが、難しい高度の研究よりも、また閉ざされた狭いテーマを取りあげるよりも、懇談・交流のような性格も加味した集会が多くなった。それが『近代思想』の狭隘化・孤立化を防ぎ、広い視野・広い参加者・協力者を得ることを可能にした。売文社同志茶話会を真似た面もあるが、そこには非社会主義的文化人・文人も集まってくれた。比較的長く続く近代思想社小集はじめ、センヂカリスム研究会等であった。やがて、そのような動きが労働者による下からの動きをも誘発し、労働運動の闘士の養成所といわれた北風会なども誕生していく。

珍しく発禁もなく、『近代思想』は予想以上に順調に伸びた。もっとも、少し調子に乗ると、当局より呼び出しが来て、文学・文化の枠をはみ出さないようにと注意を受けた。

この『近代思想』および同時代の類似の機関誌などにおける活動で、特に栄は大きく伸び、注目を集めるようになる。明治期には、執筆・著作面では、寒村の方が栄よりも先行して成果を上げていたくらいであった。栄は読書等思想家・運動家としての土台づくりの学習は誰にも負けずやっていたが、執筆、著作、成果に関してはまだ柱となるものがなかった。もっとも、翻訳とはいえ、「戦争罪悪論」に行きつく非軍備主義には、十分に注意を払う必要がある。ただ本格的な展開、またはそれを含む論文集等の著書もこれからであった。お気に入りのクロポトキンなどの翻訳（「青年に訴ふ」他）の方が目立ち、これからという時代であった。ところが『近代思想』の活動、あわせて同時代の他誌等での活動によって、栄の評価は大きく変わる。寒村を超えるほどになる。

実際に、栄は、この時代に社会主義運動の領域でのみか、思想、文芸、あるいは芸術の領域でも認められるようになった。単著も相次いで刊行する。自身にも大きな自信になった。二〇代の終わり頃であったが、この時代は、栄の足跡としては、次の一九一九年以降の『労働運動』の時代と共に、一つのピークを標す時期となるほどであった。

この過程で、栄は新潟出身の思想家とも触れ合う。小川未明、相馬御風らとは、会合や『近代思想』を通じて、また一九一五年頃からになるが、土田杏村とは論文・著書などをめぐる議論や手紙を通してやりとりするようになった。

そのうち、御風は『近代思想』にも寄稿してくれたし、また集会にもしばしば出席した。山本飼山追悼会（一九一三年一一月一〇日）、平出修永訣式（一九一四年三月二一日）などである。栄の方では、御風を島村抱月と共に、近代思想社小集に特別に招待し、応じてもらえたこともあった（一九一三年三月二二日)。また大杉の方から御風を訪ね、未明の家で三人で会ったこともある(大杉栄「大久保より」『近代思想』第一巻一二号。小川未明「童話を作って五十年」上笙一郎編前掲『児童文学論』)。そんなことで、栄は御風とは比較的親しい間柄になるが、彼は自分よりも著書の刊行でも先行し、社会的にも評価の高い御風をたてていたのである。

未明は『近代思想』には執筆していないが、栄らの会合には時々顔を出したし、他誌を含めてお互いに論評し合ったりした。未明がクロポトキンを読み、傾倒するきっかけも、栄の薦めからであった。しかも、関東大震災後、栄亡き後にアナキズム運動が衰退する時期に、未明は文芸運動面でアナキズム系の中心・論客の一人になっていく。

このように、未明、御風の他、安成二郎、土岐哀果、西村陽吉、若山牧水ら作家・詩人・歌人、特に歌人が多く集まったのも、荒畑寒村もいうように『近代思想』の特徴の一つであった。

(2) 御風、哀果、陽吉らへの大杉栄の批判

時の経過と共に、『近代思想』の評価・評判は高まった。にもかかわらず、社会主義や社会運動に関しては発言・主張ができないので、大杉らは『近代思想』に満足できなくなり、欲求不満を募らせていた。

その分、足下の衛星的な動きや地方の活動との連携を模索しだしていた。やがてその種蒔きが芽をだし、大正初めから一九一六年にかけて、『微光』『労働者』『生活と芸術』『世界人』『工場生活』『労

働青年』『生活の力』『生活の力付録・平民医学』『地上』『貧しき者』『科学と文芸』『労働組合』等、地方では『解放』（神奈川）、『へいみん』『黎明』（京都）、『人生と芸術』（名古屋）等、多様な雑誌・機関誌が世に送りだされた。それらの多くと、栄や堺利彦らは連絡を取り合っていた。

そのような不満のはけ口ということだけからではないが、一方で、栄は『近代思想』を超えて労働者を主テーマ・主役にする新しい機関誌創刊の検討を始める。労働者に軸足を置く運動と機関誌の刊行には、種々挑戦はするが、実現したり、定着したりするには時間を要した。

他方で、自らへの自省も込めて、土岐善麿、相馬御風、後には西村陽吉ら文芸・文化領域から『近代思想』に接近してきた者たちに、栄は現状認識や社会運動・思想運動への関わりの中途半端さ・不徹底さなどをめぐって批判を浴びせかける。加えて日本全体の中央・中心に位置する吉野作造、賀川豊彦、鈴木文治らにもこの時代、さらには『労働運動』以後にかけて厳しい批判を加える。

土岐らへの批判は、栄らしく率直で、厳しいものであった。それに対して、批判を受けた方も無視も逃げもせず、批判に応えはする。しかし、結果としては次第に彼らを栄らと距離を置く方向に追いやることにもなった。

その三人の中では、御風に対する栄の対応も、論争の展開も、他の二人とはやや異なっていた。この栄と御風の論争については、大沢正道「御風と大杉栄――『近代思想』の誌面より――」（紅野敏郎・相馬文子編『相馬御風著作集』別巻二に所収、名著刊行会、一九八一年）が先行的に良く整理している。土岐と西村には、多少ふざけて皮肉な言葉、ぞんざいな言葉も投げかけたりもするが、御風には必ずしもそうではなかった。御風の対応姿勢のお蔭もあって、正々堂々と四つに組み合う互角の勝負の感じもした。

栄は御風には当初は一目置いていた。著書などの数も、御風の方が先行し、かつ評価も上、個人主義など評論・論文でも、御風の方が先行するほどであった。例えば、二人の論争の開始後になるが、マクス・スティルナーやF・W・ニイチェらを取り上げた御風の『個人主義思潮』(天弦堂書房、一九一五年一〇月)が、栄の『社会的個人主義』(新潮社、一九一五年一一月)の僅か一ヵ月ではあるが、先に刊行されることもあった。

その頃の栄の著書も、御風の著書・訳書も、新潮社からのものが多い。若手・新人を積極的に登用、活用した新潮社の路線に乗せられた二人でもあった。

そんなことで、御風が栄の前に現れたときは、栄もいろいろの意味で興味を持った。御風も『近代思想』に寄稿したほか、栄が顔を出した各種の集会・記念行事にも、しばしば出席したので、二人は時々顔を合わせていた。

一九一三年三月、メイゾン鴻之巣における第三回近代思想社小集には、前述のとおり栄らは島村抱月と御風をゲストとして招待する。そんな丁寧な扱いであった。

ところが、御風は社会運動・社会思想のテーマになると、やや過激な言辞を弄しがちになることがあった。小川未明に向けた批評もそうであった。それに、栄が鋭い批判の刃を向けることになった。かくして二人の間に論争が始まるのであった。

（3）大杉栄と御風の論争の開始と終了

大杉栄と御風の論争は、最初は、栄が一方的に議論をしかけたものであった。まず、一九一四年早々に、御風に厳しい第一弾の批判を浴びせる（大杉栄「時が来たのだ――相馬御風君に与ふ」『近代思想』第二巻四号、一九一四年一月）。

翌月には、すぐに御風が栄に回答する（相馬御風「大杉君に答ふ」『近代思想』第二巻五号、一九一四年二月）。同じ号で、栄は「再び相馬君に与ふ」を発表し、再批判を行う。

このように、栄が噛みつくように仕掛けて始まった論争であったが、二人は若さもあって真剣に議論し合った。栄は高飛車に鋭く切り込むが、御風は遠慮がちに、多少論点をそらしながら、しかし誠実に、冷静に対応する。そのやりとりに、世間は、固唾をのむほど引きつけられる。

ところが、すぐに、論争の流れ・雰囲気が変わりだす。栄と御風が、言うことはもう言ってしまったからと言わんばかりに、むしろお互いに、エールを送り合うのである。外からは注意しないと分かりにくかったが、二人にはよく分かっていた。だから、行き違いなく、お互いに認め合い、敬意を表し合って、論争は自然消滅となる。

例えば、論争が始まって間もない一九一四年三月二一日、平出修の永訣式に出席した栄と御風は、式後、土岐哀果らも加えて食事を共にする。一九一四年六月、御風は『文章世界』第一二四号の「時評」に、栄の「籐椅子の上にて」を注目すべき論文とやや持ち上げる。同時に御風は『早稲田文学』

同月号（第一〇三号、一九一四年六月）に、G生の署名で「注目すべき準備――最近思潮――」を書くが、そこに、栄らが労働者向けの『平民新聞』の発行に乗り出す壮挙をかなり大袈裟に評価し、期待する。

それに対して、栄は『近代思想』一九一四年七月号の「銅貨や銀貨で」に、「文壇の二三の友人は、僕等の計画に対する同情ある批評を公けにしてくれた。僕は……『早稲田文学』の相馬御風君等に対して、深く感謝する」と謝意を表している。

しかもその頃、栄は、一〇月をめどに、初の論文集『生の闘争』（新潮社、一九一四年）の出版を準備していたが、御風に同書に対する「序」を依頼する。これは、理由や目的がどうあれ、栄が御風を認め、敬意を表す扱いをしたことにほかならなかった。論争・批判相手に序文を依頼するのは、大杉にしかできない芸当であるが、御風もそれに堂々と応じて、内容のある大杉論を展開する。

その「序」では、栄の特徴として人間の自由・自立・自治の主張をするに際しても、目的と手段、理想とプロセスの一致を強調する点、それに軍部などに生命を狙われるものがいるとすると、栄こそ危ないのではないか、といった点を、あの段階で御風が言い当てていることが注目された。ちなみに、このことに思いをいたすと、馬場孤蝶がやはり『生の闘争』に寄せた「序」に、栄の顔を「謀叛面」と表現したことが思い出される。

この流れに対して、栄は、論争の切り出しでは御風に対しては鋭く当たりながらも、言いたいことを言ってしまうと、それ以上は深追いはしない。むしろ見えにくいところでお互いに禮も尽くしていたこと、つながりも維持していたことがうかがえる。そこに、栄の厳しい批判に対し、終始冷静に対応した御風の大きさと共に、それにある程度合わせた栄の成長ぶりもうかがえた。だから、二人の交流は、その後も御風の郷里への「還元」まで続く。栄は、御風が編集長格でいる『早稲田文学』への寄稿も続け、御風も受け入れている。

かくして、両者の論争は、栄が御風に言葉上は鋭く噛みついたように見えながら、論争の表面上の厳しさにもかかわらず、同時に、御風と栄は相互に認め合っており、エールも送り合っていた。その意味では、論争は実は全体としては四つに組んだまま、引き分けに終わったような、爽やかな印象さえ与える結末となっている。御風にとっても、不愉快な形、嫌な感じ、弱点を突かれて困ったままという形で終ったのではなかった。

だから、栄との論争の結果、御風は東京にいることができず、郷里に引き揚げたという噂・説明にはかなり無理があるといわねばならない。この二人の論争は本書「相馬御風」の章でも詳しく取り上げているが、荒畑寒村も、栄や『近代思想』には御風を東京から追い出すほどの力はなかったと回想しているとおりである（荒畑寒村「『近代思想』と文壇──『近代思想昔ばなし（二）』」『近代思想』復刻版・解説Ⅱ、地六社、一九六一年）。

ちなみに、この一九一〇年代の栄の生活や活動のあり方・動きをみていると、栄はハンデキャップとなっていた吃音については、『近代思想』時代を終え、次の時代に入る頃には、精神的にはほぼ共生、あるいは克服できたのではないかと思える。

彼が子どもの頃から吃音によっていじめを受けたり、恥ずかしい思いをさせられたりしたこと、それ故大きなハンデキャップになっていたことは間違いない。その後も入獄した時など、出獄した直後は、一ヵ月も満足に口がきけず、筆談することもあったし、どもりながらフランス語を話すこともあった。現実の困難については その後も残り続けることは、本人も記しているとおりである。

しかし、栄が『自叙伝』などに吃音について触れるときには、負い目・劣等感を感じていないような印象を受ける。吃音によるいやな思いや苦労話を書く時も、オープンで、他人には明かにしたくないという内に閉じこもる雰囲気を感じさせない。過去のことでもあるかのように、多少おもしろおかしく表現することさえしている。少なくとも、隠す、触れてほしくないという姿勢・気分ではない。むしろ吃音を受けとめ、それと仲良く共生している感じである。

栄は、他人との付き合いを避けたり、逃げたりもしない。むしろ自分からすすんで人を訪ねることも多かったし、初めての人とも気軽に付き合う一面も持っていた。『近代思想』時代の御風、小川未明などとの交流、伊藤野枝、平塚明子、その後の作家・文士たちとの意外に広い付き合いにしろ、ほとんど吃音による逃げ、引っ込み思案という雰囲気を感じさせない。むしろ、自分の方から接近しているのである。人間であればハンデ・マイナス面を持っていない人はいないが、栄も吃音に関しては、それと共生できるほどの悟りのような境地、精神的には克服できた境地に到達していたのではないか、と思えるのである。

（4）民衆芸術・美術論と労働者が主役の主張

この『労働運動』以前の時代に、栄の活動で忘れてならないのは、民衆芸術論への強い関心とその先導的関わりである。彼はロマン・ロラン（栄はロメン・ロオランを使う）の『民衆芸術論』（阿蘭陀書房、一九一七年。アルス、一九二一年）を翻訳した。また民衆芸術に関する論文をいくつも発表するなど、民衆芸術の議論では先導者の一人になった。土岐哀果（善麿）らの『生活と芸術』も、大杉にとっては、自らの陣営の機関誌と受け止めてもよいものであった。

栄が民衆芸術論に大きく肩入れしたのは、その理念や活動が彼の思想や理論と根本において一致するからであった。人間の尊重と自由、人間の差別の否定、一人一人の才能の尊重と公平な扱いは、大杉の生き方・理論の基本であり、同時に民衆芸術論の原則でもあった。

民衆芸術の用語を最初に使ったのは本間久雄であると、栄は言っているが（大杉栄「新しき芸術の為の新しき芸術」『早稲田文学』第一四三号、一九一七年一〇月、大杉栄「最近思想界の動向」『文明批評』第一号、一九一八年一月）、実は栄の発言もほぼ同時期から始まっている。というより、労働文学や平民美術を含め、民衆芸術に最も力を入れて訴え、実践し続けるのは、本間以上に、加藤一夫や望月桂や栄といってよいほどである。

民衆美術の先駆者・望月桂の平民美術の創唱も、一九一六年であった。望月は東京美術学校（現・東京芸術大学）では、岡本一平、池部鈞、藤田嗣治らと同期で、後には読売新聞や地方紙などの社会戯評も担当する。その前に、忽然とでも言えるほどに、平民美術論をかざして美術・言論界に登場する（小松隆二『大正自由人物語―望月桂とその周辺―』岩波書店、一九八八年）。

望月が平民美術協会を立ち上げ、平民美術の宣言を発表する『労働青年』の刊行（一九一六年一〇月創刊）にも、栄は共感し、同誌を担った久板卯之助や望月を応援した。また望月の主張にも理解を示した。望月は、美術作品は金持ちのためにあるものではないこと、豪邸の客間・床の間などに飾るのは本来のあり方ではないことを訴え、生活即芸術、平民皆芸術家であることを訴えた。望月の平民美術論は、相馬御風も影響を受けたＥ・カーペンターなどの影響が強いといえるが、特に、底辺労働者を含め、誰もが芸術に触れ、参加できるという望月の主張は、栄の社会認識、さらには労働者・労働運動の認識と一致するものでもあった。

望月は、一九一九年には黒耀会を組織し、さらに翌一九二〇年四月、第一回黒耀会作品展覧会を開催する。以後、弾圧に抗して四回（一九二二年）まで開催する。出品者には、望月、栄、久板卯之助ら仲間内の他、堺利彦、木下直江、石川三四郎、山川均、新居格ら社会主義者や思想関係者のみか、林倭衛、馬場孤蝶、有島武郎、高村光太郎、北原白秋、島崎藤村、長谷川如是閑、辻潤、秋田雨雀ら広範にわたる人たちの名もみえる。

その後、望月は大正後半から昭和にかけて、主にアナキズム系機関誌の多くに漫画社会戯評を引き受け、アナキズム系専属の画家・漫画家といえるほどの役割を担う。その後、読売新聞、ついで信濃日日新聞はじめ、地方紙の漫画社会戯評を担当する。

栄は、望月とは後に『漫文漫画』（アルス、一九二二年）という共著も刊行する。彼は絵画・美術などの創作才能はそれほどではないが、民衆芸術論に対する理論や感覚・臭覚はさすがであり、日本におけるその先導者の一人と言って差しつかえない位置にいる。

その頃から、『労働青年』の中心であった久板卯之助、渡邊政太郎、和田久太郎らが労働者の役割に着目、労働者の中へ入りだすが、栄も、それに遡って第一次『近代思想』の末期頃から労働者に着目しだしていた。『近代思想』に飽きたらなくなり、労働者向けの、労働者のための機関誌を模索し始める。『近代思想』の次なる段階として、栄は機関誌のタイトルにも、「労働組合」や「労働者」を取り入れようとしていた。せめて労働者の中へと、労働者街に住むことも実行する。社会運動や将来社会の担い手・主役として、多様な主体を認めつつも、「平民」や「文化人」から「労働者」、それも底辺労働者を含む「一般労働者」に軸足を移していたのである。

しかし『近代思想』の後継誌は、『平民新聞』(一九一四年一〇月創刊)も、第二次『近代思想』(一九一五年一〇月創刊)も、また『文明批評』(一九一七年一二月創刊)も、発禁の攻撃にさらされ、長く維持することが困難であった。久板らが挑戦した『労働新聞』(一九一八年五月創刊)も支援するが、これも厳しい弾圧によって長くは続かなかった。

そうするうちに、一九一七年、一八年と、ロシア革命、ついで米騒動が勃発する。この二つの激動は栄の理念と行動を激しく揺り動かすことになった。社会主義・社会運動をめぐる動き・環境も大きく変わる。栄も否応なく労働運動・社会主義運動の先陣に立ち、激動する潮流にもまれる時代を迎える。

その時には、栄らの『近代思想』やその後継誌の苦闘のお蔭で、いろいろのグループが労働組合や労働者の用語を冠にした機関誌類に挑戦する。それが可能なまでに運動が展開、そして拡大していたのである。

(5) 大杉栄の感想詩の力

大杉栄という人は名文家である。一つ一つの文章を短く簡潔にまとめ、かつその文章・表現も凝るので、流れがよい。気分に合わせて一気呵成に自由奔放に書いているようでいて、実際には構成・流れをよく考え、文章も工夫して書いている。堺利彦も、栄の『自叙伝』を例に、栄が随分構成や文章を工夫し、練って書いている、と評価していた(堺利彦「なつかしい『自叙伝』」『堺利彦全集』第六巻、法律文化社、一九七〇年)。

大杉の名文というと、大正初期に多い。『近代思想』から『文明批評』にいたる時期である。本人にも修業中という意識がどこかにあり、また時間的にも、一九一九年以降の東奔西走の時代に比べて、多少ゆとりもあった時代である。

その時期に、栄は自らの思い・意見を詩的にまとめた感想詩のようなものも残している。「社会か監獄か」(一九一三年)、「むだ花」(一九一三年)、「道徳非一論」(一九一六年)、「僕は精神が好きだ」(一九一八年)などである。そのほとんどが一九一三年頃から一九一八年の間に発表されている。その時代には、社会思想・社会運動への弾圧が厳しい分、活動の広がりや深さに限界があり、感想詩などを楽しむ程度のゆとりはあったのである。
それらの中には、栄の特徴としてしばしば指摘される「キザ」な面、カッコよくみせようとする面が出ているものもある。ところが、栄が発表すると、その「キザ」が嫌味にならず、様になるのである。その辺が栄のうまいところでもあった。そんな中に、次の「道徳非一論」などがある。

おれの舟のへさきが
打砕き打起して行く波の行衛は、
おれにも誰にも
末の末まで分からない。

砕かれた波の、起された波の
波の行衛に控はない。
波は波自らの運命を
辿つて行く、拓いて行く。

おれは只だ、
おれ自ら道を求めて、

おれの一切を賭けて、
未知の彼岸に漕いで行く。

この詩は『塵労』創刊号（一九一六年一〇月）に発表されたが、発行人の西村唯一が栄に直接依頼したものであった。彼はこの詩がすっかり気に入り、作曲を依頼して『塵労』の歌にしたいとまで考えていた。なお『塵労』の原文では、詩の最後の行は「未知の彼岸に漕いで行くの」となっている。

実は、大杉の文章は、エッセーにしろ論文にしろ、感想詩の形式をとらなくても、それに近いものが散りばめられた文章が少なくない。それもやはり、大正初期・大正前半に集中している。その一例として『正義を求める心』に収められた「ヴァガボンド魂」（一九一七年）を引いてみよう。

この文章にもいたるところに、うまいなあと思わせる感想詩風の表現が使われている。例えば、海について「微笑む。嘲罵もする。叫喚もする。絶望もする。苦悶もする。風は塞がつている。うめき声をあげて壁に打つかる」（大杉栄「ヴァガボンド魂」『正義を求める心』アルス、一九二一年）といった具合である。

大正初期には、大逆事件の裁判の行われた東京では、特に弾圧が厳しかったので、主義者たちは、思いどおりの活動はできなかった。その代り、工夫してはいろいろと挑戦を行っていた。地方とも連携をとっていた。栄も同様であった。そんな合間に発表されたのが感想詩であった。ほどなく、そのような努力が実り、一九一九年以降の社会主義・社会運動の全面的開花につながっていくのである。

（6）自由恋愛とアナキスト宣言

同じ頃（一九一六年）、自ら蒔いた種ではあったが、栄は堀保子、神近市子、伊藤野枝との「自由恋愛」「三角関係」にも関わり、一一月九日、神奈川県三浦郡葉山町の日影茶屋で神近に刺されるという事件に巻き込まれる。その結果、栄は、厳しい対応を迫られるが、結局、以後生涯にわたって夫婦として、また同志として生活・行動を共にする野枝と結ばれることになる。

その間の栄の考え方・振る舞いは、世間からも社会主義者からも、厳しく批判される。それに対して、彼は逃げも隠れもせず、堂々と野枝との恋愛往復書簡、野枝と結び合うにいたる経過等を公表するなど、自由恋愛論の論陣をはる。またむしろ社会主義者の旧態依然の考えを批判、自らはそれとは異なるアナキストであることも宣言する（「社会主義者を退治せよ」『近代思想』一九一八年二月。他）。

ともあれ、結果としてこれほど相性が抜群の組み合わせはないと思わせる夫婦が誕生した。栄にとって唯一人頭の上がらない人物が野枝であった。その分、子供たちや家族のこと、貧乏世帯のやりくりのことまで野枝に安心して任せることができた。それに対し、野枝が最も頼りにできた男性は栄であった。また栄をうまく舵取りできたのも野枝であった。栄が自由奔放に欲するままに活動できたのも野枝あってのことであった。

以後、栄は人間の解放、自由、自立を一層強く訴え、アナキズム運動の先頭に立つ。その運動では、一切の束縛・権威・独裁を拒否し、人間・個の尊重、解放、自由を主張する。その際、必要なのは、競争原理の下で、あるいは社会変革のもとで、勝者が権限・権力・支配機構を握り、独裁や支配に走ることではなく、自由・自立による団結・連帯・相互扶助であることを主張する。栄は、敬愛するクロポトキンの『相互扶助論』から引用して次のように主張している。

「競争してはいけない。競争は常に種に有害である。しかもそれを避ける方法は幾らでもあるのだ……団結せよ！　相互扶助を実行せよ。」（大杉栄「人類史上の伝統主義」『新小説』一九一七年一〇月号）。

栄は、団結や組織を否定するものではない。労働組合への期待・支持は変わらなかったし、日本著作家組合（一九一九年）への加入、ついで日本社会主義同盟（一九二〇年）への参加（発起人）もよく知られている。またフランスから帰国後、栄自身が企画するも、大震災のため幻に終わる「アナキスト同盟」（一九二三年）の結成への意欲と準備も明らかにされている。

それらにみられるように、また団結の必要は繰り返し訴えたように、栄は団結や組織そのものを否定したわけではない。彼は、組織において勝ち負けを争ったり、権力を奪い合ったり、さらにはその集中や独裁を図ることを否定したのである。新社会・理想社会でも、そこにいたるプロセス・手段においても、何よりも一人一人の解放、自由、自立を大切にし、その連帯・相互扶助・団結を重視したのである。

革命と同様に、組織や体制にも良いものと悪いものがあること、組織や体制における独裁や権力の集中は誤りであり、認められないこと、こういった主張に関しては、栄は譲らなかった。彼は思想、運動、さらに理想社会にさえ、完全なものはないこと、ましてや人間の抑圧や差別を招く独裁や権力の奪取・集中は絶対に認められないこと、それよりも自由・自立に基づく自由連合がはるかに人間的で、可能性が高いことを強く訴えたのである。

もっとも、そのような主張・論理に対しては、若い土田杏村が批判的で、栄に真っ向から議論を挑んだ。栄が相馬御風らに仕掛けた論争がほぼ終息してから、ちょっとだけ時間の経った一九一五年一二月のことであった。杏村自身、後には栄の思想や理論には寛大な面も見せるが、突き詰めて考えた結果、マルクス主義と共に、栄らの自由連合主義にも批判を加える。自由で対等な合意・自治に基づく連合などは、「実際には適用の出来ない机上の空論である様である。……第一に合意によつて作られた社会の理想なるものは各個人の要求を全部認容する性質のものであらうか。……どうしても完全の一致を見る事は出来ない筈である。若しも完全に相一致しないとするならば、どういふ方法で理想を決定するのであらうか。……第二に氏等の言はれて居る様の社会は誠に機敏と浪費の多い社会である。……其れによつて生ずる損害はどれだけ大きいか分らない」(土田杏村『文壇への公開状』一五三～一五四頁、岡村書店、一九一五年)というのである。

組織・集団は多様な人・多様な意見からなるので、連帯・連合を基本にしても、一つにまとまるはずはないと決めつけるのもおかしいが、確かにその可能性がないわけではない。ただ独裁、一党支配・

多数派支配下の自由・自立と、強制・抑圧のない自由連合主義・連帯主義のもとでの自由・自立ではそのあり方が全く違うと栄らは考える。

一九一五年段階で、このように栄の主張の根幹を的確に受け止め、それに疑問を提起したのはそう例がない。それが若い杏村であったことには、さすがという印象をうける。ただ、その時は杏村がまだ学生時代で、若さ故に栄に対する批判論文を収めた著書は哲学的で、一般読者が読むには難解な部分も含んでいた。

いずれにしろ、栄は、組織が独裁・一党派への権力の集中を前提にするか、それとも構成員の自由・自治を前提にするかでは、前者には全く同意できなかった。それは人間尊重・人間本位ではないので、理想・理想社会のあり方とは対立するからである。まず基本・前提が個の尊重・自由から始まらなくてはならない。それに続く組織の維持・運営も個の尊重・自由から始まらなくてはならない。そのような人間尊重・個の自由、そして連合・連帯を原則とすれば、解決へ、そして理想へと道は開かれる、と、彼は考えていた。

6 労働運動へ

(1)『労働運動』の創刊と知識階級批判――労働組合は理想社会づくりの実験場

大正デモクラシー運動の展開・高揚の下で、ロシア革命と米騒動を経て、一九一九年にはあらゆる社会運動が大きく開花、あるいは発展に向かう。

大杉栄は、その中軸に労働運動を位置づけ、この年一〇月、同志と共に、第一次『労働運動』を創刊する。存命中に『労働運動』は第三次まで発行し、アナキズム運動のセンター的機関紙として、発信を続ける。

そこでの主張・訴えでは、まず「労働運動の精神」「労働運動と知識階級」「労働運動の転機」「労働運動と労働文学」、あるいは労働者に関わる社会政策的なものが目立って行く。一九一八年以前には、『労働運動の哲学』「労働運動とプラグマティズム」「労働運動と個人主義」など、労働運動でも哲学的・理念的レベルの考察・論説が中心であった。

ところが、一九一九年以後は、栄の関心も現場やそこでの実践を視野に入れたものに変わっていく。しかも、労働運動リーダーや知識階級のリーダーシップには批判的で、むしろ一人一人の弱い労働者の目覚めと奴隷根性からの脱却、自由、自立に期待した。一人一人の労働者が経営者・上司、あるいは組合リーダーから自立できない奴隷根性を払拭できなくては、労働運動も理想社会への前進も絵に描いた餅と考えていたからである。

特に『労働運動』創刊以後は、労働運動に全力投球するが、それと共にまず知識階級批判、ついでロシア革命批判、さらに第三次『労働運動』以後は、ロシア革命批判に加え、権力集中論批判・自由連合主義の高唱へと主張が展開される。

そのような活動によって、栄にあっては、『労働運動』の時代には『近代思想』の時代とは違った意味で、もう一つの高いピークが形成されるのである。

　第一次『労働運動』を掲げて、本格的に労働運動に取り組む段階で、栄が理解・重視していたことは、一つには労働運動が生物的・経済的要求運動から人格運動・自治的生活獲得運動へ発展するということであり、もう一つには知識階級から自立して、労働者が自らの力で労働運動を推進・展開することであった。

　労働運動の高揚と共に、労働運動リーダーの鈴木文治や賀川豊彦はもちろん、吉野作造、福田徳三、山川菊栄、赤松克磨ら知識階級が労働運動に発言・声援を送る機会が増える。その際、一般的には労働者の知的遅れ、無自覚、それに対する知識階級の指導の役割・必要性が主張されるが、栄はそういった認識をリーダーや知識階級の思いあがりと批判する。第一次『労働運動』当時は、その知識階級批判が全国を席巻するほどの盛り上がりをみせる。それを主導したのは栄であり、彼の同志たちであった。

　ただ、栄は知識階級全てを批判の対象としたり、拒否したりしたのではない。課題や問題によっては、知識階級にも期待するところがあった。東京帝大教授の刑法学者・牧野英一を評価したり、白樺派の青年たちに未来社会の担い手として期待したりすることもあった。あくまでも、現場で労働者と協働・共創するのではなく、上から批判や指導を試みる知識人・知識階級を批判したのである。

　その『労働運動』の創刊直前に、栄は自らも日本著作家組合に参加、組合員になる。一九一九年七月七日、著作家組合の第一回大会が芝・ユニテリアン教会で開催された。九七名が組合に加入し、うち三一名が当日出席した（大会当日は「著作家組合」の名で全て進行、決定されているが、組合機関誌『著作評論』創刊号では、奥付けに「著作家組合」ではなく、「日本著作家組合」が使用されている）。

中心になったのは有島武郎、馬場孤蝶、堺利彦、平塚明子（らいてう）、生田長江、土岐哀果、大庭柯公、荒畑寒村らで、当日評議員一五名が選出され、さらにその中から、馬場、生田、大庭の三人が幹事に選出された。栄も小川未明、加藤一夫らと共に組合員になった。

著作家組合は新聞印刷工のストライキに声援を送るが、栄は個人的にも同ストライキを応援する。

その一年後の一九二〇年八月、栄は日本社会主義同盟に発起人として参加（一二月に正式に創立）。一〇月には、コミンテルンの招きで、極東社会主義者会議に参加のため、密航して上海にわたる。ロシア革命の実態を知るためにも、政府や当局を欺いて、密航して日本を脱出できたことを楽しむかのように動きまわる。できるだけ多くの情報・資料の収集や関係者からの聴取も行い、またコミンテルンから資金も得て帰国する。

一九二一年一月、アナ・ボル連携の第二次『労働運動』を発刊する。しかし、その背後では栄排除の動きがボル（マルクス主義）系で進められており、アナ・ボル連携はうまくいかず、むしろ対立、社会主義の分化の時代へ突き進む。

（２）労働運動の精神と実践

一九二一年を発端に、労働運動では芝浦製作所（現・東芝）、石川島造船所（現・ＩＨＩ）、池貝鉄工所（現・池見）など基幹的大企業に企業別組合が結成されだす。その流れが労働運動の動向にも影響しだす。アナ・ボル対立が進行しだす中、アナキズム系が印刷工に加え、重工業・機械工業にも支持労働者を拡大するからである。

太平洋戦争後、多くの研究者は続々登場する企業別組合については、戦中の企業・工場ごとの産業報国会の組織、ないしは戦後の労働運動の企業・工場ごとの展開を源流とするという意味で、戦中ないしは戦後の所産と理解した。ところが、戦中・戦後より遡って実は戦前にも、企業別組合の存在、定着はみられていた。一九二一年を転換点に企業別組合が誕生し、横断組合ほどではないが、かなり広まり、定着したのである（小松隆二『企業別組合の生成』御茶の水書房、一九七一年）。

実際に、労働総同盟を含め、労働運動の現場でも、企業別組合は受けとめられ、「縦断組合是か非か」といった議論も展開されていた。しかも、当時の企業別組合の多くがアナキズム系に属したこと、まもなく課題になる労働組合の全国総連合大会では、その機械工・造船工が、印刷工と共にアナキズム系の柱になることも注目された。

その一九二一年一二月に、栄らは第三次『労働運動』を発刊する。彼が関わる最後の『労働運動』となる。特にアナ・ボルが連携から対立に向かう流れの中で、人間・個の解放・自由・自立、またアナキズム・自由連合主義の高唱・高揚へと進む。あわせて、権力の奪取・集中を進め、反対派のみか、時には市民をも抑圧するロシア革命・ボルシェヴィキ批判も強める。

そんな中で、一九二二年には、アナ・ボルの連合をめざす労働組合の全国総連合大会の計画が進み、九月に大阪で大会が開催される。その大会をめざし、あらゆる労働運動・社会主義運動のリーダー・運動家たちが大阪に結集する。にもかかわらず、合同も連合もならず、対立・分裂で終わり、アナ・ボル対立・抗争が否応なく全面化する。

栄たちは、労働組合の合同・連合では自由連合論こそ「実際問題として唯一可能な方法」(大杉栄「労働運動の理想主義的現実主義」『改造』一九二二年一二月。『労働運動』第三次一〇号、一九二三年一月)と考えていた。労働組合は、人間の解放・自由・自立が実現される理想社会の〈芽生え〉〈実験所〉とすべき所であり、理想社会と無縁ではない。労働組合は理想に向かう土台であり、プロセスでもある。土台・プロセスであれば、理想とプロセスの原理・原則の一致の必要から、労働組合には人間・個、そして各組合の自由・自治が欠かせない。その合同か連合かの場合は、自由な連合としてなされるべきで、それが認められない合同であるならば、受け入れられないという立場をとった。

栄は、労働運動を生物的要求・経済的要求から人間運動・人格運動へ進む、と理解していたことは前に触れた。それは、自由連合論、そして労働組合を人間の解放・自由・自立を実現する理想に向かう実験・実践の場とする理解につながるものである。

栄の考えでは、生きるために必要な食糧等を得る賃金や労働時間の改善のみを労働運動に求めていては、生物と同じである。人間はそこを超えなくてはならない。生物的要求と共に、理想社会の基礎となる人間の解放、自由、自治の要求・実現に進まなくてはならない。労働者には組織も団結も必要であるが、それは究極的には人間の尊厳や自立を実現・保障するためのものである。そこに人間・個の自由を抑制・抑圧する中央集権や独裁制を入れてはならない。上からの命令や強制は排除し、労働者一人一人・労働組合一つ一つが自由で自立した精神と行動力をもってこそ、労働運動は強くなり、理想社会の担い手にもなれる、というのである。

栄が、「労働運動は労働者の自己獲得運動、自主自治的生活獲得運動である。人間運動である。人格運動である」（「労働運動の精神」『労働運動』第一次一号、一九一九年一〇月）と叫ぶのは、そのような理解からである。

(3) 再度の日本脱出と国際的連携への関心

大杉栄は、そのような理念に立って全国労働組合総連合大会にのぞみ、それが決裂したのを確かめると、フランス、ドイツへの旅行を計画・準備する。

一九二二年一二月、またも密かに日本を脱出する。ベルリンで開催が予定されている国際アナキスト大会に出席すること、またロシア革命をはじめ、世界の社会運動の動向を自らの身体で確かめることをめざしてのヨーロッパ行きであった。

栄は、語学が達者なこともあり、誰よりも国際的な思想や運動の動向・展開に敏感であった。彼の思想・主張も、外国の思想家・運動家から学んだり、活用したりすることが誰よりも多かった。運動に必要なら、翻訳・引用の断りなしに、海外の論文やエッセーなどを使うこともあった。

この時も、どうせ当局は出国を認めないだろうから、それなら密航してでも、世界の同志と連携をとり、交流したり、情報交換をしたりする必要を痛感したところからの行動であった。

栄は、日本を脱出後、まず上海に向かう。そこからパリをめざす。翌一九二三年二月、フランスに到着する。

しかし、フランスに入っても、ベルリンの大会に関する正確な情報が入らず、栄はフランスから出るに出られなくなってしまう。ついに、五月にパリ郊外のサン・ドニで開催されたメーデー集会に参加し、自ら進んで演壇にたち、演説を行った。当然、官憲の注意を引くことになった。

集会は警官の介入・暴力などで乱闘まで展開されたが、栄は集会が終わると逮捕された。それを知ったデモ隊が栄の釈放を要求して警察署に押しかける連帯の動きもみられた（鎌田慧『大杉栄　自由への疾走』三三八頁、岩波書店、一九九七年）。結局、栄は、ラ・サンテ監獄に収容される。しかし、警察も栄をもてあましたのであろう。六月、彼は強制送還となり、七月、帰国することになる。

日本では、その動静が新聞等に大袈裟に報道され、栄が時の人となるほどであった。神戸港に帰港、上陸、そこから汽車で東京に護送される間も、彼は大威張りともとれる堂々とした態度を取り続けるので、一部からは凱旋将軍のようにも受け止められた。

誤解されるアナキズムに加え、このような目立つ振る舞い、あるいは自らの機関誌にであれ、監獄を出た直後、「出獄の辞」などと銘打って以後自由自在に活動する旨を宣言するようなことが繰り返された。官憲からみたら、からかわれているようにもとれ、軍部などからは反感をかっていく。

七月二八日、東京で栄の帰国歓迎会が開催される。京橋鍋町のパウリスタ三階で、「帰朝、歓迎会」

と銘打ち、六〇名近くが出席した。加藤一夫、岩佐作太郎、近藤憲二ら仲間・同志の他、有島生馬、山本実彦（改造社社長）、新発田小学校の恩師・坂本謹吾、新居格らも出席した。この頃でも、栄は文壇的な付き合いをはじめ、幅広い人々と交流していたことがうかがえる。また、このような栄の動き・集まりでさえ、マスコミが写真付きで報道するほどの扱いを受けていた。

それから落ち着く間もなく、アナ・ボル対立が激化する状況の中で、栄はアナキストの組織として「アナキスト同盟」を提案、仲間たちが賛同して集会を準備しだす。会場は東京・根津権現の貸席が用意され、外部に漏れないように口コミで召集がかけられた。活動家二〇名余が集まるめどがたったが、突然関東を襲った大地震・大震災によって、栄によるその最後の組織計画・活動は幻に終わってしまう。

7　関東大震災と大杉栄らの虐殺

一九二三年に、フランスから帰国して、大杉栄が「アナキスト同盟」の結成に動きだしたところ、九月一日、関東大地震が勃発する。帰国してからまだ二ヵ月も経っていない時であった。東京中心に破壊・混乱・混沌が極に達する。その混迷の中で、栄は妻の野枝と六歳の甥の橘宗一少年（妹あやめの長男）と共に、甘粕正彦ら憲兵隊によって拉致、虐殺された。アナキスト同盟の計画も頓挫してしまう。

大地震が勃発するや、栄は近所を周ったり、弟妹の安否を気遣って見舞に出かけたりする。その見舞いの帰途、栄夫妻は軍部に尾行、拉致され、虐殺されるが、同道していた甥の橘宗一少年まで巻き添えで幼い命を奪われた。

栄が関東大震災に続く混乱の中で、虐殺されたことが公にされると、仲間・同志だけではなく、思想や立場を超えて、虐殺への批判、栄に関する懐かしい思い出・回想が多く発表された。それらは、栄に対しては偏狭さではなく、むしろ広さ、庶民性、人間性などへの共感を覚える言葉・追悼記となっていた。吉野作造、有島生馬、安部磯雄、馬場孤蝶、内田魯庵、久米正雄、山崎今朝弥、三宅雪嶺、正宗白鳥、加藤一夫、土田杏村、土岐善麿、森戸辰男、生田春月、中浜哲、賀川豊彦、松下芳男等多様・多彩な人たちが栄の死を惜しんだり、軍部への批判を寄せたりしている。

中でも歌人土岐哀果（善麿）の追悼歌が、哀果と栄の関係を思い起こすと忘れられない。大正初期の『近代思想』時代、それに熱心に参加していた哀果は、栄から手厳しい批判も受けている。それでも、栄を「いい友」（土岐善麿「ＭＥＭＯ」『生活と芸術』第九号、一九一四年五月号）と呼びつつ、批判に応えた。その後、時を経て、道は別れても、栄が軍部によって虐殺されたのを知った時、哀果はその怒りの真情を歌に託して、大震災を歌った多くの短歌と共にそっと発表した。私はその四首の歌を三浦槙子さんのエッセイ（三浦槙子「土岐善麿の『友の惨死』に思うこと」『歌のひびき』第二〇号、九条を守る歌人連絡会、二〇一〇年二月）で知った。

友の惨死　　　　　　　　　　　　　　　　　　　土岐善麿

ひと顆《つぶ》の梨のしづくにうるほせしその喉はいまは息は通はぬ
うち連れていでし散歩のそのままに遂にかへらず悼むすべなし
殺さるるいのちと知らめや幼児は窓辺に立ちて月を仰ぎし
うしろより声をもかけず殺したるその卑怯さを語りつぐべし
（土岐善麿『緑の斜面』二六一—二六二頁、紅玉堂書店、一九二四年）

一九二四年当時、「その卑怯さを語りつぐべし」などの表現によって発禁になっても不思議ではない歌を、哀果もよく創り、公表したものである。かつて大逆事件直後にも、「クロポトキン」「国禁の書」「革命」などの用語を、あえて短歌に歌いこんだ哀果であったが、この時は栄の虐殺という衝撃に直面して、手を下した軍部に対して、許せない気持になったのであろう。彼の歌にはそのような気持ちがよく込められている。

栄の没後、近藤憲二らが『労働運動』を引き継ぎ、第四次、五次まで刊行を続ける。しかし、栄の死は、アナキズム運動の広範な後退・衰退をすすめるものになっていく。文学運動領域では、比較的遅くまで、アナキズム系も活躍するが、労働運動中心に急速に大震災前の勢いは失せていく。その後、時の経過と共にさらに衰退の度を深めていく。

ちなみに、栄と妻の野枝、そして甥の橘宗一少年の追悼集会は、毎年九月になると現在も全国各地で開催されている。大杉の祖先の地で本籍もあった愛知県、特に宗一少年の墓と追悼碑のある名古屋市・覚王山日泰寺（橘宗一少年墓碑保存会）、また栄の墓のある静岡市沓谷霊園（栄らの墓前祭実行委員会・墓碑保存会）、さらに郷里の新発田市において催されるものがその代表である。

8　大杉栄の業績と評価

社会思想家・運動家としての大杉栄の人気・評価の高さは、『全集』や著作集の多さ、また伝記・評伝類の多さにもうかがえ、それ自体が優れた思想家の証左ともいえなくはない。

それでは、何故栄はそれほど後世に生き続け、人々を引き付け続けるのであろうか。良き先輩・良き味方であり、また良きライバルでもあった堺利彦は、栄を「明治大正時代における日本の一大名物男と呼んだことがある（堺利彦前掲「なつかしい『自叙伝』」『堺利彦全集』第六巻、法律文化社）。

堺と栄は、葉山事件以降、特に第三次『労働運動』以降は、「罵詈嘲笑」（同上）を浴びせ合ったこともある。ところが、そんな最中でさえ、相手が大病すればお互いに見舞い合っている。堺は「先年、彼が腸チフスにかかって危篤を伝えられた時、わたしは平生の不和にかかわらず、彼を病院に見舞った事がある。一昨年の春、わたしが盲腸炎にかかって死にそうだと伝えられた時、彼もまたわたしを病院に見舞ってくれた」（同上）。このさりげない回想に、初期社会主義者の人間味あふれる特徴・良さ、またつながりがうかがえる。栄の特徴も、論争相手に罵詈雑言を浴びせているように見えても、堺と同様にどこかに和みや逃げ道を用意していたり、厳しい批判をしてもいつまでも引きずらなかったりという性格であった。

そのような面のある栄であるが、彼の特徴・業績・役割ついて、以下に箇条書きにして改めて列挙することにしたい。

①人間の尊重と解放、個の自由と自立を思想・革命観の根底においたこと　栄は人間、そしてその一人一人の解放、自由、自立を最重視した。資本主義、社会主義等どんな思想・体制であれ、人間・個の尊厳、解放、自由を認めないようなもの、独裁や抑圧がまかり通るものは、否定されるべきで、批判と革命の対象である。その際、彼は目的と手段の一致・一貫性も重視する。目的が人間の解放、自由・自立であるのなら、手段・プロセスにおいても、それが守られなくてはならないというのである。

だから、社会主義であれば何でも良いというのではない。社会主義社会になろうと、一時的と弁解しつつであれ、人間の解放や自由を認めないようでは、革命が成功・成就したとはいえないし、むしろもう一つの革命が必要になる、と考えた。特に目的・革命に向かうプロセスでなら、一時的に独裁や人間の自由の抑制・抑圧は仕方がないという考えは危険であり、プロセス・手段であっても、人間・個の解放や自由は絶対的な要件と、彼は考える。

革命というのは、社会主義などの体制が実現すれば、それで成就、完結するというのではない。要は、体制の変革だけではダメで、同時に人間の解放、自由が目的においてもプロセスにおいても、しっかり保障され、確立しているかどうかである。また相互扶助と連帯、自立と団結に基づく自由連合主義が基本となっているかどうかである。

彼は言う。「思想に自由あれ．しかし又行為にも自由あれ。そして更には又動機にも自由あれ」（大杉栄前掲「僕は精神が好きだ」『文明批評』第一巻第二号）。それが認められ、生かされる社会でなくてはならないと、栄は考えたのである。

②未来に生きる永遠の理想・革命思想をアナキズムに求めたこと——永遠の革命家宣言　人間の尊重・解放、個の自由・自立は、限りがない。完結し、終りをみるというものではない。時代や体制を越え、かつ永遠に続くものである。人間性・人間の自由の拡充は、競争・勝ち負けの問題ではない。必要なのは、団結・連帯であり、相互尊重・相互扶助である。

もともと人間も、人間社会も決して完成されておらず、強力・堅固なものでもない。だから人間・人間性を軸に置く革命というものは、競争や勝負や多数決で決着をつけるもの、完結するものではない。必要なのは、一人一人の自由であり、その相互扶助・団結・連帯である。革命も、体制変革も、体制変革そのものが目的なのではなく、それと同時に人間の尊重、解放、自由、自立の実現が目的なのである。そこにこそ、小川未明、相馬御風らも、また有島武郎、新居格、安藤更生、高見順、埴谷雄高らも引きつけられたのである。

たしかに、人間の尊重や解放には終わりはない。むしろ人間の尊厳・解放のあり方、自由・自立の理解・あり方は、時代と共に変化することも考えられる。だから変革・革命は永遠に続くと、栄は考えていた。彼が、理想と考えるアナキズムにしても、「社会主義も大嫌ひだ。無政府主義もどうかすると少々厭やになる」（大杉栄前掲「僕は精神が好きだ」『文明批評』第一巻第二号）と言うのは、そのことに関係している。実際に、栄は、アナキズム社会になっても、自分は人間解放に向けて自由・団結、相互扶助による運動・活動をやめることはないだろうと考えていた。

③底辺の労働者・民衆を含む一般労働者・民衆の側に立ち続けたこと　栄は一般労働者・民衆の力を信じ、その側に立った。知識階級批判で文化人・組合リーダーを厳しく批判したり、全ての労働者・民衆の参加する民衆芸術に共感し、運動に参加したりしたのも、それを説明してくれる。

その際、栄が社会運動・労働運動において特に重視した点に、一つには底辺労働者、現場労働者を含む一般労働者の判断と役割を尊重すること、もう一つには労働者の主体性・自立性を尊重し、知識階級の「指導」は思いあがりで、不適切なことの方が多いと訴えていたことがある。ただ、栄はある面で柔軟で、前述のように知識階級が全てダメとか、思いあがりであるとは考えていなかったことも留意されてよい。

④機関誌を主要な武器にする運動方式の採用　栄は大正以降、社会運動の流れにおいて活動家と

して自立するようになってからは、『近代思想』『平民新聞』『文明批評』『労働新聞』『労働運動』など自らの手で編集・舵取りできる「自分たちの機関誌」をもって運動に臨んだ。その機関誌を武器に書きまくるほどの勢いで主張、提言、批判を発信した。

彼は労働者ではなかったので、上からの組織活動で労働の現場に関わる限界を承知していた。労働者街での生活も、経済的理由が第一であり、それを機会に労働者の生活・意識を共有し、それを発信することが主たる目的であった。決してそこで労働者の中に入り、労働者と共に暮らし、オルグ活動をすること等が目的であったのではなかった。彼が運動で依存したのは、基本的には機関誌活動・言論活動であった。

その機関誌の運営も、近代思想社、労働運動社などを経営・運営母体とするが、あくまでも形式であって、実質的な会長・社長や役員がいたわけではない。大杉が近代思想社社長に就くことはあったが、実質的なものではない。発行人・編集人・印刷人にしても、規定上置くが、責任は負わされても、権限は絶対的なものではなかった。栄としても、発行人・編輯人等にはなっても、同人・メンバーなら、一人一人が自立し、対等に関わることを認める方式と受けとめていた。

⑤民衆芸術への傾倒と貢献　　栄は民衆芸術・労働文学の日本における先導者の一人である。彼自身は、民衆芸術を日本で最初に言いだしたのは本間久雄と言い、また民衆美術・平民美術の最初の提唱者は望月桂と認めていた。そう言いながらも、自らも一方でロマン・ロラン（ロメン・ロオラン）

の翻訳・紹介を通して民衆芸術（論）を先導したし、他方で足下における望月桂等の平民美術運動に協力、参加、平民美術展覧会にも出品を行っている。

栄が民衆芸術にこだわったのは、民衆芸術・美術にあっては一般労働者が知識階級と対等に自由に関与できるものであり、また平民美術の理念・運動が彼の人間の解放・自由・自立の原理・原則と一致していたからである。

ともあれ、民衆芸術・労働文学・平民美術に対する最も有力な主唱者にして、厳しい批判者は、栄その人であったのである。

⑥ロシア革命に対する否定的認識・評価　日本の社会主義者・革命家は、一九一七年のロシア革命の勃発と成功の報に感動した。栄も衝撃を受け、すぐにその実態・実情を探ろうとした。そのため、わざわざ外国にまで出かけてもみた。そして、実情を知るにつけ、ロシア革命に疑問を抱き始めた。さらに、疑問どころか、あってはならない革命と、ロシア革命を否定しだした。権力の奪取による独裁、人権の制限・抑圧、特に反対派のみか、市民にも弾圧を加えるあり方に、ロシア革命を間違った悪しき革命、「あってはならない革命」と、批判するにいたる。

その理解が正しかったことは、スターリンの登場と、反対派への弾圧・粛清、市民への抑圧の日常化、さらにはロシア・東欧における社会主義体制の崩壊をみるにつけ、証明されることになった。

この批判が、一九二二年九月の全国の労働組合による総連合大会でも、その後の展開でも、反中央集権・自由連合論の高唱につながっていく。

⑦多様な言語の駆使・活用、特にエスペラントの活用・啓蒙　栄は外国語が得意であった。自ら「一犯一語」と豪語し、監獄を外国語の学びの場としたほどであった。実際に、それほど外国語をマスターするのも早かった。エスペラントに関しては、その理念が自らの理想社会づくりにも一致するので、同語の啓蒙にも尽くし、同協会でも積極的に活動した。

その語学力が、栄にとっては収入を得る上でも、また運動にも資することになった。フランス語や英語には殊更抵抗感がなく、入手する文献・資料にはすぐ目を通し、運動に使えるものはすぐに使った。翻訳・引用という断りなしに使うことも珍しくなかった。外国語の性格から、その活用は外国・外国人との交流、一国の枠にとらわれない国際性を、大杉が容易に受けいれるのを助けることにもなった。

思想・運動のため、あるいは生活や趣味のために収入を得る必要があり、フランス語とエスペラント語を教えたこともある。一九〇五、六年頃は、『直言』『光』『家庭雑誌』などにフランス語とエスペラント語教授の広告まで出している。月謝二円で昼夜にかかわらず便宜をはかるといった教え方であった。大正に入ってからも、一九一五年頃、フランス語教授の広告を『へちまの花』『近代思想』『新社会』などに出している。

⑧社会主義者・アナキストの国際的交流・連携の実践　社会主義（運動）の国際的情報収集・交流・連携には、明治から酒井雄三郎、片山潜、安部磯雄など先駆者は少なくない。しかし、栄のように、運動の最前線にいて、運動のために国際的連携・情報収集をめざして外国に出かけ、直接各地の動向やリーダーに接触した者はそう多くない。栄はその種の先駆者の一人であった。

日本にいても、中国や朝鮮の関係者との接触は可能であり、栄もそれらの国の運動には興味を持っていた。しかし、ロシア革命の実情を知ること、アナキスト・社会主義者の国際的交流を図ることをめざして、二度も密航までして中国やフランスに渡った社会運動家は珍しい。

前述のように、思想・運動関係の栄の論文・エッセーには、原著者の断りなしに翻訳・引用や要約されたものが結構ある。運動の推進のために、そうせざるをえなかったのであろうが、運動機関誌にも、外国の情報・文献の利用・活用が多く、外国の思想や運動に関する情報・動向の紹介を行っていた。それほど国際的情報・動向に敏感で、迅速に触れ、必要なものは即使い、思想・運動にも活かしたということでもある。

⑨生物学にも大きな関心と援用　栄は丘浅次郎と彼の専門の生物学から多大の影響を受けた。生物学を専門的に研究したいと思うこともあった。栄の思想や行動にも、生物学の学びは活かされている。栄を知る者の中にも、彼には生物学者が似つかわしいと考えていたものもいた。

栄が、珍しく生物学・博物学者の丘浅次郎には一貫して尊敬・私淑の気持を抱いていたことは先に説明した。その丘に対する尊敬の気持から、栄は丘に対する疑問や批判も展開した。「丘博士の生物学的人生観を論ず」（『中央公論』一九一七年五月号）もその一つで、同論は、生物学の専門家からも評価され、『丘浅次郎集』（近代日本思想体系9、筑摩書房、一九七四年）にも全文収録されたほどである。

他に、栄はアンリ・ファーブル『昆虫記』（叢文閣、一九二二年）、チャールズ・ダーウィンの『種の起源』（新潮社、一九一四〜一九一五年）、その他を翻訳し、ファーブルやダーウィンの紹介・啓蒙にも先駆的に貢献している。

以上のように、栄の思想と行動には、スケールの大きさ、多様性、国際性、オリジナル性、そして人間本位性が特色として認められる。とりわけ人間の解放、自由・自立を大切にする人間重視・人間本位の理論・活動が重要な特色をなしている。ここでは、翻訳に基づいていることもあって業績・成果の一つとしては特に取りあげなかったが、初期を代表する栄の主張に「戦争罪悪論」・反軍備主義がある。これも実は人間の尊重や自由を根底に置く思想であった。

おわりに――大杉への新たな期待

近年、大杉栄が、不死身鳥のごとく蘇りつつある。混迷の時代に新しい思想や運動の可能性を手探りしている若者に歓迎されているからである。栄の『全集』（ぱる出版）、単行書を積み重ねる方式の著作集（土曜社）の発行といった出版活動が同時進行してきたほどである。

栄は人間の尊重・解放、そして一人一人の自由・自立を最重視する。人間を大切にせず、自由を奪ったり、差別をしたり、抑圧・独裁に走ったりする主義・運動・体制は、社会主義であれ、たとえそのプロセスとして一時的なものと抗弁がなされたとしても、徹底的に否定・排除する。

栄は、人間の解放、尊重、自由は、あらゆる主義・思想を超越すると考える。人間が主義・思想に従属することはありえない。人間あっての主義であり、思想である。彼にとっては、社会主義のなかでは最も良いと考えるアナキズムさえ嫌になり、克服しなくてはならないと考えることもあった。彼は、前述のように何気なく「社会主義も大嫌ひだ。無政府主義もどうかすると少々厭やになる」（大杉栄前掲「僕は精神が好きだ」『文明批評』第一巻第二号）などと言っているとおりである。

何故ならば、人間・人間性の尊厳・自由・拡充には限りがない。たえず新たになり、無限に発展・拡大する。それに対応して革命というものも終わることがない。アナキズム社会でも、人間の尊厳や自由や拡充が完全に満たされつづけることはないし、人間のつくる理想社会は、人間が主役である以上、何ら新しい問題の発生をみることもなく、あるいは修正する必要もなく、完成・完結するということはない。つねに新しい展開、発展が待っている、そう栄は考えた。

その点で、栄は、永遠に未来を見、革命を夢見つづけた人であった。既成の思想や主義を絶えず克服し、新しい生命を蘇生させたり、付与したりして、未来に生き続けていくのである。そこに、時代を超えて変わらぬ栄の魅力・人気の一つも存している。

そのような生き方や思想は、差別や貧困を生み出す競争原理に立つ体制とは相いれない。また権力の奪取・集中、そして独裁を容認し、抑圧・弾圧まで行う既成の社会主義とも相いれない。官憲のみか、その種の既成の社会主義者からも、栄が嫌われ、危険視されてきたのも、理由のないことではなかったのである。

ただ栄の死後、アナキズム運動は、文芸運動を除くと、急速に後退する。とりわけ労働運動や農民運動、また社会思想界では、その後退が顕著になっていく。それに比べて、社会思想・社会主義運動の世界では、栄が厳しく批判したマルクス主義に基づく革命が成功、さらに栄の死後には、東欧、中国や北朝鮮、あるいはキューバ等においても社会主義国家が成立する。そのような現実の社会主義国家の成立に力を得て、マルクス主義は広範に受容されていく。その大もとのロシア革命に対する栄の真っ向からの批判も、学界、思想・運動界では軽視あるいは無視されていく。

それと共に、栄も、またアナキズムも、片隅に追いやられ、全くの少数派の地位しか与えられなくなっていく。しかし、栄という人がその後の社会主義社会において、また資本主義社会において、排除・無視されたのは、不要とか時代遅れだからとかではなく、それらを批判し、またそれらを超える思想・運動であるが故に、危険であると認識されて、排除されてきた一面もあった。

ともあれ、栄は、理想に続く夢のある社会・革命を追いつづけた思想家であった。その意味では、彼は未来に生きる人であった。それだけに、彼は必ずどこかで生き続ける。そして蘇る。とりわけ時代や思想・運動が行き詰まりや混迷に陥っている時代になると、必ずといっていいほど蘇る。混迷の中から抜けだす手がかりなり、これまではないオリジナルなものにつながる手がかりなりになることを期待されて、蘇るのである。今また新しい栄の『全集』や著作集が刊行されたり、栄とその周辺の人物・課題のシンポジウム・展示会が企画されたりして、改めて栄に期待する動きが芽生え、拡がりつつある。

〈参考文献〉

大杉栄『生の闘争』新潮社、一九一四年
大杉栄『社会的個人主義』新潮社、一九一五年
大杉栄『労働運動の哲学』東雲堂書店、一九一六年
ロメン・ロオラン、大杉栄訳『民衆芸術論――新劇美学論――』阿蘭陀書房、一九一七年。異版・異本に、サブタイトル「新劇美学論」なしのアルス版、一九二一年四月
ピイタア・クロポトキン、大杉栄訳『相互扶助論――進化の一要素――』春陽堂、一九一七年。異版・異本にアルス、一九二一年新版
大杉栄『獄中記』春陽堂、一九一九年
ピイタア・クロポトキン、大杉栄訳『革命家の思出―クロポトキン自叙伝―』春陽堂、一九二〇年
大杉栄・伊藤野枝『乞食の名誉』聚英閣、一九二〇年。異版・異本に、同じ聚英閣、一九二三年九月二五日新版
大杉栄『クロポトキン研究』アルス、一九二〇年

大杉栄・伊藤野枝他『悪戯』アルス、一九二一年
大杉栄『正義を求める心』アルス、一九二一年
大杉栄・伊藤野枝『二人の革命家』アルス、一九二二年
アンリ・ファブル、大杉栄訳『昆虫記（1）』叢文閣、一九二二年
大杉栄・望月桂画『漫文漫画』アルス、一九二二年
大杉栄『無政府主義者の見たロシア革命』叢文閣、一九二二年
大杉栄『日本脱出記』アルス、一九二三年
大杉栄『自叙伝』改造社、一九二三年
大杉栄『自由の先駆』アルス、一九二四年
『大杉栄随筆集』安成二郎編、人文会出版部、一九二七年
『未完大杉栄遺稿』安谷寛一編、金星堂、一九二八年
『大杉栄全集』全一〇巻、第一〇巻は別冊で「伊藤野枝全集」大杉栄全集刊行会（アルス）、一九二五
～二六年
『大杉栄全集』全一四巻、現代思潮社、一九六三年～六五年
『大杉栄全集』全一二巻別巻一、ぱる出版、二〇一四～一六年
土岐善麿『緑の斜面』日光叢書第一篇、紅玉堂書店（扉は紅玉堂出版）、一九二四年
近藤憲二『一無政府主義者の回想』平凡社、一九六五年

大澤正道『大杉栄研究』同成社、一九六八年。法政大学出版局、一九七一年
『堺利彦全集』第六巻、法律文化社、一九七〇年
安成二郎『無政府地獄』新泉社、一九七三年
大杉栄研究会編『大杉栄書簡集』海燕書房、一九七四年
秋山清『大杉栄評伝』思想の科学社、一九七六年
紅野敏郎・相馬文子編『相馬御風著作集』別巻二、名著刊行会、一九八一年
伊藤ルイ『海の歌う日・大杉栄・伊藤野枝へ――ルイズより』講談社、一九八五年
荻野正博『自由な空――大杉栄と明治の新発田――』新潟日報事業社出版部、一九八八年
小松隆二『大正自由人物語――望月桂とその周辺――』岩波書店、一九八八年
高野澄『大杉栄』清水書院、一九九一年
竹中労・貝原浩イラスト『大杉栄』現代書館、一九八五年
松本伸夫『日本風土をはみだした男――パリの大杉栄――』雄山閣出版、一九九五年
鎌田慧『大杉栄　自由への疾走』岩波書店、一九九七年
宮崎学『神に祈らず――大杉栄はなぜ殺されたのか―』飛鳥新社、二〇〇〇年
飛矢崎雅也『大杉栄の思想形成と「個人主義」』東信堂、二〇〇五年。新装版、二〇一四年
竹山護夫『大正期の政治思想と大杉栄』『竹山護夫著作集』第二巻、名著刊行会、二〇〇六年
大杉豊編著『日録・大杉栄伝』社会評論社、二〇〇九年

『大杉栄　日本でもっとも自由だった男』道の手帖、河出書房新社、二〇一二年
大杉栄と仲間たち編集委員会編『大杉栄と仲間たち―『近代思想』創刊一〇〇年―』ぱる出版、二〇一三年
飛矢崎雅也『現代に甦る大杉栄　自由の覚醒から生の拡充へ』東信堂、二〇一三年
栗原康『大杉栄伝―永遠のアナキズム―』夜光社、二〇一三年
山川均他『新編大杉栄追想』土曜社、二〇一三年

小林富次郎——法衣をまとい公益をかざした経営者

はじめに――企業活動に公益の原理を導入

新潟県の生んだ経営者で、忘れられない人物の一人に初代小林富次郎《こばやしとみじろう》（一八五二～一九一〇）がいる。彼は石鹸関連製品、後には歯磨き粉関連製品の製造・販売に従事する小林商店、現在の「ライオン株式会社」の創業者である。資産や利益の一部を公益に寄付するレベルの公益活動を超えて、特に経営・企業活動の基本的な部分にも公益の理念と方法を取り入れた経営者としては、日本における先駆者であった。

富次郎は、自らの暮らしは質素・節約、会社でも立派な社長室があるわけではなく、従業員と共に汗を流す仕事ぶりであった。その生き方・姿勢も、謙譲・慎ましやかで、むしろ会社や従業員のため、さらには世のため人のために尽くす生涯であった。

その彼に与えられた賛辞では「法衣を着たる実業家」（留岡幸助）や「ソロバンを持つ聖者」（海老名弾正）といった当時の指導者的地位にあった人たちの評価が相応しく、よく知られている。本務の会社経営の際にも、同時に会社を離れた日常生活の中にも、経済・会社と社会・市民生活、また営利と公益の調和を心がけた経営者として、まさに「市民の日常生活の中に公益を持ち込んだ経営者」の先駆けであった。

資本主義的な競争原理のもとでは、経営者や企業は、勝ち残るために、極端な場合には公益性や社会性を無視し、競争相手や顧客の立場にも配慮せず、自己本位・営利本位の姿勢をとることもあり得る。特にまだ創業間もなく、自分や自企業のことで精一杯で、それを超える姿勢をとるゆとりのない場合は、自社本位や営利本位の姿勢になりがちになる。利益が上がっても、その一部を顧客に、さらには社会・地域に還元するという公益活動、あるいはそれに近いものには簡単には注意が向かない。ある程度業績が上がり、企業が安定してからなら、顧客に、さらには社会や地域に注意を向ける経営者も出てくるが、それとてもそう多いわけではない。

富次郎は、まだ経営者になる以前の、十分に自立できていない時代から、恵まれない子どもたちを収容・保護する児童福祉施設などに寄付を行っていた。また自分の会社が大企業になる以前でも、ある程度存続にメドがついたところで、逸早く社をあげて営利の一部を社会に還元する公益活動にも打ち込むようになる。

富次郎がそのような姿勢・考えを企業活動の現場で積極的に活用するのは、日本資本主義が初期段階を抜けだして、これから発展に向かう日清戦争後の産業革命期であった。当然日本経済は全般的にはまだ脆弱な段階にあったが、そんな時代に大企業や財閥系企業に先駆けて、富次郎が、自らの企業活動の中心となるところに公益原理を導入したのだから、当然注意を引く。

この企業活動に公益の原理・方法を導入する富次郎の手法は、企業活動に顧客を巻き込んで供給側・売り手と需要側・買い手とが共同で市民や社会にサービスするものであった。換言すると、競争原理・市場原理を超えて、商品の供給者と需要者が一体化する部分、また企業と顧客と社会を調和させる部分を創出するものであった。

それは、長期的視野でみれば、顧客を巻き込むことで一般市民にも公益活動への参加機会を提供し、慈善・公益の日常化・大衆化への方向に一歩踏み出すものでもあった。

富次郎がライオンの前身、小林富次郎商店を創業したのは、一八九一（明治二四）年で、年齢的にはちょうど四〇代に入った頃である。当時にあっては決して若いとはいえず、むしろ苦労を重ねて人間的にも十分に練れて分別もつくようになった頃である。時代的には、日本が憲法を制定し、帝国議会を開設したばかりの、政治的にも経済的にもまだまだこれからという時であった。

その後、さらに努力・辛苦の星霜を経て、自社・ソロバン（経営・営利）を超えて、それと公益を調和させるように慈善的歯磨粉事業を始めるまでになるのは、世紀が変わろうとする一九〇〇（明治三三）年、五〇歳に手の届く熟年期にいたってからである。

もともと、小林は、企業家・経営者としては、七転八起の大変な苦労を重ねて、漸く最後の最後に成功した遅咲きタイプであった。それだけに、自社を大手企業に育て、そのトップを維持しつづけただけでも奇跡的といえる成功例である。にもかかわらず、彼はそれだけで終わるのではなく、市場原理を超えて公益の社会貢献や社会調和にも積極的に取り組んだ異色の社会的・公益的経営者であった。

その土台には、同じく遅咲きの経営者であった本間俊平（次章参照）と同様、キリスト教が位置していた。またその背後には、俊平と同じように日本の児童福祉、特に感化・教護事業の優れた先駆者で牧師の留岡幸助がいた。

ともあれ、富次郎は、キリスト教とその指導者の導きもあって、競争原理・営利原則の経済活動の場に、意識的に公益原理・公益活動を導入・調和させようとした点で、また日々の生活の中にも経済的視点・行動のみでなく、社会貢献・地域貢献など他を思いやる公益の視点・行動を同居させていた点で、公益経営者としてその先駆性を高く評価されてよい人物であった。

そのことが、日本資本主義や経営の歴史にあっても、また新潟の生んだ優れた思想家の一人としても、大手企業を創設したこと以上に、富次郎を決して忘れることのできない人物に位置づけているのである。

1 小林富次郎の誕生、そして成長

(1) 小林富次郎の誕生と故郷・柿崎

小林富次郎は、出身地も、故郷も、越後(新潟)と心得ていた。しかし、生まれは越後ではなく、武蔵国足立郡与野町(埼玉県北足立郡与野町、与野市を経て、現・さいたま市中央区)であった。与野は、米どころで米穀の集散地であり、米を活かした清酒、また紅花などの産地でもあった。江戸・東京にも近く、そこから文化も流入し、文人も輩出した。

富次郎は、江戸末期、もうすぐそこまで近代の足音が迫っていた一八五二(嘉永五)年一月一五日に、父・小林喜助、母・ます子の次男として誕生した。長兄は虎之助。父が新潟から与野町に出稼ぎに出て、与野に多い酒造業で修業した後、そこで独立して酒造業関連の事業を始めた時の子であった。嘉永年間といえば、ペリーの黒船が来航する時期で、先進諸国の圧力も急速に強まっていた。それを制御できない徳川幕府の威信も低下、混沌・混乱状態が表面化していた。

富次郎は、生まれて四年ほどは両親の手で育てられたが、四歳になると、父の郷里・越後国頸城郡柿崎村（新潟県中頸城郡柿崎村、柿崎町を経て、現・上越市）に戻された。両親としては、家業に打ち込む必要から幼児の養育にまで手が回らなくなったのであるが、以後は祖母の下で育てられ、成長する。だから、郷里として富次郎の記憶にあり、心に焼きついているのは、内陸部にある与野ではなく、海に臨む柿崎であった

柿崎は、新潟県の南西部にあって、日本海に面している。東側に聳え立つ米山が海岸に向けて裾野を広げたところにまちを形成している。柏崎と上越のほぼ中間に位置し、北東には柏崎市、南西に大潟町、南には吉川町が隣接している。

町外との往来は、信越本線の柿崎駅が玄関口となる。町は二〇〇五年に上越市に編入されているが、その当時で、人口は一二、〇〇〇人弱であった。

長岡と高田（上越）という二つの城下町の間、また柏崎と高田という二つの港町の間にあって、かつては宿場町として栄えた。その後は鰯網が知られる漁業と農業に依存するまちになった。他に有力な産業・事業がないので、若者は郷里を離れ、他県、特に東京やその近辺で仕事を探し、生計を立てるものが多かった。

富次郎はその柿崎で、両親がそばに居ない中での暮らしではあったが、自宅に近く、砂丘もある直海浜《のうみはま》中心に自由に伸び伸びと育った。積極性がありながら、性格は穏やかに成育した。ただ、身体頑健というわけではなかったので、特に目立つ存在ではなかった。

富次郎が物心のつく頃は、時代状況は一層混乱を増し、新潟の田舎でも、激動と混沌とした時代状況・空気が感じとれた。近くの高田や長岡などの城下町で繰りひろげられる官軍との緊迫したやりとり、そして維新に向けた戦乱の様子が伝わってきた。

そのように政治の世界で混乱が続こうと、庶民は生きなくてはならない。そんな明治維新の大激動の最中に、富次郎は一六歳になった。もう祖父母や両親の世話にばかりなっていられない歳である。柿崎では、土地を持つか、漁業につながりがないと、なかなかいい仕事にはありつけないし、起業しても成功するチャンスは少なかった。そのために父と兄もこの地を離れ、埼玉県の与野に出て、酒造業などに挑戦していた。

そこで、富次郎も父や兄の後を追って与野に出ることになった。当時はそれぞれの地方ごとに、村や地域の先輩が切り開いた出稼ぎ先や就労先があった。新潟県の町村は、江戸・東京など関東に米穀店、酒造店、風呂屋中心に丁稚・出稼ぎのルートを持っていた。柿崎には埼玉県の与野などにそういったルートが形成され、柿崎出身者なら受け入れてもらえるつながり・土壌があった。富次郎はそのようなルートに乗って、まずは父の居る与野に出ることにしたのである。

（2）故郷を離れ、与野へ――自立と挑戦に向けて

故郷をあとにした富次郎は、いよいよ自分も自立して大人の仲間入りをするという感慨と覚悟を抱いて与野にやってきた。しかし、激動の時代状況の下、混迷・混乱が江戸近郷の与野にまで及んでいた。戊辰戦争の決着もようやくつき、新時代・新政府の歩みが始まりかけていた。しかし、混乱は容易には収まらなかった。まだ若く、経験もない彼にとっては、どの事業・仕事も厳しいものであった。

まず父のもとで酒造業を手伝うことから始めた。そのうち、父や兄、また郷里の先輩たちの紹介や指導を受けつつ、酒造業以外の仕事にも関わりだした。しかるに、彼が与野に出て五年経過し、まだ自立できるまでにいたっていなかった時であるが、父が逝去した。大きな衝撃であった。父がそばにいるだけで、心の支えになっていたのに、その支えを失ったのである。父の酒造業は、子どもたちが寄りそえるほど事業規模も大きくなく、富次郎は自立をめざしていろいろと挑戦してみた。しかし、確固たる見通し・将来像は簡単には描けなかった。

そんな中で、一八七二年、郷里柿崎の馬場はん子と結婚する。

それからというもの、多くは兄虎之助と共同で、酒造関連の仕事の他、養豚・養兎、マッチの軸木の製造等いろいろな事業に手を出してみた。いずれもそう甘くはなく、失敗に終わることがほとんどであった。挑戦しては、失敗、また挑戦のくり返しであった。

与野で行き詰って、東京に出て、石鹸工場で職工として働く経験もした。この工場では、経営に携

わるほどにもなるが、結局それも失敗に終わった。ただマッチの軸木の製造、石鹸の製造や経営の一端に関わったことは、後の小林商店にも活かされることになる。そのため、この時代の挑戦・辛苦が全く無駄であったというわけではなかった。

明治初期には、経済活動への参加、特に企業経営の実践は、ほとんど全てが起業であり、ベンチャーであった。資本主義経済の出発の当初から、大手や安定企業などはあり得なかった。現在は大手しか存在しない銀行や保険会社でさえ、当時は起業であり、ベンチャーであった。富次郎は資金・資力が十分にあるわけではなかったので、ただあらん限りの力と誠意で尽力するだけであった。

その彼の誠実さ・まじめさ、挑戦精神を見る人はみており、彼が起業・経営に失敗しても、必ず誰かが次の仕事の時に声をかけてくれた。起業に誘ってくれたり、起業を薦め、応援してくれたりするのであった。

そんな失敗のくり返しという苦労の多い時代が一〇年も続いた。もう今度こそはこれで一巻の終りと観念せざるをえないほど、どの仕事も思うようには進まなかった。

それでも、その一〇年ほどの苦労の中で、起業や経営、業種や仕事の選択のコツを少しずつつかみかけていた。それを活かして、知友の起業や事業を助けたり、共同経営に加わったりして、また時には雇われの工場労働に従事したりして、さらに一〇年が経過する。

それでも、富次郎はまだしっかり自立・安定はできていなかった。東京や神戸にも出かけて働くなど、試行錯誤と挑戦の厳しい時代が続く。マッチの軸木の製造に従事した時には、苦労・重労働から重い眼病で失明の危機に直面することもあった。その間、妻はん子がよく支えてくれた。

そんな経緯の中で、歳も重ね、生活姿勢にも落ち着いた面もでてきた。その延長で、神戸時代の一八八八年一一月には、神戸のキリスト教会において長田時行牧師の下で洗礼も受けた。以後熱心なキリスト教徒として生活を送るようになる。その信仰が富次郎の経営者としてのバックボーンにもなり、富次郎らしい経営者に育つ支えになっていく。

家庭を持ち、信仰に生きだしたということは、生活が安定し出したこと、あるいは精神的にも落ち着き、無茶をしなくなったということでもあった。この信仰の精神と生活、そしてそれまでの苦労の積み重ねが、経営者になっても、公益・社会貢献を当然の生き方・務めのように受け止めるあり方・道につながっていく。

富次郎は、小林商店の設立以前にも、少しでも余裕ができると、孤児院などに寄付を贈っている。また、何かの折りに地方に出張すると、孤児院を訪問するのを無上の楽しみにしていた（加藤直士『小林富次郎伝』八〇頁、小林商店、一九一一年）。そのような彼の生き方が、キリスト教との出会いによって、さらに日常的・継続的なものに変わっていく。

このように公益に取り組む富次郎の生き方の土台にキリスト教が加わったことが、従来の経済活動・営利活動の傍らで、あるいは可能な範囲で、公益に取り組む姿勢・あり方を一歩進め、日常化・継続化させる。それによって、生活の中では公益活動が、僅かであれ、しっかりした位置・居場所を持つようになる。その転回点にキリスト教があったことは、改めて留意されてよい。

2　小林商店の創業と発展――ライオンの出発と社会貢献企業の形成

(1) 小林商店の創業

小林富次郎は、一八九一(明治二四)年に協力者を得て、小林商店を創業した。店はまず東京・本所区小泉町、ついで神田柳原河岸に移して、新規まき直しの気持での出発であった。石鹸やマッチの原料取り次ぎ、石鹸の製造・販売を業とした。この時こそ、今日まで続く「ライオン株式会社」の源流となる会社の出発であった。

一八九一年といえば、ようやく全国に拡大した自由民権運動が沈静化し、大日本帝国憲法が発布され、ついで最初の衆議院総選挙も実施されて帝国議会も開設された直後であった。経済的には、まだ資本主義経済の入口に入ったばかりで、相当先を行く欧米諸国を見据えて、これからという時であった。産業革命にもだいぶ距離があった。

小林商店が取り扱った石鹸、マッチとも、新時代の生活には必要不可欠なものであった。品質さえ良ければ、需要はどんどん伸びる可能性を持っていた。それらの原料や製品の製造、そして販売にも手を広げることになるが、当然、経験から原料や製品の品質には自信を得た上での事業の開始であった。それだけに、事業は何とか順調に展開できた。大ライオンに発展する基礎づくりが始まったのである。

ただ、マッチや石鹸は日常生活の必需品だけに、競争相手も多く参入する。そのため、製品の改良・品質向上も必要であった。創業してから五年経った一八九六年に、事業の伸び状況を考え、小林商店は歯磨粉の製造にも手を伸ばすことにした。翌九七年には販売にこぎ着けるが、その際、それを獅子印の「ライオン歯磨」と命名した。日々使う歯磨粉にスケールの大きなライオンの名をもってきたことが面白い。そのライオンの名称・商標がほどなく企業の社会貢献をイメージさせるほどになり、それが今日まで生き続けるのである。

歯磨粉を製造、販売すると、その伸びと共に、歯ブラシなど関連商品にも手を伸ばし、製造・販売するので、商品の広がりや種類も拡大した。日常使用する歯磨粉のような生活用品は、おのずから一つ一つの価格は抑えなくてはならないので、その分、量を多く販売しなくてはならない。そのためには、商品の品質の改良・技術の向上と共に、絶えざる営業の努力・工夫、また宣伝・広告の力にも依存せざるをえなかった。実際に新聞・雑誌などにライオンの広告が目立つようになっていく。幸いそれと共に石鹸や歯磨粉の製造・販売も、順調に伸びた。

ところが、一八九九年に、妻はん子が亡くなった。漸く事業の方は軌道に乗ったのに、不幸はおさまらなかったのである。そこで、急遽養女にしていたいつ子の母親あや子を後妻に迎え入れ、再婚することになった。それで、その場はともかく円満におさまった。

そんなときに、富次郎は腸チフスにかかる。当時にあっては、極めて難しい病気であり、彼は死も覚悟しなければならないほど危険な状態に陥った。それだけに、小林商店の今後のこと、ライオン歯磨粉などの商品の展開のことも病床で考えた。そこで、思いがけないアイディアもあれこれ浮かんできた。その中には。小林商店・ライオンの将来やあり方を決めるほどのアイディアも含まれていた。

(2) 私益と公益を調和させる会社経営の工夫

富次郎が腸チフスで入院した時(一九〇〇年)、彼は四〇代後半に差しかかっていた。やがて五〇歳、時代も二〇世紀という新世紀がそこまで来ていた。彼にとっては、入院によってしばし考えるゆとりを与えられたことは、幸いであった。

その入院中に、ひらめいた一つが、成功している会社経営を生かして、何か社会のためになることをできないかということであった。営利を追求する経済・企業活動が成功したので、それだけで終わらせないで、その成果である営利の一部を社会に役立てる方法・仕組みを編み出せないものか、そんなことも考えてみた。

その中には、ライオン商品の顧客と共に、商品の取引によって形成された売り手と買い手のつながりを活かして、共同で社会に役立つ方法を編み出せないか、ということも、アイディアとして浮かんだ。考えるうちに、それが可能なように思えてきた。

それは、企業・売り手が市場原理・競争原理のみで経営にあたり、社会や全体のことを考えないあり方を修正すれば、何か新しい展開もできるのではないかという発想から始まった。

例えば、顧客・市民・買い手を巻き込んで一緒になったら、従来にはない新しいこともできるはずである。具体的にいろいろの方法・アイディアを模索・構築してみた。アメリカで実行されている製品の売り上げと社会還元を行う仕組みを一体化する方法については、以前に本で読んだことがあり、可能性があるのではないかと思えたりもした。

その結果たどり着いたのが、歯磨粉の販売に社会還元サービスを結び付けるアイディアで、「慈善券付歯磨粉」の販売であった。そのアイディアが検討され、実際に導入されるのは、新世紀が始まったばかりの一九〇一年になってからであった。

慈善券付きの商品の場合、自社の商品のうち、特定された商品、例えば歯磨粉なら歯磨粉の袋一つ一つに慈善券を印刷・添付する。その慈善券を基に商品の販売数に応じて、社会還元・サービスを行うものである。還元される率・金額は明快に定められ、慈善券の枚数に合わせ、定められたお金や品物が顧客の指定・希望する施設・団体・活動などに会社から提供されるものである。

通常、慈善券付きの商品の購入者がその慈善券を集め、小林商店や購入先に届ければ、定められたルールでお金や指定の品物・器具・設備等が、学校、社会福祉団体など主に非営利の公益団体に寄付される。太平洋戦争後は、日本でもベルマーク運動など企業による類似の方式の社会還元活動が広く展開される。しかし、明治の中頃には、それは珍しく斬新な考え方・方式であった。それを富次郎は他に先駆けて取り入れ、実践したのである。

小林商店の方式は、顧客から届けられた歯磨粉の慈善券数に応じて、あるいは売り上げ全体の一五分の一を社会に還元するというサービスであった。極めて良心的といえた。実際に売り上げた袋数よりも、会社に届けられ、社会還元を請求される慈善券数は少なくなる。それに対し、会社としては、顧客が処分してしまった分も含めて、売上げ総数の十五分の一を社会還元するという方式を実行したのである。

すると、普通の歯磨粉は一袋一銭五厘であったので、一袋に付き一厘が寄付されることになった。しかも、売れたのに、持ち込まれなかった袋の分の配分は、社内で処理するのではなく、内務省などに公開の委員会を設置して、そこで還元方法などを決めた。

慈善券方式を始めたことで、小林商店の知名度・信頼度は上がり、売り上げも伸び、業績も向上していく。日用品を広く販売できるようになるには、一般市民の支持が必要である、そのために、もっぱら営利にこだわる営利本位主義に徹するのではなく、競争原理を超えて社会や公益との調和をはかる方針・路線を打ちだしたことは、大きな共感を呼ぶ支援材料になった。

それに踏み出すに際しては、当然富次郎とてソロバン勘定はしたはずである。結果として市場原理を超える公益との調和をはかる考え・方式が市民の共感を得た点では、富次郎の選択とその先駆性が評価されたということであった。

慈善歯磨粉事業の開始に際して、小林商店は、当時の新聞などに最初から営利を越えて市民を巻き込む意図で、「公益」の文字まで使って広告・宣伝した。たかが「公益」の二文字であるが、明治三〇年代にこの文字を使ったところに、市場原理・営利本位を意識的に超える考えを明白に持っていたことがうかがえる。

そのように、慈善券付き商品の販売は、たんなる販売促進・営業の拡大活動としてではなく、市民生活・社会への還元・貢献も意識し、運動として開始、展開された。同時に、この慈善券付き歯磨粉販売について、市民を巻き込む運動としてすすめたことが、それを成功させるだけではなく、小林商店を安定した大企業に発展させる転機にもなっていく。

このような発想・理念・方法は、一見簡単なことのようにもみえるが、並の経営者が思い付き、実践したところで簡単に実現できることではなかった。それだけに、富次郎の存在・役割は大きく、忘れてはならないのである。

3 海外出張と海外進出——欧米、ついで東洋旅行

小林富次郎は事業に成功すると、それで満足し終えるのではなく、会社の一層の安定や発展のための方策・計画を考えた。次のステップ、次のステージを考え、取り組むのを忘れなかった。日露戦争後も、ライオン製品の売り上げの伸びは順調で、会社の規模もどんどん大きくなっていた。富次郎は、欧米旅行、東洋旅行を実行することになるが、それができたのも業績の拡大・会社の発展のお蔭であった。

富次郎の周辺では、会社でも、また家庭でも特別の問題はなくなっていた。一時胆石症だったが、治癒し、健康状態も落ち着いていた。欧米に旅行に出るには、環境・条件が整っていた。そんな時に、

一九〇四（明治三七）年の暮れになるが、家族、さらに多くの従業員も富次郎に共感してキリスト教の洗礼を受けた（加藤直士前掲『小林富次郎伝』一〇三頁）。富次郎は喜び、安心感にひたることができた。

富次郎は、胆石症による死の危機からの回復に感謝し、一九〇五（明治三八）年四月、世界漫遊に出ることにした。日露戦争のさなかから直後にかけての旅となり、欧米では、日本が関心を集めていたこともあって、歓迎もされた。

明治の中期に海外旅行をするのは、ある意味では大変なことであった。航空機が使えない時代なので、往復だけでも長い時間を要し、相当の期間、会社や家庭等本拠を留守にすることになるからである。実際に、富次郎も欧米旅行には八ヵ月、中国、朝鮮旅行には二カ月および八ヵ月の期間かけている。その間、会社や家庭とはすぐには連絡が取れない状態が続くのである。会社・事業が安定しなくては、社長が海外旅行に出て長く留守をすることなどは無理な話であった。

まずアメリカ、次いで大西洋を渡り、イギリス、フランス、ドイツ、イタリア等に旅した。病後でもあり、無理をしないようにあえて漫遊旅行といいあったものの、実はそうではなかった。

富次郎は、仕事を忘れず、市場動向、販路拡張の調査の他、それぞれの国で、新規の契約を締結するなど、大きな成果を上げた。アメリカではカーク商会と合意し、アメリカ、カナダ、メキシコの独占販売の契約を結んだ。イギリスでは、ブッシュ商会とヨーロッパ全体の独占販売の契約を結んだ。ドイツでは、ケルンの大手会社の製品を日本で独占販売する権利を獲得できた。

こんな具合で、むしろ漫遊・観光は二の次になった。かくして、一〇月に帰国する。

富次郎が得たものは、各種の取引契約など経済的・営利的なものだけではなかった。日本の商業道徳の良さを再認識をさせられたり、また欧米の経済・生活に直接触れたりすることで、各国の長所にも学ぶことができた。彼が受け止めたものは、「米の活動、英の正直、独の勤勉、仏の貯蓄」（加藤直士前掲『小林富次郎伝』一〇六頁）などであった。同時に、欧米では会社を含め、慈善事業への取り組みや支援が盛んであったことは大いに勉強になった。一九〇〇年から実施している慈善歯磨粉運動、あるいは社会事業施設への支援などは大きな自信になったし、欧米のあり方が従来の富次郎の生き方・姿勢と合致するので、「我が意を得たり」の気持になれたりした。

欧米旅行の成果に自信を得て、富次郎は帰国後、ゆっくり休む間もなく、二度のアジア・大陸旅行を計画、実施する。一九〇六（明治三九）年の六月から八月の二ヵ月、朝鮮、満州、北清地方をまわり、さらに二ヵ月休んで、一〇月から翌一九〇七年五月までの八ヵ月、中国南部、インドに旅をする。あたかも、自分の健康状態を察し、迫る死を予感し、先を急ぐかのように、一番気になっていた海外への発展の可能性・チャンスを自分の目・耳・体で確かめたかったのである。実際に、それぞれの地で、市場調査、市場動向と支店設置の可否などを調査し、あるものは即契約まで締結し、実行に移した。

この日露戦争直後の海外旅行は、ライオン・小林商店の拡大と新たな展開の可能性を教えてくれるものであった。国内のみでなく、国際市場に乗り出そうという新しい方向性・路線も示していた。歯磨粉、ブラシ、石鹸など日用品のビジネスは競争も激しいので、そうは甘いものではなかったが、国際的にも闘える品質や量の管理にも自信ができていたということである。

つねに前を、そして先を見て来た富次郎の姿勢・方針が大きく実を結ぶ段階に達していたのである。彼はこの海外旅行で自分の経営者としての総まとめ・総仕上げをしようとしていたかのようであった。

4　小林富次郎の終焉

小林富次郎は、小林商店が順調に業績を伸ばしていた一九一〇年一二月一三日、明治が終わる前であったが、胆石症で五八歳の生涯を終えた。五八歳といえば、当時でも、早すぎるという印象を与える年齢であった。慈善歯磨粉運動を計画し、実行に移してから一〇年目を迎えた時であった。

死の前日まで、キリスト教青年会のことで奔走していたくらいなのに、七回目の胆石症の再発で力尽きる感じであった。賛美歌を聴きつつ、みんなと別れの挨拶をした後、「是から眠ります」（加藤直士前掲『小林富次郎伝』一五九頁）と静かに永眠した。

特に小林商店の開業までの長く厳しい挑戦と辛苦の歳月を考えれば、もっと長生きし、もっとリーダーシップを発揮していてほしかったたし、またライオンの一層の発展を見てほしかったというのが、家族やライオン関係者の偽らざる気持であった。彼の生き方が、謙虚、質素、節倹を旨とし、人々みんなのために配慮する公益の側面が際立つ生涯であったので、なおのこと少しでも長く生きて、ライオンの発展・飛躍を確かめ、老後生活を安寧の気持で享受してほしかったというのが、同様にみんなの率直の気持・感想であった。

ただ彼の死が、慈善券付き歯磨粉運動の開始と成功を確認し、ライオン歯磨が全国に知られるようになった後であったのがせめてもの救いであった。苦労のみ重ね、成果・実りは残されたもののみが享受するのではなく、富次郎も存命中に自らの考える生き方・方向に会社も人生も進み、しかもその路線が市民・庶民に歓迎されるのを我が目と耳で確かめられたのだから、充足感・安心感を持っての終焉となった。

通常、富次郎ほどの経営者であれば、大邸宅、別荘、大きな資産などを残してあたり前であった。しかし、富次郎はその類のものには関心がなかった。自社の従業員や一般市民とさして変わらぬ生活ぶりであった。会社にあっても、広く豪華な社長室やテーブル・ソファーを構え、ふんぞり返るように威風堂々と振舞う社長像とは大きく違っていた。社員と一緒に現場でも汗を流した。粗末な社長室、目立たぬ作業服姿で納得していた。

家庭でも、贅沢な食卓・食事、高級な趣味や装飾品、豪華な邸宅、瀟洒な別荘とは無縁の生活であった。日頃から、彼は信仰に厚く、聖書に親しみ、教会に通うことで、心の安らぎ・充足を得、仕事と職場を憩いのように受け止めていた。死に際しても、「店舗の二階座敷で電車の音の轟々たる中に、平然として最後の病床に就いて居つた」（加藤直士前掲『小林富次郎伝』八六頁）という状態であった。

特に富次郎が、慈善・公益は楽しみ・娯楽で、「勿体ない程廉い道楽」（加藤直士前掲『小林富次郎伝』一四八頁）と受け止めているのは、キリスト教の信仰ともつながることであるが、うらやましいほどの精神的到達点・境地といってよい。多くの人が、富次郎のことを「人格者」「親切」「謙遜」「恭謙」（加藤直士前掲『小林富次郎伝』一七七―一七九頁）と褒め讃えたのは、たんなるお世辞ではなかったのである。

その後、小林商店は、一九一八年に小林富次郎商店という個人商店的性格の組織から、株式会社小林商店へと組織の改変を行った。翌一九一九年には、石鹸部門を切り離し、ライオン石鹸株式会社として独立させる。また一九四〇年には、ライオン石鹸株式会社をさらにライオン油脂株式会社と、実態に合わせ、より広い業務をうかがわせるように名称を変更した。小林商店の方は、一九四九年に至り、ライオン歯磨株式会社に改称した。

最終的に、一九八〇（昭和五五）年に、ライオン歯磨とライオン油脂両社は対等合併を行い、「ライオン株式会社」に発展的に統合、改称された。社是は「愛の精神の実践」である。生産・売り上げ、そして業績や利益の拡大は、企業であれば当然・自明のことで特に表に目立つようには打ち出す必要はないという姿勢である。理念としては、むしろ人々や地域の安寧・幸福、そして生活の向上・改善に愛の精神をもって貢献することを企業・経営の根幹に据えるものであった。明らかに創設者、初代社長富次郎を想起させる社是である。

5　小林富次郎と公益活動

（1）小林富次郎の公益をめぐる到達点

明治期の経営者には、意外にも公益・社会貢献にも深く関わった経営者が少なくない。日本にあっては資本主義経済の出発・発展が遅れた分、貧富の格差の大きさ、貧困の厳しさ・広域化、貧困家庭の子どもの多さが眼前にみえ、かつ社会運動・社会主義運動の盛り上がりもみられただけに、経営者の公益への意識、社会への還元活動は、目を引くほど広く行われていた。佐久間貞一、渋澤栄一、森村市左衛門、安田善次郎、大倉喜八郎、大原孫三郎、藤原銀次郎らの名前は、その点でつとに知られてきた。

彼らの中には、「ケチ」「儲け主義者」などと時には世間から誹謗・中傷を浴びたものもいる。今日的視点で見れば、彼らのうち、誰もが決してケチでも、儲け本位主義者でもなかった。慈善・公益にも社会貢献にも、今日では考えられないほど熱心で、寄付などの実績も持っていた。

にもかかわらず、情報の開示・浸透の遅れによる情報の不足・不徹底・不正確さから、公益活動を含む社会的活動の全体像がみえにくかった。また社会貢献活動などは見えないところ・陰でそっと行うもので、陰徳が是とされた時代なので、目立って宣伝・啓蒙することがなされなかった。そんなことなどから、適正・的確な理解・評価がなされない例がしばしばみられた。実際に、当時、ケチ呼ばわりされた経営者・財界人のほとんどは、資産・儲けに比べて寄付が少ないという追加寄付の要請であったり、あるいは誤解されてケチなどと中傷されたりしたケースであった。

小林にしても、売り上げ・出荷額にあたる金額の一部を社会に還元する方式を打ち出し、実行した時も、営利活動を有利にするための単なる宣伝行為などと同業者から、時には市民からも批判・中傷を受けることもあった。先駆者はしばしばそのようなあらぬ批判・非難にさらされるものであるが、小林もその例外ではなかったのである。

他を批判・中傷するのなら、その前に、自身・自社でも同様の、あるいはそれに代わる慈善・公益活動を実行してからそうすべきなのに、小林の方式を批判・中傷するものはいても、続いて真似るもの、超えるものは簡単には出てこなかった。それほど先駆的であったということでもある。

とりわけ富次郎の場合に留意されてよいのは、一つには、前述のように単に営利・私益の一部を社会還元するだけでなく、経済活動の根幹に公益の理念を持ち込んだことである。もう一つには、富次郎が慈善・公益・社会貢献は、自分にとっては負担でも、仕方がないから行うというものでもないこと、むしろ楽しみ・娯楽のようなもので、社会還元したことが感謝されるのではもったいない、申し訳ないといった境地に達していたことである。

公益や社会貢献は、彼にとっては単なる上から与える慈善や慈恵ではなく、また義務や負担でもなく、自分の生き方、また趣味や楽しみなのであった。それを褒められでもしたら、むしろ申し訳ないというのである。そこまで姿勢・意識を高めうるものは極めて稀である。

この富次郎の到達した地点は、信仰にも支えられ、平等・対等で、自分を超える思いやりの視点・意識に基づく進んだ公益的・精神的境地といってよい。本書では、相馬御風の章でも、御風が富次郎と同じような境地に達していたことを紹介しているので参照されたい。

(2) 慈善券付き歯磨粉運動の意義——慈善・公益の大衆化・日常化

慈善券付き歯磨粉の販売運動は、富次郎が初めて社をあげて取り組んだ公益活動であった。それは長期的視野でみれば大成功であった。小林商店に、またライオン製品の周知・販売・売り上げに大きく寄与する。ライオンの名称・ブランドが全国に知れ渡ることにも役立った。その上に、社会貢献もできたので、ライオンブランドに良好なイメージを持たせることにもなった。

とりわけ大きな貢献をなしたのは、資産もゆとりもない市民まで、ライオン歯磨粉を使うことで、ささやかであれ、社会貢献・公益活動に自動的に参加できるようになったこと、さらにそれによって慈善・公益への市民の意識が変化する兆しを見せ始めることである。まさに慈善・公益の大衆化・日常化の始まりであり、無意識にであれ、多くの市民に公益に関与する最初の一歩を踏みださせることになった。その意味・意義は極めて大きなものであった。

もちろん、富次郎は、慈善歯磨粉運動に関しては、その意義も理解して積極的に取り組んだ。しかし、それが慈善・公益の日常化・市民化、あるいは大衆化につながるという役割・意義に関しては、明確に意識していたのではなかった。それは現代からみる視点であって、当時にあっては、慈善・公益の日常化・大衆化を目的に位置付ける発想や理念はまだなかった。富次郎が進んでいたとしても、理念的にも、理論的にも、そこまで見通していたのではなかった。

もちろん、公益あるいは慈善の「日常化」「大衆化」などという発想・理解は当時はなかった。ただ無意識にではあるが、それに近いことは考えていたはずである。歯磨粉は一般市民も使用する。その市民たちも定価の十五分一程度の社会貢献の費用が買値に入っていても納得するのではないか、むしろ喜んでくれるのではないか、といったことは考えたであろう。そのような検討から、まずは歯磨粉という普通の市民が日々使用する商品を選んで社会貢献できる仕組みを創りあげたのであった。一部の富裕層しか手にしない商品ではなく、普通の市民が日常的に使用する商品、それだけ多くの人が社会貢献に関われる商品を選んだのである。

その結果、まだ下層階級とみられていた労働者を含む全ての市民に、日々の普通の生活の中、あるいはその延長で慈善・公益・社会貢献に参加できる方法・道を用意することになった。そのことが、商品の売り手（供給側）と買い手（需要側）という時には利害が異なる立場にも立つ市場を構成する両者を一体にし、同一の立場・方向に向かわせることになった。市場で時には利害の対立もみせる供給側と需要側が共に納得し、同一の方向に向くには、経済原則・市場原則以外の要素・原則を持ち込む必要があるが、富次郎は慈善・公益の理念の具体化・導入を通して、それを実現したのである。

しかも、それが予想を超えて受け止められ、市民による慈善・公益・社会貢献の日常化・市民化の一歩となり、やがて市民全員の参加というまだ遠い先の「公益の大衆化」という巨大な流れに乗る時代を先導する役割を担うことになったのである。

たしかに、富次郎もまだ「日常化」「大衆化」などという用語や概念には到達していなかった。それでも、商品の買い手・需要側である市民にも、自分たち供給側・会社の計画・事業に理解・参加を求め、公益・社会貢献に一体になって協力してもらう程度の認識は持っていた。そのような認識と実践でも、明治期の日本の経営者、あるいは公益の歴史にあっては、極めて挑戦的、先駆的であったのである。

明治三〇年代、あるいは一九世紀から二〇世紀への転換前後というと、日本では社会福祉は慈善事業の時代で、まだ黎明期といってよかった。一八八七年に石井十次が岡山孤児院を創設することで、近代的福祉施設の誕生がみられた。以後石井亮一の精神薄弱児施設等が徐々に続く。明治三〇年代に入ると、留岡幸助の巣鴨家庭学校、野口幽香らの二葉保育園等が続くが、まだまだ先駆的で、それだけに限定的な動きにすぎなかった。

企業における福利厚生も、まだ手探りの段階で、本格的にはこれからという時代であった。工場法など社会政策の実現も（日本最初の社会政策である工場法の制定は一九一一年）、もちろんまだまだ先のことであった。

そんな時代に、富次郎は、売り手・買い手が一体になる慈善券付き歯磨粉の販売を構想し、実現した。その結果、富次郎と小林商店は、予期せざる結果として、まだ遠い先のことにはなるが、慈善・公益の日常化・大衆化に道を開くのを手助けすることにもなったと評価されるにいたるのである。

今日では、社会保障制度の整備などによって全ての市民が公益に関わる条件が整備され、実際に一般市民が参加できるよう生存権の保障も権利化もなされている。それだけにそれがなされていなかった明治中期にあって富次郎の到達した構想、実践の先駆性は驚くべきものであった。

(3) 富次郎の公益・社会貢献と社会の目

慈善歯磨粉運動は、思いつきで一回だけの特別の企画として実行されたものではなかった。この事業自体、単に販売促進のためだけではなく、慈善・公益への貢献も意図されて、その意味では運動として取り組まれたものであった。それだけに、長く継続された。少なくとも、富次郎の考え・狙いとしては、最初から営利・私益の一部を社会に還元することが大切な目的であった。

幸い、その考えと実践は、市民の支持を得た。歯磨粉はじめ、ライオン製品は広く受け入れられ、伸びていく。富次郎がいちいち心配、指示・指導しなくとも、会社は組織として安定的に動き、成長していく。

もともと、富次郎は、企業活動・営利事業というものは営利の獲得と拡大をもって終わるのではなく、社会性・公益性を持ち、地域や市民と調和する姿勢・方針が必要と考えていた。だから、富次郎が慈善券付き歯磨粉の販売のアイディアを打ち出したのは偶然のことではなかった。社員や市民がどう思おうと、経済活動も社会貢献に使えるのなら役立てたいという彼の生き方・信条の一つの表現であった。

実際に、富次郎個人としては、慈善券付き商品の販売を突然の思いつき、あるいは営利拡大のための手段という視点・姿勢のみで計画、実行したわけではなかった。その点で、社員や市民を大きく超えていたのでる。

富次郎は、ライオン石鹸や歯磨で成功する以前、神戸で石鹸やマッチの軸木の製造・販売会社で働いている頃から、まだ労働者の身で、そんなにゆとりのある暮らしではなかったのに、家庭に恵まれない子どもたちを保護する石井十次の児童養護施設「岡山孤児院」に共鳴し、僅かずつであれ、寄付金を送り続けた。

その延長で、ライオン石鹸、さらに歯磨を創業してからも、岡山孤児院、留岡幸助の巣鴨家庭学校には寄付・応援を続けた。その他各地の福祉施設にも、しばしば寄付を送っている。岡山孤児院、そして巣鴨家庭学校を引き継ぐ北海道家庭学校には、富次郎が亡くなった後も、小林商店として、あるいは小林家として、寄付・援助をつづけ、理事などの役職も引き受けている。

恵まれない者への富次郎のそのような思いやりは、当時のように日本全体が経済的にも生活的にも遅れていた時代にあっては、特に留意されてよい。そのような生き方・考えが企業活動に成功し、会社経営に本格的に打ち込んでからも、変わらず継続し、さらには慈善歯磨粉事業まで発想、実現させるのである。

それに、富次郎は社外にのみいい顔をしたのではなかった。繰り返すように自分の生活や住宅は慎ましやかに、節倹に努めた。その分、自社の従業員には可能な限り配慮するようにした。労働者・従業員教育、それも基礎的な教養教育と専門の職工教育の両方に力をいれた。勤労学生のために夜学校も設立した。また育英・奨学金の充実にも尽力・協力した。

そのように富次郎個人としても、また小林商店やその経営者としても、特に社会の底辺や恵まれない者に関心を向け、営利の一部を社会還元することで、企業・経営と公益活動の調和をはかるあり方に挑戦・実験する役割を負うことになったのである。

小林の社会貢献の大きさ、評価の高さは、彼の葬儀への参列者を見れば歴然としている。東京・神田のキリスト教青年会館で挙行された葬儀には、二〇〇〇名余が参列した。その人数の多さと共に、海老名弾正、留岡幸助、小崎弘道、原胤昭、江原素六、山室軍平、島田三郎ら時代を先導した社会事業家、宗教家、清潔・実直で知られた政治家などが参列していたことが注目される。そのことが、小林の評価がいかに高いもの、大きなものであったかを教えてくれよう。

宗教界・宗教運動のリーダーで、同志社総長にも就任する海老名弾正は、「彼（小林）はその僅少の富を以て……古河、大倉、平沼、安田等の富豪も猶ほ及ぶ可らざる程の公共慈善の事業をなせり」（「序」加藤直士前掲『小林富次郎伝』）と富次郎を讃え、また追悼説教でも「彼は決して富豪ではない。けれども彼は多くの富豪の及ばない程の慈善事業を為」（加藤直士前掲『小林富次郎伝』一八二頁）したと評価した。

海老名のような人物がここまで称賛するのは、死者への単なる儀礼ではない。心底から評価し、讃えたいという気持が表白されたものと受け止めてよい。富次郎はそれだけの実績を残した経営者であったし、並の経営者にはみられない公益・社会貢献に対する姿勢や実績は、知る人ぞ知るで、経営者以外の、特に社会活動家・宗教家などからは、どの経営者にも劣らぬ高い評価を受けていたのである。

6　小林富次郎の業績と評価

小林富次郎の生涯は、艱難・苦労も多かったが、並の経営者はもちろん、大企業経営者も超えて、多くの業績・足跡を標すものでもあった。生き方・生活ぶりは、大きな資産・資金も、派手さもなく、清貧とも言えるほど質素、倹約、また静謐、清潔、謙譲で目立たぬ外観・雰囲気を漂わせていた。それでいて、その業績・足跡の放つ光は、実に爽やかに広く隅々まで照らすほどである。

富次郎のような謙虚・誠実な人柄の経営者が、起業に成功し、それを大企業に育てあげ、かつ後継・後身のものが今日までそれを維持できている例は少ない。しかも、それを五八歳という短い生涯で、決して頑健でもなかった体躯をもって成し遂げたことに驚かされる。

富次郎の生涯は、自らの企業にのみでなく、それを超えて社会や地域にも、多様な活動・事業を通して手をさしのべ、貢献する歳月であった。特に経済・経営・営利の活動にとどまらず、公益・社会貢献の活動にも多様な足跡を標したのが彼の生き方であり、特徴であった。以下に彼の関わった事業・活動を整理し、改めて概観してみよう。

①ライオン歯磨・石鹸の創設と発展　富次郎は、日本経済の黎明期に、何度も起業に挑戦するが、失敗を繰り返した。七転八起の後に、一八九一年に創業した小林商店をついに成功させ、さらに経営の難しさ・厳しさにも耐えて大企業に育て上げる。特に国際市場でも、富次郎は石鹸、油脂、歯磨粉といった競争の激しい分野で、欧米やアジアへの進出も試み、成功させていた。

その後、後継者たちが今日まで一二〇年以上も、石鹸、油脂、歯磨粉、医薬品など日常生活に必要な商品を広く製造、販売を拡大、発展させる土台を、富次郎は築いたのであった。

②関係業界の経営者の連携・連合の構築　富次郎は、一企業に閉じこもることなく、業界全体の発展も考え続けた。そのため、経営者の横の連携・協力を重視し、石鹸や油脂や歯磨粉とその関連商品の企業・経営者の連合体を組織した。起業当初は、どの会社もどの経営者も、自分と自分の会社のことで精一杯で、同業者の協力・連携、他者から学ぶなどという余裕もないのが一般的である。富次郎も漸く他に先んじるようになって、会社経営に余裕ができると、同業者の連携、さらには同業者・社会全体の利益の増進にも関心を向け始めたのであった。

③経営・営利と公益・社会貢献の両立・調和　富次郎は、もともと公益・社会貢献については、見えないところでそっと行う陰徳であるべきと受けとめていた。まだ事業・会社に成功する以前から行っていた社会貢献は、そのように考え、実行していた。むしろ、彼は「世間の人に慈善家と呼ばれ

ることを最も恐れて居った」ほどである（加藤直士前掲『小林富次郎伝』八二頁）。

しかし、会社として利益を社会貢献など公益に回すとなると、必ずしも陰徳では通せなくなる。また社長個人の趣味と取られるあり方では通らなくなる。会社全体、あるいは少なくとも役員会の同意が必要となる。

たしかに、彼は、経済活動の成果である営利＝私益の一部を公益に還元することを心がけた。その上、それを会社の継続的行為、つまり会社の活動・事業の常態とするようにもした。売上の一部を社会に還元する慈善歯磨粉運動がその典型であった。

恵まれない子供たちが保護される児童福祉施設、特に感化施設・教護施設等への支援・援助は、富次郎の好みが出たものであるが、彼の没後も、会社としても、小林家としても、実行、継続した。富次郎個人としては、それらの施設・活動に援助するだけではなく、それらの保護運動の先駆者であった石井十次、留岡幸助、あるいはキリスト教の先導者たちと交わることで、多くのことを学び、個人の生き方や会社経営のあり方にも活かしてきたのであった。

④公益活動の市民化・日常化に道を拓く

富次郎は、慈善歯磨粉運動を通して市民が公益活動に日常的に関わるあり方を計画、実践した。明治期には、慈善運動も、初期の公益法人である財団法人・社団法人の活動も、地主、経営者、資産家等が上から慈善や慈恵として実施するものが中心であった。労働者や市民は公益活動の対象・受益者にはなっても、主体・担い手になることは通常はみられなかった。

それに対して、普通の市民が日常生活の中で、特別に余分の出費もなしに、公益活動・社会貢献に参加できる仕組みをつくったのが富次郎である。それが慈善歯磨粉運動であった。それこそ、公益活動の大衆化にはまだ遠かったものの、市民化・日常化への第一歩となったものである。その創始は、新世紀を迎える直前の一九〇〇（明治三三）年であった。今から一世紀以上も前のことであった。

⑤労働者の教養教育・職工教育・社会教育の重視　富次郎は、自らの青少年時代の貧しく、辛い時代・体験を忘れず、教育も十分に受けられずに会社に就労してくる労働者への教育に心を砕いた。小林商店の従業員に対しては、職場における教養教育や職工教育を実施した。労働者の間で、学習に関心が高まると、工場にまで教員を呼んで学習の場とすることもした。

その他、無料ないしは低額で通える新田夜学校、小林夜学校、ライオン工場夜学校の創設、活用にも貢献した。同時代では、秀英舎（現・大日本印刷会社）の佐久間貞一の例はあるが、経営者で、これほど従業員・労働者の教育に力を入れた例は珍しいことである。

⑥育英・奨学事業への協力　富次郎は、勤労青少年の多くがまともな教育を受けていないこと、またその理由が主に経済的なものであることも分かっていた。そこで、上記⑤のとおり職場・工場外でも、教育を受けられる方法・制度を工夫した。まず労働者が通えるように、職場周辺に学びの施設・

場の創設・維持に協力するだけでなく、経済的に恵まれない子どもたちには、奨学援助・支援も行った。近隣の貧しい子女らへの社会教育も重視した。またキリスト教青年会の集まりにも寄付を贈ることがあった。

そのような勤労青少年が学べるようにする育英・奨学制度の創設・維持、また地域に無料で提供する社会教育では、経営者としては先駆者の一人であった。

⑦児童福祉事業への理解と援助　富次郎は、自らの貧しかった青少年時代を忘れず、特に恵まれない子供たちの保護に強い関心を持った。まだ安定した生活からは遠い生活を送っている若い頃から、孤児院を訪ねたり、寄付を贈ったりするのを楽しみにしていた。社会事業でも、子どもの保護には特に力を入れる必要を痛感していたのであった。

また、そのような子どもの福祉の世界には、明治二〇年代、三〇年代にも、今日でも偉人として讃えられる優れた先駆者が活躍していた。石井十次とその岡山孤児院、留岡幸助とその巣鴨家庭学校（のちの北海道家庭学校）などがその代表であった。彼らとその施設なら、いくら寄付をしても無駄にならないことを、富次郎はよく分かっていたのである。そのため彼は子どもの保護施設には特に力を入れて援助した。

その他、各地の児童保護施設から要請されれば、当時の福祉事業に理解のあった経営者と同様に、彼も寄付・協力するのを常としていた。

⑧禁酒運動・生活改善運動の推進　明治期には、禁酒・禁煙運動が生活改善運動として盛んであった。特に宗教関係者・宗教団体がその種の運動に関わることが多かった。富次郎もキリスト教徒として、他のキリスト教団体やリーダーたちに学びながら禁酒・禁煙運動に関わった。

その際、富次郎の質素、節倹の生活ぶりは、禁酒・禁煙を訴えるのに説得力があった。喫煙・飲酒に深入りするものには底辺労働者も多かったが、富次郎の禁酒・禁煙の訴えが経営者の暇で贅沢な趣味といった反応・反発はなかったからである。

彼は、自社の労働者にも禁酒を呼びかけ、会社には総店員禁酒令を発布した。従業員も富次郎の質素な暮らしぶりを知っていたので、特に反発はなかった。さらに、彼は他社のものでも、禁酒を実行するものには身元引受人を引き受けることさえした。

このように、禁酒運動を進めていることが、特に欧米との取引では信頼につながり、小林商店の取引・契約に有利に働くこともみられた。

以上いずれも、富次郎にとっては、たんなる付き合い程度の一過性の関与・役割で終わったものではなかった。継続的に、しかも自らも深く関わるほど打ち込み、従事した活動・事業であった。

いうまでもなく、これらの活動・事業の根幹や基軸に位置するのは、石鹸・歯磨粉中心の事業を行う小林商店・ライオンの成功である。それ無しでは、富次郎の優しい心、思いやりの心も大きく開花・

発揮されることはなかったであろう。経営者になるまでの苦労・辛酸、それにひるまず挑戦を続け、ついに成功することによって、世のため人のためを考え、行動する彼の生き方・理念が一層豊かに育つことができたのである。

富次郎は本業の経営方針として、「正直」「親切」「勤勉」を掲げ、逆に決してやってはいけないこととして「不正な利益」「無理な利益」「僥倖な利益」をあげていた（加藤直士前掲『小林富次郎伝』一二六頁）。まさに公益をかざした経営者といえる経営の理念・精神の持ち主であった。

これら富次郎の活動・事業の全体像をみると、富次郎は自社や家庭に閉じこもるのではなく、また慈善・公益を本業の経済的・営利的活動にただ利用するだけではなく、一企業や営利を超えて社会性・公益性のある視点・理念をもって行動したことがうかがえる。経営者として成功するまでは、苦難や失敗の連続で、自分を超える思いやりの気持があっても、実行に移すゆとりがなかった。しかし、少しでもゆとりがでると、自分よりももっと困っているものが収容・保護される社会福祉施設などへの寄付や慰問を行ってきたのである。

そのように、富次郎が評価されるのは、成功するまでは何もできないという姿勢ではなく、まだそれほどゆとりのない時代以来、可能な範囲で実行するなど、できることから手をさしのべていたこと、そして仕事と生活にゆとりが出てくると、それに合わせて寄付・貢献などを少しずつ拡大していくという堅実な姿勢を示し、実行したことからである。その誠実さ、まじめさ、節倹ぶりが、経営・営利活動においても顧客からも従業員からも、さらに市民・社会からも信頼を得、事業の発展にもプラスに作用したのである。

おわりに

小林富次郎は、明治期の経営者を代表する一人である。それは、すでに明らかなように明治を代表する大企業の経営者だったということからではない。富次郎の創業した小林商店・ライオンよりも大きな企業は他にもいくらでもあった。それよりも、他に先駆けて自らの会社を超える視点で、経済活動・企業活動と公益を調和させようとした経営者であったこと、とりわけ一般市民が公益・社会貢献に関わる公益の日常化・市民化・大衆化に向けた第一歩を踏み出せる仕組みをつくる役割を演じたことから注目されるのである。

明治期の経営者の大きな特徴の一つは、太平洋戦争後の経営者と違って、公益・社会貢献と深い関わりをもったことである。それがないか、乏しい経営者は、いかに大きな会社・財産を残そうと、あるいは巨大な財閥やグループをつくろうと、良い意味での明治的経営者とは言えない。実際に、明治期に活躍し、名を残した経営者は、意外にも公益・社会貢献に関わりを持つのが普通であった。

渋澤栄一、安田善次郎、佐久間貞一、森村市左衛門、大倉喜八郎、藤原銀次郎、大原孫三郎ら公益活動・社会貢献でも名を知られる経営者は、明治期に活動するか、明治期から活動を始めていた人たちである。彼らの中には、かつて「ケチ」とか反社会的な経営を行ったとか、批判を受けたものもいるが、実際には誤った世評や厳しすぎる評価である場合がほとんどであった。むしろ相当の社会貢献に従事しているのが実際であった。

明治期の経営・企業活動は、ほぼ例外なくベンチャーであり、起業であった。その経営者たちは、起業という大変な事業への挑戦だからといって、自分や自社の利益・営利のみにとらわれず、同時に自分や自社を超えて社会にも必ず目を向け、自社の利益・私益の一部を社会還元することで、公益にも関わっていた。それが経営者としての成功の証しでもあったのである。

このように、明治的経営者の非凡さは、ベンチャーとして苦労・辛酸を体験しつつも、企業経営に成功したという点だけではない。その労苦を超えて、いろいろの形で社会全体・公益にも目を向けたことである。

例えば、戦前の社会福祉団体（多くは財団法人）などは、地方にあるものを含め、中央の著名な経営者・財閥から寄付を受けるのが当り前であった。また大学でも、慶應義塾大学および福沢諭吉を例にとっても、経済困難に陥ったり、急に教育研究に資金が必要になったりすると、声をかければ応援してくれる経営者が必ずいた。女子大を創設するといえば、多くの経営者・財界人が寄付に応じた。それが、明治という時代、あるいは太平洋戦争以前を特徴付けるものでもあった。

その意味では、富次郎はいい意味での明治的経営者の代表でもあった。大企業や財閥を形成したからではなく、公益・社会貢献に深く関わったという意味での明治的経営者なのである。富次郎は、起業に挑戦し、自立・安定する企業をつくり上げるまでは苦労に苦労を積み重ねるが、その間も自己・

自企業を超えて公益・社会貢献にも僅かずつであれ、配慮を怠らなかった。さらに、彼は労働者・市民も日常生活の中で公益に寄与できる方法・仕組みを工夫・提供したように、公益への貢献では異色な才能を持っていた。

それだけに、富次郎が同時代の社会的リーダーから「法衣を着たる実業家」「ソロバンを持つ聖者」「公益をかざした経営者」と讃えられても、違和感や大袈裟すぎるという印象を受けることはない。むしろ実に相応しいという共感をさえ覚える。それほど彼は公益と深く関わり続ける生涯・生き方を送ったのである。

それでいて、富次郎の名は、一般的な経営者や企業の歴史研究では見つけることが難しい。そのような経営者や企業の歴史研究には、公益・社会貢献などはそれほど視野に入らず、評価もされないからである。しかし、経営者の評価といえども、経済的・営利的・企業的側面のみでなく、経済や会社を離れた家庭のこと、地域のこと、また社会や公益と関わることも視野・対象に入れなくては、総合的な経営者像・人間像の解明・評価にはならない。

渋澤栄一の社会貢献・公益活動は広く知られたところであり、彼には伝記も多い。ところが、彼の伝記でも、経済・経営活動を超える家庭のこと、社会活動、公益活動のことにほとんど触れないものがある。その視野の狭さ、総合的視点の欠落に驚かされることがある。先に、富次郎に対する海老名弾正の評価を引用したように、大企業経営者でもなく、また財閥でもない富次郎に、見方を変えたり、総合的にみたりすれば、経営者としても巨大企業経営者・財閥等に負けないほど高い評価を与えることも可能なのである。
そのような視野に立てば、富次郎は一般的な経営者や企業の歴史においても、決して看過することのできない秀でた人物である。むしろ、現代の視点や方法からみれば、公益を先導した点で最も高く再評価されてよい代表的経営者の一人といえるのである。

〈参考文献〉

加藤直士『小林富次郎伝』小林商店（扉には警醒社書店とあるが、同社は発売所）、一九一一年
実業之日本社編『奮闘立志伝』実業之日本社、一九一四年
坂井新三郎『越佐と名士』坂井新三郎・越佐と名士刊行会、一九三六年
小林富次郎『二代小林富次郎翁』ライオン歯磨株式会社、一九五九年
『ライオン歯磨八十年史』ライオン歯磨株式会社、一九七三年
『ライオン一〇〇年史――いつも暮らしの中に――』ライオン株式会社、一九九二年
ライオン株式会社編『三代小林富次郎を偲ぶ』ライオン株式会社、一九九三年
小松隆二『公益の時代』論創社、二〇〇二年

本間俊平——「左手に聖書・右手にハンマー」を持つ採石場経営者

はじめに――迷える青年に向き合った「秋吉台の聖者」

本間俊平《ほんましゅんぺい》（一八七三〜一九四八）という人は、一般的にはほぼ忘れられた存在になっている。現に、その名は近現代史、あるいは教育や福祉関係の人名辞典類にさえ、めったにみることができない。出身県の新潟でも、それほど知られた存在ではない。彼ほどの人物が多くの人名辞典編集者からも、同郷の人たちからも、忘れられたり、無視されたりしているのは、不思議なことである。

俊平は、出獄者や道に迷った青年たちを受け入れ、共に労働・生活することで、更生・社会復帰に尽力・協力した。その結果として、「秋吉台の聖者」（玉川学園創立者・小原国芳）、あるいは「左手に聖書、右手にハンマー」（安川電機共同創業者・安川第五郎）と讃えられたように、経営者でいながら、公益活動にも尽した聖人のような生き方を高く評価されてきた。それだけに、知る人ぞ知る忘れがたい人物である。感化・更生保護事業やキリスト教関係の限られた分野・領域においてではあるが、深く刻みこまれた名前である。

当初、俊平は大工から出発した。大工として生きる力量・すべを身に付けるようになりながら、途中で大理石採掘事業に転じる。同時に、キリスト教に深く傾斜しつつ、次第に犯罪などに落ち込んだ底辺のもの、また道に迷ったり、道を誤ったりした青年たちに手を差し伸べるようになる。

その際、俊平は、そういった青年たちを外から、あるいは経済的に世話・支援するだけではなく、彼らを自らの職場・採掘所に受け入れ、共生・協働し、感化・更生保護にあたった。入獄者や出獄者を特定の施設に入所させて、一般市民とは隔離して更生をはかるのではなく、一般の地域の中で、市民と隔絶なく、触れ合い、交わりつつ更生保護にあたったのである。

それだけに、俊平には覚悟もできていた。時には、自分や家族を犠牲にして、あるいは自分や自分たちを超えて、更生とその保護を必要としている青年の側に立って、感化・更生保護事業に徹底して打ち込み、青年たちの社会復帰をすすめる。それを見届けながら、生涯を終えるのである。

そこにいたるには、感化・教護事業の先駆者として、生涯を同事業に尽した留岡幸助の影響が大きかった。その点は、前章で取り上げた小林富次郎に似ていた。ただ、先の一般の市民生活・家庭生活の中で、更生・社会復帰をはかるあり方では、留岡を超える一面も持っていた。その大変さ・過酷さを周囲のものからは理解してもらえただけに、宗教界、教育界、財界、労働界などの第一人者たちからも理解、指導、協力が寄せられたのである。

俊平は幼少の頃から、貧困の中で育った。困窮が当り前で、ゆとりのある生活などとはほとんど無縁であった。そんな中で、与えられた仕事を通して、耐え、はい上がっていく。どんな仕事もチャンスと受け止め、挑戦した。大工の仕事も、その後の大理石採掘の仕事も、採算・営利をきちんと計算した上での挑戦というより、それぞれを天から与えられた仕事・機会と受けとめ、歯を食いしばり、全力で頑張ってものにするという姿勢であった。

もともと、俊平には、社会に出てからは、失うものは何もなかった。だから、底辺に落ち込み、犯罪人として監獄に入っていた青年たちに真正面から向き合うこともできた。彼らとは違った意味で、彼らに劣らず苦労も重ねてきたという自覚もあった。

俊平の生き方は、考えるよりも行動、口で諭すよりも実行と言われるほど行動的・実践的であった。しかも、キリスト教との触れ合いで、自分のことより、自分を超えてより困っている人、より高いニーズを持っている人のために働くことを厭わなかった。

そこには、自分にプラスや利益が伴わなくても、また自分を犠牲にしても、自分よりももっと大きな困難や苦難に遭遇している人のために尽力・協力するという姿勢・生き方が培われていた。普通の人には容易にできないことであるが、それを受け入れ、常態としたところに、限られた人たちによってではあれ認められ、俊平は同時代にも、また没後も、聖人や偉人のような扱い・評価を受けることになったのである。

ただ、俊平は自らの事業に独力で取り組み、独力で成し得たのではなく、神と信仰によって、また多くの人の愛や導きや援助によって実現しえたものと受け止めていた。実際に、一方で様々な思いやり、愛の手、援助が差し伸べられたし、他方で苦しみ、悲しみ、辛いことを体験するたびに、それを克服する力を与えられてきた。その恩寵、恩沢に報いるのは当然のことと、大理石採掘事業にも、更生保護事業にも、感謝しつつ取り組んだ。

俊平は、太平洋戦争など、それぞれの時代の流れに順応あるいは迎合するところもあったが、資本主義への批判、逆に社会主義への批判といった体制論的な議論からは距離をおいていた。右・左の先入観なしに、批判するところはきちんと批判した。

むしろ、体制論を超えて、キリスト教の教えを基に、キリスト教の愛の精神で、自らも社会の底辺に位置する姿勢で、犯罪や誤った道に迷い込んだ青年に向き合った。そして、協働・共創して社会的リハビリ・更生に努めた。体制側、軍部、時代に利用されることはあっても、頓着しなかった。それ以上に多くの人たちを救い、多くの人たちが普通の生活ができるように、精魂を傾けて努力した。

その際、俊平は、感化・更生保護事業において、政治や行政の保護・庇護をあてにせずに、個人が全力を傾けて何ができるかを示してくれた人でもあった。それだけに、彼の理念や活動は、極めて個性が強いので、広く行き渡ったり、組織として引き継がれたりはしにくい面があった。

そうだとしても、俊平の生き方は、同時代にも大きな共感・感動を呼んだし、またその影響を受けた人も数知れないほどであった。実際に、俊平の生き方に共感したり、感動したり、また影響を受けたりした人は多い。その中には、労働運動の先駆者・鈴木文治、教育界の先達・小原国芳、財界の指導者・安川第五郎、感化事業・宗教界の有馬四郎助、牧野虎次らも含まれていた。

俊平は、経営者、社会事業家、宗教家などの側面を合わせ持つが、信仰と更生保護事業を通して、社会に受け入れてもらえない人たち、社会からはみ出る人たち、いわば難民のように居場所のない底辺にいる人たちに居場所を用意し、真実の学び、更生、生き方を確保し、保障すべく奮闘した。苦闘しながら、その生き方に喜び、安らぎを見出していた。それによって救われた人、学んで自らの人生に活かした人は、実に多かった。それでも、今日では、俊平は限られた広がりにおいてしか知られていない。

今も、一見豊かそうな日本には、社会からはみ出したり、追い出されたりして、無視されたり、底辺に沈殿したりしている人は多い。その意味で、俊平という人は、もっともっと広く、一般にも知られ、再評価されてよい思想家なのである。

1　本間俊平の誕生と成長

(1) 本間俊平の郷里と小学校時代

本間俊平は、一八七三（明治六）年八月一五日、新潟県三島郡間瀬村《まぜ》（一八九六年から西蒲原郡間瀬村、一九五五年に岩室村間瀬を経て、現・新潟市西蒲区間瀬）に生まれた。父・孫四郎、母・順子の長男で幼名は俊助といった。

間瀬村は、海沿いのまちで、日本海、そして弥彦山と角田山が村のシンボルであった。現在は間瀬海岸が有名で、海水浴場として、また美しい夕日が望める海岸として知られている。

ただ昔から特別目立つ産業はなかった。商船の港になったことはあるが、村民は村にとどまる限り、漁業・製塩業や農業で暮らしを立てた。自立できるもの、起業などで大きく発展するものはめったにいなかった。むしろ、生計のためには昔から村外へ出稼ぎに出るものも多かった。

今は閉鎖されているが、俊平の時代には銅山が知られていた。特に明治中期以降、採掘・産出量が拡大する。俊平が後に大理石の採掘に踏み出す決断をするのは、この郷里で盛んであった銅山の思い出に後押しされた可能性もあった。間瀬を離れた後も、明治期を通じて、ときどき帰郷すると、その度に銅山の発展ぶりを耳にした。もっとも、大正の進行と共に、銅は掘りつくされ、閉山に向かう。

俊平の時代には弥彦駅あるいは岩室駅が間瀬の玄関口であった。仕事や出稼ぎで村外に出るにも、弥彦か岩室に廻り、そこから各地に向かうことになった。

そのような海岸の寒村であったが、俊平は間瀬が好きであった。貧しくても、弥彦山と海岸まで山すそが広がる角田山を背景に、雄大な日本海と佐渡島を望む景観は、子どもなりに気持を大きくさせられた。いつも眺めて暮らした、眼前の佐渡も天気の良い日には、手に取るように見え、何となく夢を抱かせてくれる気持になるのであった。

彼は、高齢になっても、亡くなるまで間瀬を愛し続けた。どんなさびれた村であろうとも、また貧しい生活の記憶が消えなくても、この村が好きだった。終の棲家にしても良いという気持も持っていた。だから一人で、また妻子を連れて、よく帰郷した。その帰郷した折の足場・拠点や、伝道の館にするつもりで、間瀬には土地も入手していたほどであった。長く幼馴染もいたし、恩師もいた。両親も永眠していた。

後のことになるが、そのような気持ちが伝わったのか、俊平は、たまたま帰郷した間瀬で病臥し、生涯を終えることになる。

この間瀬で、俊平は、一八七八年、地元の峰岡小学校分校間瀬小学校に学ぶ。翌一八七九年、六歳の時に面接を受け、正式入学となる。一八八二年、俊平は小学校初等科を卒業。一八八三年、小学中等科に進む。在学中は、小学校時代に引き続き、授業助手を務めるほどであった。それほど成績優秀で、新潟県から表彰もうけた。しかし、家計は厳しく、貧しい生活に耐えての学習は子どもながらに辛いものがあった。

一八八五（明治一八）年、飢饉もあって、ついに本間家には子どもに勉学を続けさせる余裕はなくなった。俊平は退学、授業助手もやめて、母方の親戚で大工の本間幸助に弟子入りすることになった。先生の助手をするほど優秀であったので、学習を続けられたら、本人の希望通り教育の世界に入ることも考えられた。代用教員なら可能性もあったが、ただ専門的には師範学校などへの進学も必要なので、経済的に無理であった。一転して大工・建設の仕事に進むことになった。それ以外進むべき道は用意されてはいなかったので、他に考える余地はなかったのである。ただ幸い大工・建築の仕事が彼には合っていた。それが次第に分かっていく。

（2）学校を退学し、大工の道へ

学校を辞めてからの俊平は、本間幸助のもとで、福島県会津方面を中心に、大工の見習い、修行を積んだ。その二年後の一八八七（明治二〇）年には、福島県信夫郡金沢村（現・福島市松川町金沢）の大工、遠藤家に世話になり、大工の腕、特に寺社建築の腕を磨き宮大工の道を進んだ。そんな修行の後、一八九一年、日本土木会社に雇われた。そこで、兵営、赤坂御所などの建設に腕をふるった。

その直後の一八九一年四月、本間弥三吉の三女マスと結婚する。この頃から、それまで反発していたキリスト教にひかれ出す。キリスト教の集会・演説会にも顔を出すようになった。

ところが、一八九二年、日本土木会社が、大倉土木組（現・大成建設）に吸収され、閉鎖となったので、いったん帰郷する。翌九三年に、マスと離婚する。この年、北海道庁に仕事を得て、北海道に渡った。両親も郷里を離れ、北海道に出てきて、俊平の下に同居した。それだけ、俊平は仕事に自信を持つようになり、生活も安定しだしていたともいえるが、両親は間瀬にいるかぎり、生活が困難であったのである。

一八九四年、道庁を退職、上京し、今度は先の大倉土木組に勤務する。日清戦争で大陸に仕事が多く、同年、同組から朝鮮に派遣される。ところが、その留守の間に、北海道に残していた両親が自殺するという不幸に見舞われる。俊平は、当時の通信事情もあって、翌一八九五年に日本に戻るまで両親の死を知らなかった。まだ二〇代になったばかりの時で、大変な衝撃であった。自分の留守の間、両親は不安で、ひもじい思いをしていたのではなかったか、と後悔の念に心を打たれた。両親には何もしてやれなかったと、慙愧に堪えなかったが、取り返すことはできず、今後に活かすほかなかった。葬儀は俊平が日本に戻った一八九五年に執り行われた。

この予想もしない変事・衝撃は、その後の彼の生き方を変える。例えばキリスト教への傾倒、他人の苦労・困難を救うために自分を超える生き方、あるいは自分を捨てても、より困っているものに配慮する生き方などに投影されていく。

このように、小学中等科を退学し、大工の道にすすむことによって、俊平は学校・学業から離れ、高い学歴とは無縁の人生・生涯を歩むことになった。しかし、そのことが、俊平に形式や外見や地位に関係なく、困窮の中で暮らす人とも、社会の底に落ち込んだ人とも、同じレベル・同じ目線で一緒に考え、行動する型破りの人生・生き方を実践させることにもなっていく。

後に、キリスト教の伝道活動に参加するゆとりができて、教会や伝道で話をする時も、またいろいろのことで相談を受ける時も、話し方や講話は、冷徹に理屈や論理を基にしたもの、カッコ良く響くものではなかった。壇上で越後弁を丸出しにして大袈裟に動きまわったり、情熱を身体ごと相手や聴衆にぶつけたりするものであった。それだけに、講師・講話者としては、最初は違和感を与えることもあった。しかし、本人も少しずつ改めるところもあって、参会者、聴衆も、俊平の情熱をそのまま受け止めたり、いつの間にか引きずり込まれたりしてしまうほどになっていく。

相談や手紙を受けたりすれば、形式的にではなく、自分のことであるかのように全身で受け止め、対応した。一緒に悩み、一緒に考えるのである。手紙には、相手が誰であれ、ともかく公平にすぐに返事の筆をとった。

服装も、大工・建設の業務の時代はもちろん、秋吉台に移り、経営者になってからも、いつも職工・職人と同じように現場労働者として変わらぬ外見・風貌であった。宗教家のようなきちんとした服装・聖衣とも、インテリゲンチャの整った服装とも遠かった。ただし、秋吉台の教会で日曜ミサなどを定例化したり、外から招かれたりした時などは、次第に宗教家らしくきちんとした服装をするようにはなっていく。

2　受洗、再婚、そして秋吉台へ

(1) 受洗、留岡幸助との出あい、そして秋吉台へ

日清戦争後、多くの労苦を重ねた末に、本間俊平はかつては邪教と思いこんでいたキリスト教に強くひかれ出す。そんな一八九六（明治二九）年八月、福島の遠藤孫一の三女次子（ツギ）と再婚（戸籍上は四女コヨと結婚したことに）、横浜に住居を構え、落ち着く。時に俊平は二三歳、妻は一七歳であった。

翌一八九七年、俊平は、東京・霊南坂教会で留岡幸助から洗礼を受けた。留岡は、厳しい北海道の監獄で教誨師を務めたり、非行少年の社会復帰など感化・更生保護事業に従事したりしていたが、感化施設・北海道家庭学校の前身、巣鴨家庭学校を設置する直前であった。しかも、彼は当時勃興しつつあった他の社会事業の施設や活動にも支援を行っていた。

留岡との触れ合いで知った、彼の人間像・生き方・活動は、俊平の心・生き方を大きく動かすものであった。北海道の極寒の監獄で、地の果てに送られた囚人たちと同じ地点に降り立って、彼らの更生・社会復帰を支援する仕事に打ち込んだり、その後も若者の犯罪とそこからの更生の仕事に従事したりする留岡の姿に強い感銘を受けたのである。その影響で、俊平は、その頃から刑を終えた出獄者

の世話をするようになった。

留岡との縁で有馬四郎助との交流・指導も得られることになった。有馬も留岡と同じ志を持ち、監獄問題、出獄人保護に早くから取り組んでいた。

一八九八年、不景気で大倉組を解雇される。それでも、すぐに陸軍省で仕事を得、仙台、弘前など主に東北で兵舎の建築に従事する。この年、長女武子が誕生する。

一九〇一年、茨城県で花崗岩切出の監督を務める。これを機に、鉱山の仕事に縁ができる。あわせて、キリスト教の伝道にも参加する。

茨城での鉱山の仕事に関わった縁で、一九〇二年、大理石鉱山の大理石材の鑑査のため山口県美祢郡秋吉村（現・美祢市）に出張する。そこで大理石山の仕事を引き受けることになった。もちろん明確な成算があっての決断ではなかったが、二〇代の後半になって、家族も持って、これからの人生に何ができるのか、何が良いのかをあれこれ考えての決断であった。

この間の流れを、ある人名辞典は、「氏は一小木匠に身を起し、悪戦苦闘十年の後宮内省技師となつて、赤坂御所の建造に怪腕を揮ひ、再転人間建築を志して長門秋吉山に退き、大理石を採堀彫琢しつつ青年の教養に血涙を搾る。」（松本龍之助編『明治大正文学美術人名辞書』七三二頁、立川文明堂、一九二六年）と説明している。

かくして、一九〇二（明治三五）年、俊平は妻次子と三人の娘を連れて秋吉台に移り住む。不安も大きかったであろうが、希望がなかったわけではなかった。妻は俊平を信じてついて行くだけであった。長門大理石採掘所の創業である。俊平二九歳の時で、日露戦争がすぐそこまで近づいている時でもあった。

以後、大理石採掘事業、さらに出獄者保護・更生保護事業に従事する秋吉台時代が始まる。この時から、大工の仕事にかわって、大理石の採掘と経営に携わり、現場では出獄者を含む道に迷った青年たちと共に労働し、その触れ合いを通して語り合い、更生を共にはかることになっていく。経営・経済活動に更生保護事業を結び付けたことが俊平独特の理念と方法であったが、それだけ負担・苦難も大きなものになった。

ただ、しばらくは事業の経営に難渋する。大理石業界の景気が良好ではなかったからである。しかも、経営から労働の現場まで監督・責任を負うので、従来の大工仕事とは根底から異なっていた。それでも、日露戦争が近づくにつれ、鉱山関係の仕事には需要が増える状況が到来しつつあった。

(2) 秋吉台での苦難と信仰の日々

この秋吉台に移った年(一九〇二年)の暮れも押しつまった一二月二八日、本間家に長男四郎が誕生する。しかし、二歳になる前にジフテリアに罹り、亡くなってしまう。まだ幼い上に、十分な治療も受けられない時代であったので、家族は祈り、悲しみに絶えるしかなかった。

この折、俊平は、子を思い、せめてもの形見にと、『本間四郎　附労働余言』を涙をこらえつつ執筆、公刊した。それが彼にとっては最初の出版物となった。

かくして、秋吉時代の初期は進行する。経営危機も、家族の悲しみ・苦しみも、俊平夫婦の尽力、従業員・支援者たちの協力でなんとか切り抜けた。それと共に、更生保護事業も本格化する。どんな重い犯罪を起こした青年も引き受け、採掘の仕事を通して、社会復帰への尽力・協力を惜しまなかった。

ただ当時は、犯罪人・出獄者に対する社会的な差別や受け入れが厳しく、更生事業の取り組みは並大抵のものではなかった。現在でも、刑期を終えたものに対する差別は小さくないのに、当時は一層厳しかった。現在も、社会復帰するにも、刑法犯などの経歴を公にしたら、就職では門前払いとなる場合が多い。公的な試験・資格に関しても、刑期を終え、償いを果たし終えたはずなのに、さらにそれから三年、五年と国家資格等の行使を認めない。社会に対する更生の証に、「世のため人のために」と公益活動・社会事業に打ち込みたいと思っても、公益法人などの役員に就任するにも厳しい制限がかかっている。

現在でも、社会復帰の機会・広がりを公的にも奪い、更生を難しくしているのに、当時は元受刑者に対する差別は、もっと厳しかった。それほどに、更生事業は容易なものではなかったのである。その上、労働者の中には、教育を受ける機会が少なく、教養・常識に欠けるもの、粗暴であるとか、精神的に不安定なものもおり、身の危険を感じさせられたりすることもあった。実際に妻の次子が重傷を負うような事件も起きている。

一九〇五年のことであったが、刑を終えて秋吉台で働いていた元警官の一従業員が、俊平への誤解から、俊平と間違えてミノで妻の左腕を刺す事件が発生する。その時も、彼は、当該従業員を非難するよりも、「相川ゆるしてくれ、お前が本当に殺したいほど憎かったのはこの本間だったのだ。それに気がつかなかった自分を許してくれ」（三吉明『本間俊平傳』一四九頁新約書房、一九六二年）と相川の前に両手をついたという。俊平は誤まって起きた事故として処理し、訴えることもしなかった。その後、幾多の波乱が起こるものの、相川も俊平らの愛に目覚め、更生していく。

もともと、相川に関しては、キリスト教界の大先輩、牧野虎次の紹介で引き受けた経緯があった。牧野も相川をもてあまし気味であったので、秋吉台の俊平に引き受けてもらったのであった。俊平も相川には手を焼き、被害まで受けた。それでも諦めず、牧野らと協力して、キリスト教徒として、そして釈放者・出獄人の保護事業を担うものとして、更生させることができたのである。

このような事件が起こった後も、俊平は誰でも受け入れ、一緒に更生・社会復帰をはかる方針を変えなかった。

それには、キリストと共にあるという信仰心、キリストに依ることができているという強い信念が大きな支えになっていた。事業が失敗に終わろうと、病に臥すことがあろうと、神の与えてくれた試練と受け止め、神を信じ、神と共に生活する姿勢を崩さなかったのである。

そうすることによって、俊平は妻と共に、恐ろしいものがなくなり、ただ祈り続けるだけでも道が開かれるという強い信念・生き方ができるようになった。実際に、苦境に立たされると、夫婦で祈り続けることもあった。そうすることで、平安な気持ちに落ち着くことができたのである（本間俊平「与えられたるものを善用せよ」「恐るる勿れ」前掲『本間俊平選集』)。

神に深く帰依すると共に、毎日曜日には、採掘所の教会で礼拝と日曜講話を続けた。朝と夕べの二度ミサを行い、俊平は真剣勝負のように、全力で対応した。決して若者・非行少年には甘いだけではなく、むしろ厳しく教え諭した。

しかし、大理石の採掘の仕事は、容易でなかった。経営は安定せず、資金繰りも大変であった。贅沢はせず、節倹の生活であったが、辛うじて軌道に乗せるまでにも、三、四年の経過が必要であった。それでも、事業開始直後に始まる日露戦争で、一時的にはこれまで以上の困難に直面しながらも、その中から少しずつ明るさが見え始め、戦後の一九〇六年頃から、経営も、青年の感化事業・更生事業も、なんとか軌道にのりだした。その間も執筆活動も続けていた。同時にその頃から県内外から、執筆、講演・講話などの依頼が来るようになっていた。

また、自分たちより困っている社会事業活動などに寄付をすることもできるようになっていく。さらに郷里の間瀬に伝道の拠点や自らの終の棲家にする可能性も考えて、土地を購入したりもする。そのようなことができたというのは、大理石の採掘などの事業が、ある程度成功した時期があったということである。

(3) 秋吉台に移住した頃のパイオニア精神

俊平は、熟練を積んだ大工として建設業に従事していた頃も、そして大理石事業に転換してからも、人材育成（例えば、彼は「現代に人材はいないのか」等を執筆している。前掲『本間俊平選集』二七五頁）と、パイオニア精神の必要を痛感していた。

秋吉台に活動拠点を移した直後の一九〇四（明治三七）年に、俊平は「青年よ、パイオニアーたれ」（本間俊平「青年よ、パイオニアーたれ」前掲『本間俊平選集』二一九頁）という小論を発表している。秋吉台に移った頃は、これまでとは違った新しい仕事に取り組むことで、彼はまさにそのような昂揚した気持でいた。経済・財政面での厳しさは続いていたものの、気持は高まり、夢は広がっていたのである。

そんな時に、形式、外見、みかけ、肩書きに寄りかかるよりも、しっかりした目標や理念を持って、より新しいモノを求め、より新しい状況を創りだしていくパイオニア精神こそ、大切と考え、訴えていた。その精神こそ、俊平の秋吉台での事業・活動を支えていたのである。

その際、拝金主義、芝居など娯楽への偏りすぎ、酒色、タバコ、淫欲等への溺れを批判し、また「何学士何博士の称号をもって、田舎ものをこけ嚇しすべき時代も疾く過ぎ去れり。」（同上、二二一頁）と肩書き、外見を振りかざすような生き方も批判した。彼は言う。

「世の所謂成功たる金銀財宝とか、官位勲爵とか、そのようなものを得たからとて、……天来永遠の平安はあろう筈がないのである。」（本間俊平「万事みな我が益となる」前掲『本間俊平選集』九〇頁）

必要なのは、あらゆる分野でのパイオニアの輩出であると檄をとばしていたのである。

実は、パイオニア精神の重視は、この時代のみでなく、俊平にとっては一貫した精神・理念、そして行動規範であったといってよい。彼は、五、六年前に、キリスト教の洗礼を受けるのを機に、教えを乞うようになった留岡幸助の生き方に共鳴する。極寒の北海道の監獄にまで赴き、教誨師として入獄者の世話、更生に当たった留岡の生き様にパイオニア的精神を読み取り、目標としつつ、自分の生き方に活かしていく。この留岡の導き、同時にキリスト教の教え、さらにはキリスト教界の全国にわたる連携・支援なしには、差別の多い感化事業・更生事業を維持することは困難であった。

秋吉台に移住する以前の大工時代も、俊平は、並の大工仕事・レベルに甘んじていたわけではなかった。宮内庁を含む官公庁・寺社などのレベルの高い仕事に主に関係していたのであった。秋吉台に移って大理石の業務に携わってからも、新しいこと、他に見られないこと、社会に役立つことを選んで、挑戦を続けた。

そのような姿勢で生きてきた俊平にとっては、一部の若者たちの奢侈、色慾、遊興に走る風潮、また積極性に欠ける生き方が嘆かわしく思えた。そのような生き方・あり方の克服も込めて、パイオニア精神を訴えたのであった。

3　青少年の社会復帰と伝道のために全国を駆け巡る

（1）大理石事業・更生保護事業の進展と社外への俊平の影響

本間俊平は、日露戦争、さらに第一次世界大戦を経験する頃には、大理石事業も、更生事業も、厳しいながらも、ともかく軌道に乗せることができた。それと共に、更生事業を取り入れた事業経営、そして俊平の生き様が広く知れわたるようになった。地域に彼の事業・活動が人づてに知れわたるだけではなく、秋吉台に落ち着いてから、地域の新聞やキリスト教関係の機関誌に事業のこと、また日々の暮しのことなどを執筆しだしたので、秋吉台に本間俊平ありと全国に知れわたっていくのである。するると、各地から執筆、講演・講話の依頼が舞いこみはじめた。また視察やボランティアが秋吉台にやってきだした。そのうち、多くの教育者、社会運動家も秋吉台の俊平を訪い、彼と彼の事業・活動に学んでは、俊平を鏡に励むことになった。

鈴木文治、野口援太郎、小原国芳、赤井米吉らも影響を受けた社会運動家や教育者であった。中には繰り返し秋吉台にやって来るもの、生涯を通じて、自らの生きる師・指針と仰ぐものもいた。

その一人が山口高等学校の苦学生であった鈴木文治である。彼も秋吉台で直接俊平に触れ、感銘を受けている。鈴木は、その後、東京帝国大学に進み、東京朝日新聞勤務を経て、大正・昭和の労働運動のあらゆる流派の源流となる友愛会（後の日本労働総同盟）を創設、長く会長を務めることになる。

また玉川学園の創立者の小原国芳も成城学園時代に秋吉台を一度ならず訪ねている。俊平を財政の苦しい成城学園の資金の借り入れの相談などのために訪ねたこともあるが、俊平の半生・事跡を著書にしたりもして、俊平の事業を支援した。

その間、俊平は柏木義円、山室軍平、牧野虎次、石井十次ら宗教界や福祉事業の大先輩とも交流する機会も得た。また安川第五郎ら経営者からも、敬愛され、拠り所にされる例もあった。

安川が秋吉台に仕事のことで訪ね、俊平と知り合うのは、一九一八年のことであった。まだ安川電機製作所を創業して間もない頃であった。以後、安川は機会あるたびに、俊平に会社に講演・講話を依頼したり、わざわざ教会や講演会場や自宅にまで俊平を訪ねたりする。最初は、いかなる人物かも知らずに、純粋に事業・取引のことで秋吉台を訪ねたのに、最初から引き付けられるものを感じた。会うごとにその特異な人物像に惹かれて、とうとう「本間宗の信者」になっていく。安川ほどの経営者も、経営問題から心の悩みまで、俊平に打ち明け、相談にあずかるほどであった（安川第五郎「本間宗の信者」前掲『本間俊平選集』四一五～四一七頁）。

そういった外部に対する対応、執筆、講演・講話、礼拝の機会が目立つようになるのは、日露戦争後である。事業がうまくいくようになったから、あるいは暇な時間を持てるようになったからではなく、秋吉台に移ってからは、経営も厳しく、資金的にもやりくりが大変な時でも、俊平は日々の反省・自省の気持もあって、よく机に向かい、筆を走らせた。それを少しずつ発表もしていく。発表したのは、主に中国防長新聞やキリスト教関係の機関誌であった。

さらに、事業・状況が許すようになると、全国各地からの講演や指導の依頼にも応じるようになる。学校、教会、時には企業（間組など）から招かれ、講演・講話・ミサなどを行うものであった。

だから、秋吉台に移住してそう年月の経たない頃から、俊平は秋吉台を留守にして、各地を回る機会が増えていく。もっとも、経営が軌道に乗ったといっても、その後もなお厳しいことも多く、安閑とすることはできなかった。むしろ経営も、感化事業も、また生活も苦しいことの方が多かった。

それでも、彼は声がかかれば、どこへでも飛んでいった。それまでの一途な事業、更生保護活動、それらを通した交流のお蔭で、全国の主要なところには、俊平とその事業の支援者が生まれていた。その地に行けば、各支援者たちがよく世話をしてくれた。それほど、俊平の秋吉台の事業は、広く評価と尊敬を受け、支援しようとする人たちが増えていくのである。それがまた、俊平たちの終わることのない苦しい経営状況や感化事業の支えともなった。

各地を回るようになってから、家族で郷里の間瀬を訪問する機会にも恵まれた。他に、一九〇六年、石井十次の岡山孤児院を訪問、一九二一（大正一〇）年一月には、東京・小菅監獄を視察する。石井とその事業は、俊平にとっては大先輩の事業・活動であり、学ぶところ、共感を得るところが大であった。また小菅は日本の代表的な監獄であり、いつか訪問したいと願っていたもので、日本の監獄、感化・更生事業のあるべき方向などを考えるのに有益であった。もっとも小菅監獄側も、俊平を招いた仲介者も、俊平に監獄・感化行政などで提言をお願いしたいという気持もあってのことであった。

このように、全国各地を飛び回りつつ、秋吉台の採石場の教会で、毎週礼拝と講話も続けていた。

例えば、「血涙の文字」「如何にすれば真人間になれるか」などとテーマを決めて講話を行なった。それらは、一九二三年一月以降は、「本間先生日曜講話梗概筆記」として、講話後毎回印刷され、配布された。謄写印刷ながら、朱色も入れた目立つもので、広く愛読された。

講話では、まず最初に聖書の言葉・文章を引用し、それをゆっくり説明する。例えば、一九二三年一一月四日の「如何にせば真人間となれるか（山上の垂訓研究）」の講話（『本間俊平先生日曜講演梗概筆記』第十二号、一九二三年一一月）では、「幸福なるかな、心の貧しき者、天国はその人のものなり。幸福なるかな、悲しき者、その人は慰められん。……幸福なるかな、心の清き者、その人は神を見ん。幸福なるかな平和ならしむる者、その人は神の子と称へられん……」（新約聖書、マタイ伝福音書五章）をゆっくり提示し、後は解説・説教に入る。これを毎週続けた。

（２）関東大震災による打撃と健康の悪化

第一次世界大戦を経て、一九二三年になると、本間俊平は五〇歳を迎えた。秋吉台での生活もちょうど三〇年近くになろうとしていた。

その年の九月に、関東一円は大震災に見舞われた。秋吉台には直接的な被害はなかったものの、取引先や感化・更生事業で支援を送ってくれていた取引先・支援先が相当被害にあった。芝浦製作所（現・東芝）もその一つで、主力工場が川崎・鶴見など神奈川県にあったため、大きな被害を受け、再建には相当の時間が必要であった。

その試練に、秋吉台の大理石事業も、俊平も、堪えねばならなかった。日清戦争、日露戦争、第一次世界大戦と、三度の戦争を体験するものの、いずれも日本本土が戦場とならず、しかも仕事や事業にプラスとなることが多かったが、関東大震災ではダメージが大きく、大きなマイナスを背負わされることになった。

特に俊平としても、目のあたりに見、直接触れた被災状況に大きな衝撃を受けた。磐石と思っていた大企業でさえ、地震の襲来で一瞬のうちに工場などの施設、機械・器具、資産まで大打撃をうけたのである。震災見舞いを時間をかけて行いつつ、モノの弱さ、ココロの強さ、そして神の教えの強さを改めて確信した。その頃から身体が次第に弱ってきたこともあって、俊平は神への傾斜をさらに強めていく。

この間、自著、また俊平に関する著書も刊行された（小原国芳『秋吉台の聖者本間先生』［玉川学園出版部、一九三〇年］など）。

一九三一（昭和六）年、関東大震災から一〇年近く経とうとする頃であったが、六〇歳を目の前に、採掘の現場に立つには俊平の健康は限界であった。とみに各地での講演、視察も増えていた。当時の各地への移動は交通機関の未整備から、大変な難行であった。若い頃からの貧しさ故の無理、また秋吉台以後の経営の苦労、青年たちとの共同活動や伝道・講演活動の多忙さ故の無理が身体に異変を生じさせていたのである。

そこで、彼は秋吉台を離れる決意を固めざるをえなかった。若者と共に労働も行動もできないようでは、秋吉台にいても意味がない、残りの生涯をより有効に活かせる拠点を考える時、秋吉台を離れざるをえないと考えたのである。彼は、上京を決断する。

実は、俊平の気持の中に、全国いたるところに神の存在・キリストの教えを知らず、悪行、犯罪、ふしだらな生活から立ち直れないものが多くいることに、何とかしなくてはという焦りのようなものを感じていた。歳をとり、体がだんだんきかなくなるのに、飛び回って手を差し伸べることができずに残念にも思っていた。秋吉台での労働の生活が不可能なら、秋吉台を離れて、全国を行脚する役割を担おうという、前向きの気持でもあったのである。

それだけに、その後も講演や視察活動は可能なかぎり引き受け続けた。

4　本間俊平の終焉

（1）最期の力を振り絞っての全国行脚

本間俊平夫妻が秋吉台を去る頃、満洲事変等にみられるように、時代状況が悪化しだしていた。俊平が秋吉台を離れたこと、健康も決して良くないことが分かっても、俊平には全国各地からの講話・講演などの依頼は止むことはなかった。それだけ、必要とされ続けたということである。

それを分かっているだけに、俊平も健康の許す限り、というよりも自分の健康を犠牲にしても、望まれるならば、協力したいという気持であった。特に準戦時・戦時体制の進行と共に、一方で、右翼・

国家主義者からのキリスト教への攻撃があり、時代に合わせた姿勢を示す必要にも迫られた。他方で、非行・犯罪青少年の社会復帰・健全育成、そして労働力化・兵力化の必要性も訴えられるが、俊平もそのような時代の変化に対応せざるをえなくなっていく。

健康状態を考えたら、無理のできない体であったが、少しでも調子が良ければ、どこでも出かける覚悟でいた。引退は考えられなかった。生きている限り、身体の動く限り、神に仕えるつもりでいた。現場に出て若者と一緒に働き、社会復帰のために動くのは無理になった分、感化事業・更生事業などが必要になる以前の対応として、予防の必要・重要性を特に訴えるようになっていく。青少年を非行化・犯罪化させない予防的側面からアプローチする際、俊平はキリストの精神・理想に拠り、信仰の活用を訴えた。

にもかかわらず、感化事業における現場での実践、そしてミサや講演活動等を通して、俊平が辿りついた境地は、人間社会には不幸や困難が絶えないが、ただどんな人間にも働く力と創造する力が具わっており、その力によって道を切り開くことができるという信念である。彼は言う。

「人生というものは、実にいうにいわれない涙のある不思議な困難の横たわっている原野であることは、事実である。一個人の中にも、家庭の中にも、どういうわけでこんな不幸が起こって来るのか、どうしてこんなに驚くべき涙が出てくるのか、いくら考えてもわからない事実が押しかけて来る。」（本間俊平「信仰と創造の生活」前掲『本間俊平選集』二九一頁）。

それに重ねて、彼は言う。「生きているものには、働く特徴があり、生きているものには、創造があり創造の生命がある」（本間俊平前掲「信仰と創造の生活」『本間俊平選集』二九一頁）。

たしかに、人間社会には不幸が多い、どんな個人にも家庭にも不幸が絶えない。何で自分や自分の家庭には、不幸が多いのかと、嘆くこともある。しかしその不幸はどの個人にも、どの家庭にもあるのだから、ただ嘆いているだけではいけない。人間には、働き、創造する生命・力がある。その創造の力によってどんな不幸も困難も克服できるということである。

そんな俊平に、相変わらず全国各地、特に満州、朝鮮などからも講話・講演の依頼がきた。彼も、病い持ちの身体でありながら、満州・朝鮮のような遠方でも、求められれば喜んで出かけた。相談者の来訪があれば、分け隔てなく会い、その後はいつでも面会や相談に乗った。手紙類にも、すぐに懇切な返事を書いた。また書を求められれば、書を書くのが好きだったので、それにも応じた。書を頂いたものは、それを自宅の床の間等にかけて自らへの戒めに活かした。

(2) 妻の死と俊平の最期

俊平は、秋吉台を離れ、上京してからは、講演等に応じつつも、無理をしないように気を付けてはいた。それでも、一九四二（昭和一七）年、動脈硬化症のため病床に臥した。リハビリに努めるも、半身不随の身となった。

かくして、戦争末期を迎え、戦場では兵士のみか、戦場周辺の住民もどんどん死に追いやられていた。また全国が空襲にあい、一般市民とその住居まで焼けて失われる危機的状況に陥っていた。そんな中に、俊平は動けずもどかしい気持で、じっと堪え忍ばなくてはならなかった。

戦後すぐの一九四八年三月五日、川崎市津田山の中田正一宅で、妻次子が生涯を終えた。享年六九であった。二人の苦しくも、力を合わせ、喜びも悲しみも共にした結婚生活は、五二年にも達していた。次子は、一七歳で嫁いできて、新婚の時から、苦労は覚悟であったであろうが、普通でない生き方、というより超人的な生き方に挑戦する俊平と生活を共にすることは大変であった。事業がうまくいかないこと、収入が少ないことも常で、さらには健康阻害や被害に遭うほどの危険を覚えることさえあった。それでも、夫の俊平と共にいることに、あるいは夫に尽くすことに満足した。夫と共に頑張れること、全国各地を夫と共に旅することができたのも幸せと思っていた。

俊平は妻の遺骨を郷里の間瀬に連れ帰った。郷里でいずれ自分も妻と共に永眠するつもりであったのであろう。甘えてきた妻に先立たれたことは、半身不随の俊平にはショックであった。生きる気力が萎えていく思いが強かった。周りからみても、妻の死後、俊平はこの世の人とは思えないほどの弱り方であった（出射義夫「本間先生の断面」前掲『本間俊平選集』四四八頁）。

にもかかわらず、その年の八月、暑いさ中に、俊平は郷里の間瀬に帰るが、当時の長い汽車の旅はつらかった。それでも、最後にもう一度郷里を訪ね、しばらく滞在したいという気持を変えなかったのである。

それでも、やはり体調が思わしくなく、間瀬に着くやそのまま病床に臥した。さらにすぐに脳溢血を発症することになる。栄養も薬も十分にとれない混沌とした戦後すぐの時代に、彼はついにそのまま生きる力・健康を取り戻すことができず、妻を追うように生涯を終え、昇天する。八月一三日のことで、享年七五であった。

翌年になって、夫妻の遺骨は山口の秋吉町に移された。そして大理石事業に励み、また出獄した青年たちと更生に向けて苦楽を共にしたその地に埋葬され直した。

今は、俊平のような生き方のできるものはまずいない。時は流れても、感化（教護）事業・更生保護事業は依然として必要であり、引き継がれている。しかし、自分を超え、自分を犠牲にしてでも、出獄した青年たちと同じ足場に立って、同じ目線で、一緒に労働し、生活し、社会復帰に尽力・協力できる人はめったにいない。時代の変化・相違を超えて、俊平のような人は真の超人であり、偉人である。偉人と呼ばれるのは、決して学歴や地位、あるいは遺した資産の大きさではないことを、彼ほど教えてくれる人はいない。

俊平は、「貧なるが故に賤しからず、富めりと雖も貴くない」（本間俊平「眞人間教育の急務」前掲『本間俊平選集』一八七頁）とし、教育の目的として「成功」「立身出世」と地位の高さ資産の大きさを文部省などがめざさせている現状を嘆き、学校教育の間違いを指摘し、教育の目的は「真人間を造ること」（同上、一八五頁）であり、「真人間の源は神」（同上）と言いきっている。人間性・精神性の高さこそ、教育の成果で問われるべきというのである。

この教育観一つとっても、彼の夢、精神、その姿勢には、感化（教護）事業・更生保護事業のみならず、どの道に励むもの、どの道を究めようとするものにも、学ぶことが少なくない。その意味では、俊平は今後も生き続ける人といってよい。もちろん、時代の変化もあり、現代にあって同じことをしようとしても、また真似をしようとしても無理である。ただ、その精神や理念、実践や行動力は今も生き、さらに今後も生き続けるであろう。

5　本間俊平の業績と評価

本間俊平の生涯は七五年の歳月に及ぶ。その中で、更生保護事業中心に公益事業・社会貢献に尽くすのは、二〇世紀に入り、秋吉台に移ってからで、およそ四五年にわたった。その間、大工・建設事業、次いで大理石の採掘事業に従事しながら、あわせて営利を超える多くの事業・活動にも挑戦し、成果をあげた。そのうち、俊平らしい足跡・業績というと以下の六点にまとめることができるであろう。

①伝道・講演・出版活動　　彼の力の根源はキリスト教とそれに対する強い信仰心であった。俊平にとっては、講演も執筆・出版も、キリスト教の伝道の一環であった。キリスト教の伝道活動だけなら、彼は秋吉台に移る以前から取り組んでいた。教会にではなく、何かの集まりの際に、あるいは路

上において、講話を行うこともあった。実際に、地方の知らないまちであれ、どこでも、伝道、啓蒙、教育の場にした。自らも神に救われ、教えられ続けたので、その体験に基づく話をみんなにも伝えたかったのである。

日曜の教会での礼拝・ミサは、秋吉台に教会を建設してからである。秋吉時代には、大理石採掘事業・更生保護事業の他にも、その延長上に多くの活動に取り組んだ。それらは、いずれも伝道活動の一環ともいえた。

ミサでの講話・説話は、熱弁となり、聴く者を引き付け、感動させるのが常であった。ただ、熱弁といっても、当初は大声を張り上げながら壇上を動き回るのが目立ったが、次第に経験を積むと、声は大きいままであったが、落ち着いたものに変わっていく。

大理石採掘事業の現役をやめてからも、俊平は講演活動や執筆・出版活動は続けた。ものを書くことはそれほど苦にしないたちで、最初の著書『本間四郎　附労働余言』（私家版、一九〇四年）は亡くなった長男の形見・供養のために一気呵成にまとめたが、その後も教会や各地での講話等を本にまとめている。

それらは、彼にとってはどれも信仰・伝道につながっていた。講演と伝道の両方を兼ねての地方出張も少なくなく、講演、講話、出版のいずれも、信仰・伝道と一体として受けとめていた。いずれにしろ、講演、講話、説教、そしてそれらをまとめた著書類は、経営者でありながら、更生事業に打ち込んだものの記録として、今日にも貴重な意味を持って残されている。

②青少年の感化・更生保護事業とその近代化　俊平が多くの社会問題・社会事業の中から、青少年の犯罪・非行の問題の抑制・解決につながる感化・更生保護事業に取り組んだのは、繰り返すように留岡幸助の影響が大きかった。違う形ではあるが、本書で取り上げている小林富次郎が感化事業を支援したのも、同じく留岡の影響であった。留岡が「ただ一筋の道」（高瀬善夫『一路白頭ニ到ル――留岡幸助の生涯』岩波書店、一九七〇年）として伝道と共に監獄問題・感化事業・更生事業に生涯の使命として打ち込んだ姿は、俊平を感動させた。その導きに従って、自らも留岡の後に続くことにしたのであった。

ただ留岡は、少年非行を主たる対象としただけに、感化事業として感化院のような隔離された施設で更生・社会的リハビリをすすめる常道を進んだ。それに対し、俊平はそういう施設を終えた出獄者などを保護対象にしたため、隔離されたところや見えないところではなく、一般市民が生活をする地域や職場で一緒に働きつつ、地域や職場の協力も得て更生・社会復帰の仕事を実践した。

犯罪者に対する社会的偏見・差別も厳しい時代であっただけに、俊平の方法・事業は容易なものではなかった。自らの家庭を犠牲にするほどの負担も覚悟せざるをえない現実であった。それだけに、留岡はじめ、有馬四郎助、牧野虎次のような優れた先駆者の協力・支援なしには、また苦難・困難を支えてくれる神の存在なしには、俊平の更生保護事業は永続的な終生の事業とはなりえなかった。

そんなことで、俊平は、上から講演・説諭を通して観念や理念を振り回すだけではなく、秋吉台の大理石採石場では、自らも青年たちと一緒に労働し、対話し、社会復帰を応援した。本業とも、伝道活動とも一体で更生事業が位置付けられていたのである。

また、彼は犯罪人の出獄後の更生・社会復帰のみでなく、監獄における犯罪人の処遇、施設・設備の改良・改善、そしてそれ以前の予防の重要性をも訴え続けた。死刑廃止論とあわせ、更生事業の近代化に貢献した面と評価してよい。

③真の教育の追求　経済的理由から、学校教育を十分に受けられず、教育というものを自分で考え、身に付けざるをえなかった俊平には、教育の現実、それに対するあるべき姿について考えることが多くあった。自分の体験からも、豊かなものや地位の高いものが必ずしも心豊かとは言えず、逆に経済的には貧しいのに心豊かなものも多い、とはっきり言うことができた。

その際、学校教育の現実が、真の人間になることを教えず、地位や肩書き、資産や富を多く手にすることを「成功」と教え、その競争で勝者となる「立身出世」をめざして生徒・学生に励めよと教える風潮が気になった。

当時の学校では、「下らぬこと許り多く教えている癖に、真人間となる道は一つも教えておらぬ」（前掲『本間俊平選集』一八四頁）、また「文部省や、内務省辺では、外来思想がどうのこうのと大さわぎをやり、女学生が演説した位のことで、知事や警察部長が青い顔をして奔走している。かかる下らない枝葉のことにのみこせついていて、人間の根本が破れて仕舞っていることを知ることすら出来ないでいる」（同上、一八四〜一八五頁）と教育の状況を厳しく批判している。
俊平は、真に人間的・精神的に成長し、自立するための教育こそ、真人間の教育として、そのあり方への回帰を訴え続けたのである。

④死刑廃止論　俊平は、日頃「法律や規則で人がよくなるものではないと力説」（出射義夫「本間先生の断面」前掲『本間俊平選集』四四九頁）していた。その裏返しとして、「法律を厳にしすぎると国民は却って悪くなること」（同上）も強調していた。このような基本的考えのもとで、監獄のあり方・出獄後の処遇の改善という出獄者の社会復帰条件の改善・善導の訴えも行っていた。さらに彼はその延長上に死刑廃止論も位置付けていた。

キリスト教の愛の精神、またどんな罪・罪人をも神は許すという教えから、俊平にとって死刑は受け入れられなかった。あわせて、長期にわたる執行猶予はじめ、罪を犯したもの、受刑者たちが出獄後も不公平なほど余りに不利になる社会的認識やルールにも納得していなかった。

そういったことを、死刑廃止論を含め、めったに会うこともない小原国芳らにも問いかけ、議論をしたりもしていた（小原国芳「本間先生訪問記」前掲『本間俊平選集』四一二頁）。死刑廃止論を早くから唱えていたことも、彼の理念・足跡として忘れてはならないことである。

⑤他の公益活動への支援　俊平は、自ら禁酒・禁煙を実行し、かつ節約を心がけつつ、更生保護

事業・伝道事業に取り組んだ。その他、岡山孤児院、学校等への寄付（本間俊平「進んで悪魔の本営を粉砕せよ」前掲『本間俊平選集』三六五頁）も行った。また社会事業や教育関係者からの相談にもよく乗って、適切なアドバイス・指導を行うこともあった。

例えば、成城学園の初期に、小原国芳は沢柳政太郎に頼まれ、往復の旅費さえ準備できない金欠状態の中で、秋吉台の俊平のところに金策に行く。俊平のところも金欠では負けない貧窮状態なので、お金の提供はできなかったものの、成城学園の今後のあり方、方向性などで適切にアドバイスをする（小原国芳「本間先生訪問記」前掲『本間俊平選集』）。

俊平は、限られた学歴・経験などから偏った見方に堕しはしないかと思われそうな面もあるが、意外に公平性・客観性のある見方・指導のできる人であった。それだけに、福祉や教育のような公益領域のリーダーや団体からよく相談を受け、応えていたのである。

⑥郷里への愛情と貢献　俊平にとって、郷里・新潟の間瀬が唯一の故郷であった。そこで暮らしたのは、幼少の頃の一五年であった。その一五年の間、経済的には決して恵まれたものではなかった。その後はときどき帰省し、僅かの期間滞在する程度であった。それなのに、彼は間瀬を愛し続けた。

たしかに、郷里での子どもの頃は、貧困はじめ、苦労の方が多かった。それでも、見上げれば、海が雄大に広がり、佐渡島が横たわっている。夕焼けは殊に子ども心にも美しく思えた。背後には弥彦山がそびえている。その地で、小学校時代は成績が優秀であった。貧しい暮しなのに、先生からはよく評価してもらえた。

それだけに、貧困等苦しみの記憶を超えて、郷里には良い思い出が少なくなかった。晩年は終の棲家として、あるいは最期は郷里で終えようという気持で、間瀬を受け止めていた。

その郷里のことを、俊平は他人の前でも誉めることを恒とした。郷里の恩師など、教育・社会事業に励む人に支援の寄付をすることもあった。彼は終生越後弁を恥ずかしがることもなく、講演・講話でも丸出しに近い形で語り続けた。教会で説教する時も、殊更改まって標準語の使用に努める風でもなかった。それだけ郷里には愛着も感じていた。

俊平としても、愛する故郷があったこと、また帰るべき故郷があったことで、その郷里に恩返しをしたい、貢献したいという気持を長く抱き続けることができた。そのことが、彼にとっても心の平穏・安定、さらに歳をとっても、いつまでも将来に夢を持ち続けることを可能にしてくれたのであった。

おわりに

貧しい家庭に育って、教育も十分に受けることができず、学歴もなかったのに、一つの道で大成し、先導者の評価を受けるほどになるのは、並大抵のことではない。とりわけ社会性・公益性の強い領域や課題で、かつ差別や偏見にもさらされている領域では、収入・寄付の保障もないので、高く評価されるほどの業績あげるのは容易でない。本間俊平という人は、まさにそのようなことを成し遂げた稀有な人であった。

貧困や劣悪な環境・条件の下で育ったものの多くは、社会に出てからも重いハンデキャップを背負わされることになりやすかった。中にはそれを克服できず、生き抜くことで精一杯という人も出てくる。時には、より高いことに挑戦する人も出てくるが、その場合には何事でも他に頼ることなく、自力で頑張らざるを得ない。より高い教育を求めても、生活や学費の面から簡単には上には進めない。学業を終えて社会に出たとしても、コネ・ツテといったものに頼れない。

それだけに、俊平のように劣悪な環境・条件を克服して、他に先駆けることに挑戦し、さらに結果も出し、高い評価を得る人は、信仰心をもって神の支えを信じた上、独特の個性・あり方・方法を工夫・発揮できた人である。それだけに極めて稀である。彼は、パイオニア精神が旺盛で、かつ周りのことは余り気にしないで、独特のスタイル・方法をもって挑戦できる人であった。

実際に、ひたすら情熱を傾けて実践、前進した。飾ることも、威張ることもなく、上や高いところから見下ろすこともなく、全霊をこめて身体ごと仕事に、また青年たちに公平に、対等に触れ合い、対峙したのである。

俊平が感化・更生保護事業に打ち込んだのは、そのような理念・姿勢・方法においてであった。上からの考えや目線ではなく、誰とも同じ地点に立って、対等に行動する。しかも苦楽を共にしつつ、更生に協力するのである。

俊平の感化事業・更生保護事業への取り組みは、留岡幸助の影響であることはすでに触れた。その上で、独自に工夫し、身に付けた理念や方法も援用した。

そこでは、営利・報酬も、損得も関係なかった。外見や世間体を気にすることもなかった。武器・支えは、寄りかかれる聖書と信仰心、そして自分を超える思いやり・ココロであり、それに非営利・公益の理念と情熱があるだけであった。

そのようなこと、特に感化・更生保護事業に関する実践といったことは、誰にでもできるものではない。できるのは特別の人のみである。俊平は、極貧で劣悪な環境の中で育ち、良くできた勉学も続けることができなくなるような少年時代を送った。だから学歴でも、社会的地位や格好良さでも、他に勝るモノはほとんどなかった。そんな家庭・環境で育ったのだから、普通にやっても認めてもらえないし、それ以前にまともな機会さえ、容易には与えられなかった。

彼のように、学歴や資産がなく、両親の社会的地位でも特別なものがない場合、安定した高給取りの公務員になることや大企業への就職などはまず難しい。何の売り物も後押しもないものでもできることといったら、限られている。しかも他に負けない情熱をもって、活動対象者・保護対象者と一緒に、上下・裏表なく、対等に全部を投げ出しつつ、汗水を流すことなら、可能である。それでも簡単にはいかない。まずそういったことに挑戦する人が出てこない。俊平はそれにあえて挑戦し、実行したのである。

俊平が教護・更生保護事業の道に全身・全霊で打ち込めたのは、信仰心、そして家族や従業員の理解・協力があったこと、加えて留岡幸助という、感化・更生保護事業にも、社会事業全体にも、並外れて優れた理念や実績を残している人が身近にいたことも大きい。

俊平が感化事業・更生保護事業に打ち込む際の姿勢は、キリスト教への帰依を基に、自分を超えること、場合によると自分を犠牲にすることであった。自分を超えて、キリストと共に〈世のため人のため〉を考えて、動くのである。もちろん、自分の利益・儲け、自分の損得も超えることになる。決して計算づくでなされたことではない。また誰にでもできることでもない。俊平だからこそできた面もある。それでこそ、犯罪に関わった出獄者たちも、彼に心を開き、信頼してくれたし、全国から感動や支援の声も寄せられたのである。

かくして、俊平は、学歴や肩書だけではできない事業、またお金やモノだけでもできない事業として、社会性の極めて強い感化・更生保護事業、特に刑期を終えたものに対する更生と社会復帰の事業を選び、それに対して他に類例をみないほどの信念と情熱をもって打ち込んだのである。

特に感化・更生事業関係者でも、誰にでもできることではないあり方として、自ら経営する会社・職場に当事者を受け入れ、その現場で一緒に働く共生・協働・共創という独特の理念と方法を導入、実践した。しかも、そのように編み出された、他にはみられない運営や活動のあり方が全国から注目されるほどに、実際に成果もあげたのである。

その結果、この種の事業としては珍しく、全国各地から視察に訪れるものが増えた。また全国から講演・講話・伝道の依頼が絶えなかった。ただ社会性は強いものの、地味な仕事・事業であるだけでなく、厳しく、時には危険性もともなうため、協力者や後継者の育成は容易にはできるものではなかった。俊平の没後は、事業の継続は難しくなりかけたし、ややもすると彼の名も、関係者以外からは次第に忘れられることになっていく。

しかし、彼の名は完全に忘れられることはなかった。必ず注意を向ける人、高く評価する人がどこかに存在し続けた。今日も、また今後も、俊平とその事業は、目立つほど大きな光を放ち続けたり、高く評価されたりすることはなくても、決して忘れさられ、消えてなくなるということはない。安全・安易な誰もが取り組める活動ではなく、むしろ普通の人なら避けたくなる難しい活動であるだけに、彼および彼の仕事を必要とするもの、評価するものは絶えない。その点でも、俊平の足跡と業績は、一隅からささやかにであれ、いつまでも光を放ち続けることであろう。

〈参考文献〉

本間俊平『本間四郎　附労働余言』私家版、一九〇四年
本間俊平『労働と信仰』隆文館図書、一九一九年
本間俊平『一石工の信仰』隆文館図書、一九二二年
本間俊平『私の教育』玉川学園出版部、一九二三年
本間俊平『よろこびの泉』実業之日本社、一九三四年
『本間俊平選集』本間俊平選集出版会、一九五九年
『本間俊平先生日曜講演梗概筆記』第一号〜　謄写印刷簡易綴じ、長門大理石採掘所、一九二三年一月〜

一二月

松本龍之助編『明治大正文学美術人名辞書』立川文明堂、一九二六年
小原国芳『秋吉台の聖者　本間先生』玉川学園出版部、一九三〇年
小原国芳『夢みる人――小原国芳自伝――』玉川学園大学出版部、一九六〇年
三吉明『本間俊平伝』新約書房、一九六二年
成田久四郎編著『社会教育者事典・増補版』日本図書センター、一九八九年

小松 隆二（こまつ・りゅうじ）

［所属］ 白梅学園、慶應義塾大学（名誉教授）、日本ニュージーランド学会、現代公益学会、社会政策学会、他。

［主要著作・活動］『企業別組合の生成』（お茶の水書房、1971 年）、『社会政策論』（青林書院、1974 年）、『理想郷の子供たち―ニュージーランドの児童福祉―』（論創社、1983 年）、『難民の時代』（学文社、1986 年）、『大正自由人物語』（岩波書店、1988 年）、『イギリスの児童福祉』（慶應義塾大学出版会、1989 年）、『現代社会政策論』（論創社、1993 年）、『ニュージーランド社会誌』（論創社、1996 年）、『公益学のすすめ』（慶應義塾大学出版会、2000 年）、『公益の時代』（論創社、2002 年）、『公益とは何か』（論創社、2004 年）、『公益のまちづくり文化』（慶應義塾大学出版会、2005 年）、『公益の種を蒔いた人びと―「公益の故郷・庄内」の偉人たち―』（東北出版企画、2007 年）、他。
『大杉栄全集』編集委員（現代思潮社、1963 ～ 65 年。ぱる出版、2014 ～ 16 年）、『下中弥三郎労働運動論集―日本労働運動の源流―』監修（平凡社、1995 年）、他。

新潟が生んだ七人の思想家たち

2016 年 8 月 15 日　初版第 1 刷印刷
2016 年 8 月 20 日　初版第 1 刷発行

著　者　小松隆二
発行者　森下紀夫
発行所　論 創 社
東京都千代田区神田神保町 2-23　北井ビル（〒101-0051）
tel. 03（3264）5254　fax. 03（3264）5232　web. http://www.ronso.co.jp/
振替口座　00160-1-155266
装幀／宗利淳一
印刷・製本／中央精版印刷　組版／フレックスアート
ISBN978-4-8460-1546-6